브랜드 스토리텔링 바이블

공감을 부르는 브랜드 스토리 디자인

브랜드 스토리텔링 바이블

공감을 부르는 브랜드 스토리 디자인

미리 로드리게스 지음
박수성 옮김

내 최고의 이야기, 루이스, 알렉스, 이사야에게.

또 이야기를 찾아 나서는 담대함과
이야기를 전할 용기를 갖춘 모든 스토리텔러들에게.

브랜드 스토리텔링 바이블에 쏟아진 찬사

미리 로드리게스의 책은 디지털 마케터와 스토리텔러라면 누구나 읽어 봐야 할 매력적이고 통찰력이 돋보이는 필독서다. 최대한 진실하고 감정이 통하며 몰입하는 방식으로 고객들의 마음을 사로잡을 공감과 취약성을 커뮤니케이션 전략에 불어넣고자 하는 브랜드 스토리텔러들이라면 '아하' 하고 깨닫는 순간들이 많을 것이다. 이 책은 브랜드 스토리텔러들에게 고객을 이야기의 중심에 놓는 필수 과정을 제시한다.

마이클 레이몬드(Michael Raymond),
월트 디즈니 컴퍼니(The Walt Disney Company) 선임 작가

미리 로드리게스의 책은 지난 십여 년간 커뮤니케이션에 대변혁을 일으킨 브랜드 저널리즘의 영향력을 이용하고 싶은 이들 모두에게 꼭 필요한 실용적인 가이드 역할을 할 것이다. 벤치마킹이든, 취약성이라는 '마술' 지팡이를 흔드는 것이든, 스토리텔러 부대를 소집하는 것이든, 로드리게스의 방법들은 모든 조직의 사람들을 흥분시킬 것이다. 스토리텔링 분야에서 세계적으로 명성을 쌓은 인플루언서보다 우리를 더 잘 안내할 자가 누구겠는가?

마크 레건(Mark Ragan),
레건 커뮤니케이션즈 앤 피알 데일리(Ragan Communications and PR Daily) 회장

마케팅 경력과 다문화 배경을 가진 로드리게스는 기술 산업에서 입증된 경력을 갖고 있다. 더불어 개인적이고 전문적인 경험은 그녀를 스토리텔링 분야의 권위자로 자리매김시켰다. 세상에 주는 선물 같은 이 책에서, 그녀는 공감, 취약성, 진정성의 힘에 의해 움직이는 스토리 디자이너가 되어 우리가 최고의 스토리텔러가 되도록 영감을 준다. 이 책은 다가올 세대들을 위한 필독서라 할 만하다. 지난 5년간 읽고, 연구하고, 시도하고, 실패하고, 실행하고, 가르치고, 비주얼 스토리텔링 스튜디오를 성공적으로 설립해 보람찬 시간을 보내고 난 후, 나는 진심으로 로드리게스가 심오하고 섬세하고 매력적인 혜안을 갖춘 걸작을 탄생시켰다고 의심의 여지 없이 말할 수 있다. 이 책은 모든 연령대의 독자들을 위한 것

으로, 어떤 산업에서든, 어떤 역할이든, 기업가와 임원들, 학생들, 그리고 스토리텔링의 힘을 이해하고, 가치 있게 적용하여 감정을 일깨우고, 영감을 주며, 의미 있는 행동으로 변화시키는 데 관심이 있는 모든 사람을 위한 책이다.

디터 아벨라(Dieter Avella), 지브라 테크놀로지즈(Zebra Technologies) 총책임자

스토리텔링은 모든 커뮤니케이션의 근본이지만 경시되어 온 경우가 많다. 미리 로드리게스는 현존하는 최고의 스토리텔러 중 한 명일 뿐 아니라 현실 세계에 실용적이고, 믿을 만하고, 적용하기 쉬운 조언을 들려주는 가이드이다. 읽어 볼 가치가 충분하다.

크레이그 스틸웰(Craig Stilwell),
오픈텍스트(OpenText) 중소기업 및 소비자 부문 전무이사 및 총책임자

브랜드 스토리텔링에 대한 로드리게스의 혜안과 조언은 공공과 민간 조직들 모두가 소란스럽고, 산만하고, 혼잡한 소셜 미디어 환경에서 살아남고, 성공하며, 두각을 나타낼 수 있도록 대단히 큰 영향을 준다.

크리스 슝(Chris Hsiung), 경찰서장, 소셜 미디어 인플루언서

우리는 스토리텔링이 얼마나 중요한지 잘 알고 있다. 스토리텔링은 다른 어떤 형태의 마케팅도 할 수 없는 방식으로 고객의 마음을 사로잡는다. 시드니에서 내가 주최한 학회에서 브랜드 스토리텔링에 관한 로드리게스의 역동적인 프레젠테이션을 본 이후로, 나는 그녀의 책을 읽고 싶어 견딜 수 없을 지경이었다. 그리고 로드리게스는 역시 실망시키지 않았다. 그녀는 너무나 귀중한 콘텐츠를 전달한다. 로드리게스는 당신이 이야기를 발견하도록 도우며 이야기를 창조하고 세상과 공유하는 데 도움이 되는 템플릿을 제공한다. 모든 경영자들이 반드시 읽어야 할 책이다.

미레유 라이언(Mireille Ryan), 소셜 미디어 마케팅 인스티튜트
(Social Media Marketing Institute) CEO, 수상 경력을 보유한 기업가

차례

추천사

'너 미리를 만나 봐야 해.' 잭이 강력히 권한 적이 있다. 잭과 나는 책을 함께 작업하는 동안 가까운 친구 사이로 발전했는데, 그 책이 출간된 이래로 몇 년간 쭉 절친한 사이로 지내왔다. 잭은 북 투어를 하던 중 마이크로소프트의 강연을 위해 시애틀 근방에 와 있었다. 그래서 우리는 간단히 점심이나 함께 하자고 만났다. 하지만 이 간단한 점심 식사는 그동안의 회포를 푸느라 반나절 동안이나 이어졌고, 여기서 그가 미리의 이름을 꺼냈다.

잭은 과거 구소련의 정보기관인 국가 보안위원회KGB 정보원이었는데(지금은 미국 시민이자 훌륭한 애국자다), KGB 훈련을 받은 누군가가 뭔가를 하라고 하면, 보통은 그에 따르게 된다. 적어도 나는 그렇다.

며칠 후, 잭은 이메일로 미리에게 나를 소개해 주었고, 우리는 직접 만나기 위해 일정을 조율했다. 그리고 나는 미리에 대해서 좀 더 알아보고자 흔히 하는 소셜 미디어 '염탐'에 들어갔다.

당시에 링크드인 프로필에서 미리의 직함은 마이크로소프트의 스토리텔러였다. 25년간 이야기를 써 온 나는, 즉시 그녀에게 관심이 생겼다. 얼마나 멋진 직함인가. 게다가 마이크로소프트에서? 나는 테크와 예술이라는 두 세상이 어떻게 중대한 결합의 문제없이 공존할 수 있는지 알지 못했다.

그리고 나는 미리와 사전에 정한대로 마이크로소프트 방문자 센터 앞에서 만났다. 그녀는 보쉬 헤드폰을 목에 두르고, IT 업계보다 패션업계에 종사할 것 같은 세련된 복장에 굽 높은 스틸레토 힐을 신고 있었는데 그 모습은 무척 인상적이었다. 전혀 과장이 아니다. 그녀는 얼굴에 환한 미소를 띠고 내 이름을 부르며 나를 향해 성큼성큼 다가왔다. 그녀의 진심 어린 환영과 에너지, 그리고 카리스마가 단번에 나를 사로잡았다. 미리를 만나면 그전에 느꼈던 것보다 더 기분이 좋아지게 되는 것 같았다.

마이크로소프트의 한 빌딩을 정신없이 구경한 후, 우리는 카페테리아로 점심을 먹으러 갔다. 그곳에서 본 모든 것이 인상적이어서 나는 마이크로소프트의 세상에 금세 매료되었지만, 가장 인상적이고 마음이 끌렸던 것은 역시 미리에게 느꼈던 즉각적인 유대감이었다. 우리는 많이 웃었고, 하나님을 믿는 공통의 신앙심에 관해 이야기를 나누었으며, 스토리에 대한 우리의 애정과 그녀가 기업 세계에서 어떻게 이야기들에 활기를 불어넣었는지 논의했다.

그 이후 2년 동안 우리는 더 많은 시간을 함께 보냈고, 나는 그녀가 진행하는 스토리텔링 워크숍들과 기조연설에 여러 차례 동참했다. 그리고 그녀의 조언을 따른다면 사람들과 제품들, 회사들에 상당한 영향을 주면서 어떻게 예술과 기술을 결합할 수 있는지 정확히 알 수 있었다. 그리고 그녀가 전 세계 곳곳에서 그토록 인기 있는 강연자인 이유도 알 수 있었다.

내가 오랫동안 열정을 가지고 있던 분야를 미리가 다루고 있고, 그것이 '플랫폼 형성'에 관한 트렌드를 따르는 것이 아니라서 더욱 흥분되었다. 플랫폼을 창조하기 위해서 여러분은 그 무엇보다 월등한 제품, 인재, 또는 회사를 가지길 추구한다. 하지만 미리는 신뢰와 깊은 유대감을 형성하기 위해 스토리텔링을 통해 브랜드 안에서 사람들을 포용하는 것에 대해 말했다. 나는 그녀가 이야기들을 통해서 인간을 제품과 회사에 연결하는 것을 굉장히 강조하는 점과 그 연결에서 공감이 얼마나 핵심인지를 설명하는 방식이 무척 마음에 들었다.

이제는 나도 그 기업 세계의 일부가 되어, 스토리텔링이 얼마나 큰 유행이자 트렌드가 되었는지 알게 되었다. 처음에는 이런 현상이 무척 흐뭇했다. 작가이자 저자로서, 이야기와 스토리텔링은 거의 삼십 년간 내 세계의 중심이었다.

나는 항상 나의 특정 청중(또는 독자들)에게 어떻게 가장 설득력 있는 방식으로 이야기를 전할 수 있는지, 그리고 어떻게 그들에게 가장 영향력 있는 생각들을 남길지에 대해 고민해 왔다. 그러나 기업 세계에서, '이야기'와 '스토리텔링'이라는 단어들이 얼마나 자주 잘못 사용되고 잘못 이해되고 있는지를 알게 되었다. 사람들은 이야기가 무엇인지 전혀 이해하지 못하고 있었다! 이런 주제들을 논의하고 워크숍에서 가르쳤어도, 그것들이 올바르게 또는 영향력 있는 방식으로 사용되지 않는 경우가 흔하다.

한편, 미리는 전 세계에서 강연을 하며 이러한 이야기의 잘못된 사용과 인식을 바꾸기 위해서 열심히 노력해 왔고, 그 결과 위대한 이야기 전도사가 되었다. 그녀가 더 많은 사람에게 전하기 위해 책을 쓰고 있다고 말했을 때 나는 정말로 흥분되었다. 결국, 무대에서 줄 수 있는 영향에는 한계가 있기 때문이다. 책의 형태로는, 스토리텔링이 무엇인지, 그것의 연결하는 힘이 어떠한지, 어떻게 창조되고 반복되어야 하는지, 어떻게 인간이 브랜드 발달 과정에서 중심이 되어야 하는지를 누구든, 언제나, 발견할 수 있다. 그녀는 또한 브랜드 스토리텔링 과정을 안내하기 위해 셀 수 없이 많은 도구를 제공한다.

내 책장에는 여러 번 반복해서 읽는 글쓰기와 스토리텔

링 관련 책들을 모아 놓은 칸이 있다. 미리의 책도 그 작은 칸에 추가될 것이며, 당신의 책장에도 마땅히 꽂혀 있어야 한다.

자 이제, 내가 잭의 첩보원 어투를 따라 말할 테니 들어라. '당신, 미리를 만나 봐야 해!'

내가 정말 그렇듯이, 당신도 그렇게 한 것에 감사할 것이다.

마이크로소프트 스토리텔러 신디 콜로마Cindy Coloma

세상에는 많은 이야기가 있다. 그리고 훌륭한 이야기들이 있다. 훌륭한 이야기는 내용을 초월하여 아무런 의심 없이 당신의 손을 잡고 새로 발견한 세상 속으로 당신을 퐁당 빠뜨린다. 그리고 당신을 그 이전으로 다시 데려다주지 않는다.

당신은 스토리텔러인가? 물론이다. 우리 모두 스토리텔러다. 인간은 우리의 행동과 결정에 효과적으로 영향을 주는 가장 강력한 도구, 바로 이야기를 통하여 다른 인간과 연결될 수 있는 인지 능력을 본능으로 타고난다.

그렇다면, 당신은 훌륭한 스토리텔러인가? 이게 바로 진짜 질문이다. 우리는 이야기가 인물, 줄거리, 결론의 세 가지 기본 요소로 이루어진다는 사실을 알고 있다. 다른 말로, 만약 당신이 이러한 세 가지 요소들을 어느 형태의 콘텐츠에 도입할 수 있다면, 그것은 필연적으로 하나의 이야기가 될 것이라는 말이다. 그러나 그 사실이 그것을 훌륭한 이야기로 만드는가? 아니면 당신을 훌륭한 스토리텔러로 만드는가?

우리는 모두 따분하고 무미건조한 이야기를 들어 본 적

이 있다. 대수롭지 않게 지나가고 우리를 처음에 있던 똑같은 자리에 남겨 두는 이야기들 말이다. 정보 시대라고도 알려진 오늘날의 디지털 시대는 우리가 서로서로, 그리고 콘텐츠와 관계를 맺고 연결되기 위한 현대적인 길을 구축했다. 우리는 손가락 끝으로, 그리고 이제는 음성 명령으로도, 전례 없이 과다한 정보에 접근이 가능한 똑똑한 소비자이자, 부모, 친구, 형제자매, 어린이들이다. 우리는 중요하고 목적의식이 있는 무언가를 하기 위해 세상에 흔적을 남기려는 열정과 의욕이 불타오른다. 우리의 삶이나 사업에 아무런 가치를 더하지 못하는 활기 없고 쓸모없는 콘텐츠에 낭비할 시간이 없다. 그런데 어째서 우리의 고객은 다를 것이라 기대하는가?

이 책에서 나는 당신이 개인적으로나 사업적 측면에서, 숙련된 브랜드 스토리텔러가 되도록 도와주는 실용적인 도구들을 제공할 것이다. 이런 이야기 기법들은 어떠한 콘텐츠도 연민 어린 인간의 경험으로 변신시키는 데 성공적인 것으로 증명되었다. 이해관계자들과 청중들이 영감을 받아 행동을 취하고 이야기의 마력이 당신의 세계를 바꾸어 놓는 경험들 말이다.

서문: 스토리텔링의 과학과 예술

런던에서 열린 한 마케팅 콘퍼런스에서 스토리텔링의 힘에 대해 강연하고 있을 때, 코간 페이지 출판사의 기획 편집자 한 명이 다가와 본인 소개와 함께 책을 내보자는 아이디어를 제안했다. 솔직히 그 제안에 즉시 마음이 끌린 것은 아니었다. 내 인생에서 거의 최악의 시기에 찾아온 기회였기 때문이다. 당시 엄마의 건강이 매우 좋지 않았고 나는 고향과 다름없는 오랫동안 거주한 플로리다에 가족들을 남겨 두고 약 5000킬로미터가 떨어진 시애틀로 이주한 지 얼마 되지 않았다. 따라서 내가 쓸 수 있는 모든 여유 시간을 정착, 개인적 문제들, 새로운 일, 그리고 석사 학위 과정을 마치는 데 바치고 있었다. 하지만 인생이 원래 그렇지 않던가. 논리적인 이유에는 하나도 맞지 않았지만, 나의 마음은 이 기회 앞에 서 있던 짧은 순간에 흔들리며 부드럽게 속삭이기 시작했다.

나는 당신이 마케터로서 그리고 커뮤니케이터로서 겪고 있는 어려운 점들에 관해 이야기하고 싶었다. 당신이 커리어를 쌓아 오면서 열성적으로 내부 청중들과 외부 청중들에게 영감을 주기 위해 설득력 있는 메시지를 창조하고 전달하려고 애쓸 때, 자원과 지원이 턱없이 부족해서 왠지 에너지만 낭비하는 것처럼 힘이 빠졌을 수많은 순간이 떠올랐다. 당신은 조직의 임원들이나 사업 파트너들이 고객을 위해 공감의 언어를 사용하도록 만들기 위해 창의력을 발휘하여 애쓰고 있는데, 그들은 무시하고 여전히 제품이나 수익에만 집중하여 매일 당신이 느끼고 있을 좌절감이 암울하게 느껴졌다.

내 마음은 눈치도 없이 계속해서 과거 20년 동안 그 산업에서 내가 수집해 온 흉한 싸움의 상처들을 드러냈다. 그리고 이해관계자들과의 사이에 진짜 인간적인 유대감을 생성하려는 노력 속에서 내가 경험했던 결점들과 실패들을 가슴 저리게 상기시켜 주었다. 그러고 나서 그것은 커다란 거울을 기획 편집자와 나 사이에 냉철하게 꽂아 놓고, 아마도 내가 잊고 있었던 진실, 바로 나도 한때는 당신과 같았다는 현실을 충실하게 보여 주었다.

누군가 지난 십여 년간 혼란의 디지털 전환기를 지나오며 커뮤니케이터와 마케터들이 성공적으로 고객들과 관계를 맺고 브랜드의 번영에 기여하기 위해 겪었던 몹시도 고된(그리고 인정도 제대로 못 받는) 고뇌의 여정을 이해할 수 있다면, 그리고 마케터와 커뮤니케이터가 감당해야 했던 아주 작은 고통들, 미묘한 차이들, 보이지 않는 수많은 역할들까지 알아볼 수 있다면, 그건 당신 자신의 이야기일 것이다.

당신은 개인적으로 나를 모르겠지만, 나를 아는 사람들은 내가 일을 할 때도 마음을 따르며, 마음이 가는 대로 행동한다는 사실을 단호하게 증명해 줄 것이다. 그 마음은 취약한 모습을 드러내고 공감하며 실패와 두려움과 교훈에 관한 이야기를 나누기로 한 것이다. 최근에 나는 다른 사람들에게도 이렇게 하라고 독려했다. 그리고 이렇게 하는 이유는 당신이 미래에 겪을 가슴 아픈 일에서 당신을 구해 주고, 마케팅과 메시지 제작에 대한 당신의 열정과 배움이 더욱 빠르게 추진되어 역량이 강화되는 느낌을 주기 위해서다.

내가 셀 수 없이 많은 밤에 잠을 이루지 못했던 것은 당신 때문이다. 그리고 내 가족이 엄마와 아내의 임무를 잠시 보류해 주는 엄청난 희생을 감수한 것도 당신 때문이다. 나는 이 미지의 세계에서 방향을 찾는 것이 얼마나 어려울지 이해하기 때문이다. 당신을 안내해 줄 사람이 아무도 없을 때는 더욱더 힘들다.

이 책이 실용적인 스토리텔링 도구와 기법을 제시하는 것을 넘어 당신의 정신을 새롭게 깨우기를 바란다. 그리고 새로운 정신에서 독창적이고 비용이 적게 드는 아이디어들이 탄생해 신선한 희망을 제공하여 커뮤니케이션과 마케팅을 향한 당신의 에너지와 열정이 다시 활기를 띠게 되기를 바란다.

1장에서는 이야기의 기본 요소들과 구조를 탐험하고, 당신이 목표를 이루고 타깃 청중에게 도달하기 위해서 의도적으로 브랜드 스토리를 디자인할 수 있도록 브랜드 스토리에 미션을 부여하는 일의 중요성을 알아볼 것이다.

2장에서는 바로 디자인 씽킹design thinking(문제 해결을 위해 디자이너들이 사용하는 인간 중심적 사고방식) 접근법으로 데리고 간다. 그리고 스토리를 프로토타이핑하는 재미있는 여정을 시작할 때 만나는 다섯 가지 디자인 씽킹 단계들을 나누어 분석한다. 또한 브랜드 스토리의 보편적 진리를 규정하는 법에 대해서도 배울 것이다.

3장에서는 여러분을 마술 양탄자에 태우고 새로운 정신세계로 데려가 이야기 전달자가 아닌 스토리 디자이너의 정신을 알려 줄 것이다. 그리고 여러분의 이야기에 활기를 더해 주고 그것을 한 단계 더 발전시켜 줄 멋진 마술 기법들을 배울 것이다.

상상력은 4장의 핵심으로, 여기에서 여러분은 스토리텔링 관행들을 포함하여 전통적인 통합 마케팅 계획을 재구상할 수 있을 것이다. 여러분의 브랜드 스토리는 콘텐츠를 넘어 새 힘을 얻을 것이다.

5장은 현재 시장 트렌드들에 내포한 뉘앙스들을 깊게 파고들며, 고객을 브랜드 스토리의 중심에 놓기 위한 설득력 있는 주장을 펼친다.

조금 불편해질 것을 각오하라. 6장에서는 진정성 있는 이야기를 전하기 위해 취약성을 드러내는 것의 중요성을 배울 것이다. 이 부분은 내가 가장 좋아하는 내용이다.

7장은 스토리텔링의 힘이 얼마나 강력한지 깨닫게 해주고, 윤리적 경계를 긋기 위한 중요한 의견을 나눈다.

8장에서는 여러분의 브랜드 스토리를 다음 단계로 발전시킬 미래지향적인 스토리텔링 아이디어들을 배운다. 즐거운 시간일 것이다.

9장은 이야기들을 개시할 준비가 되면 잘 임관된 스토리텔러 부대를 형성하는 것을 고려하라고 권한다.

다음으로 10장에서는 여러분의 이야기를 시장에 내놓기 위한 최고의 기법들과 기본 규칙들을 배울 것이다.

11장에서는 이야기를 출시한 후 성공을 판단하는 방법을 배울 것이다.

그러나 이야기의 악당들을 깜빡할 순 없다. 12장에서 우리는 그러한 악당들을 환영한다.

13장에서는 기계들이 등장하고, 우리는 기계들이 우리의 이야기들을 위해서 무엇을 할 수 있을지에 대해 진술하게 대화를 나눈다.

그리고 마지막으로, 14장에서는 놀라울 정도로 재능이 뛰어난 전 세계의 스토리텔러 동료들을 소개한다. 이들은 관대하게 자신의 경험을 나누어 주고, 틀림없이 여러분의 브랜드 스토리에 영감을 줄 만한 너무나 귀한 지혜를 전수해 줄 것이다.

정말이지 여러분과 함께 이 스토리텔링 디자인 여정을 떠날 기회가 생겨 몹시 흥분된다. 그리고 여러분에게 이 안내서가 가치 있고, 기억할 만하고, 통찰력이 넘치는 것이기를 바란다. 훌륭한 이야기라면 으레 그래야 하듯이.

1

브랜드 스토리텔링이란 무엇인가?

- 무엇이 스토리텔링이고 무엇이 스토리텔링이 아닌가
- 스토리텔링의 힘
- 브랜드 미션brand mission과 스토리 아크story arc

———

구글에서 '스토리텔링'을 검색해 보면 인플루언서 마케팅 이후 가장 뜨겁고 선풍적으로 떠오른 마케팅 기법의 뜻풀이, 동영상, 가이드, 시행 방법 등이 쏟아져 나올 것이다. 최근 브랜드 마케팅에서 스토리를 사용하는 방식과 관련해 과대광고가 심해질수록, 그게 진짜 무엇인지 이해하려는 업계 리더들은 더 큰 혼란에 빠지고 있는 듯하다. 이 분야에 몸담고 2년간 일하면서 나는 그런 모습을 전부 다 보았다. 파워포인트 프레젠테이션을 만들고 그걸 스토리라고 부르는 사람, 소셜 미디어 계정에 '스토리'들을 포스팅하고 스토리텔링이라고 부르는 사람, 링크드인Linkedin(미국 비즈니스 네트워크 인맥 사이트)의 프로필 속 경력란에 '스토리텔러'라고 써 놓았지만 단 한 번도 디자인을 해 보거나 비즈니스 스토리를 들려준 적이 없는 사람들도 많았다. 브랜드들은 미래 사업 전략의 일환으로 메시지를 보내는 방식의 마력을 효과적으로 사용할 수 있는 방법을 찾기 위해 아등바등한다. 사업 분야, 조직과 산업 전반에 걸쳐 스토리라는 신성한 이름 아래 많은 오해가 발생하고 있다. 대체.......
왜 그럴까?

간단하다. 기계들이 등장했기 때문이다. 그리고 이 기계들은 지금까지 우리가 사업을 하면서 알고 있었던 효과적인 마케팅 방법과 커뮤니케이션에 대한 모든 것을 혼란스럽게 한다.

나는 80년대에 유년시절을 보냈다. 얼마나 다행인지!

나는 한 손에는 양배추 인형(공식 인증서가 들어 있던 것)을, 다른 손에는 바비 인형을 들고 주위를 돌아다녔다. 내가 이 소중한 보물들을 놓아 버리려면 어떤 초자연적인 사건이 일어나야 할 것이었다. 다섯 식구가 사는 넉넉지 않은 형편에서 이런 유의 장난감은 극히 드물게 어쩌다 한 번 받을 수 있었다. 게다가, 위 아래로 끼인 둘째인 나는 가질 수 있는 건 전부 갖고 보자, 절대 아무것도 당연하게 생각하지 말자는 교훈을 아주 일찍이 깨달았다.

이미 예상했겠지만, 그 운명적이고 범상치 않은 사건이 어느 날 일어났다. 정확히 언제, 어떻게 우리의 비좁은 아파트 발코니(아담한 우리 집 거실의 연장 공간으로 자주 사용되었다)에 그 물건이 등장했는지는 확실하지는 않다. 기억을 거슬러 올라가 보면 지금도 어렸을 적 내가 아버지 옆에 그 투박하고 반짝이는 불청객 앞에 서서 그것의 기이한 금속 부분들을 샅샅이 살펴보고 있는 모습이 선명하게 떠오른다.

'그게 뭐예요?' 흥분을 가라앉히고, 솟아오르는 호기심을 억누르기 위해 애를 쓰면서 아버지에게 가볍게 물었다. '컴퓨터란다.' 아버지 역시 가볍게 대답하셨다. 분명 자신의 짧은 대답이 백 가지쯤 되는 질문들을 더 일으키리라는 사실을 알아차리고 아버지는 얼른 덧붙이셨다. '컴퓨터에게 말하고 있단다.'

내 눈은 커질 수 있을 만큼 커졌다. 즉시 놀라움에 사로잡혀서 나의 뇌는 이 믿기 힘든 정보를 이해하기 위해 풀가동을 시작했다. 나는 곧 하루에 부모님께 해도 되는 질문의 양이 소진되고 있음을(아니면 벌써 소진되었음을) 인지했고, 아직 하고 싶은 질문이 백 개는 더 있었지만 아주 중요한 마지막 질문을 할 수밖에 없었다. '그게 응답을 해요?'

삼십 년이 흐른 후 MS-DOS 2.0 커맨드 시스템은 음성 인식이 가능하다. 이제 스마트 빌딩, 스마트 홈, 스마트 자동차, 그리고 스마트한 소비자들이 존재한다. 이 똑똑한 소비자들은 자신이 무엇을 원하는지, 어떤 형태로 원하는지 잘 알며, 온라인에서 리뷰를 살펴보고, 어떤 제품을 살지 결정하기 전에 다른 구매자들의 조언을 구한다. 또 이들은 새로운 기술을 거리낌 없이 계속 받아들이며 브랜드들도 자신들처럼 새로운 기술을 기꺼이 받아들여 자신들의 구매 경험이 매끄럽게 이어지기를 기대한다.

소비자와 연결되어 소통하는 활기 넘치는 시대가 등장했다. 전 세계의 브랜드들은 이 점에 주목해야 한다. 그리고 살아남아서 이 똑똑한 소비자들의 요구를 충족하려면 시간을 두 배는 투자해야 하는 상황이다. 현재 디지털 전환 digital transformation을 이끄는 조직이든 아니면 이제 막 첫걸음을 뗀 조직이든, 이러한 기술 변화 과정은 기업들이 데이터를 자체 설비에 보유하던 체제에서 클라우드 환경으로 옮긴 것처럼 핵심 사업 운영 방식을 바꾼다. 또한, 이전에 이해관계자들과 소통하던 방식을 근본적으로 완전히 없애 버리고, 소비자들이 기대하는 방식으로 충실히 그들에게 '응답'하기 시작해야 한다는 의미이다.

디지털 전환으로 모든 브랜드는 확실히 사업 운영 가치관을 재평가해야 했다. 하지만, 가장 중요한 점은 문화와 커뮤니케이션에 대한 가치관을 재평가했다는 점이다. 소셜 미디어의 탄생만으로도 기존의 마케팅 전략가들에게는 만성 두통을 안겨 주었다. 미묘하게 뉘앙스가 달라지고, 시시각각 바뀌는 소셜 미디어 계정들에서 누가 언제 어디서 무엇을 했는지를 놓고 효과적으로 마케팅하는 방식을 고심하고 또 고심해야 했기 때문이다.

소셜 미디어의 등장으로 콘텐츠의 비격식화 현상도 나타났다. 말하자면, 우리가 한때 '사업 얘기'로 여겼던 스타일의 붕괴랄까? 이것은 이모티콘과 밈처럼 새로운 시각 표현들로 완전히 바뀌었다. 라이브 스트리밍, 사진, 동영상, 그리고 더 최근에는 로봇들까지, 이런 세상으로 진입하니 비즈니스 관점에서 커뮤니케이션의 세계가 천지개벽 수준으로 바뀌었다. 결코 이전의 상황, 즉 어떤 정보를 원하든, 언제, 어떤 형태로 원하든, 그저 홍보 업체와 언론의 도움을 약간만(알았다, 많이) 받으면 브랜드들이 원하는 정보를 얻을 수 있던 시절로 되돌아갈 수 없게 되었다.

당연히 전 세계의 마케터들과 홍보 담당자 수백만 명은 긴장하기 시작했다.

이것이 바로 2014년 마이크로소프트에서 새로운 모험에 착수하던 내 모습이었다. 나는 시스템 운영 부서에서 고객 서비스 부서로 자리를 옮겼고 세계적으로 영어, 스페인어, 포르투갈어 권 지역의 소셜 미디어 지원을 이끌 터였다. 이즈음은 마이크로소프트의 현 최고 경영자인 사티아 나델라Satya Nadella가 임명된 때와 거의 같은 시기이기도 하다. 그보다 이 년쯤 앞서 마이크로소프트에 합류한 나는

'발머 시대'(스티브 발머Steve Ballmer가 CEO였던 시절)의 일원이었는데 나델라가 회사를 넘겨받은 그날의 분위기에서 눈에 띄는 변화를 감지할 수 있었다. 하지만 당시에는 정확히 그게 무엇인지 알 수 없었다.

이 역사적인 날, 직접 그 자리에 참석하지 못한 불쌍한 직원들은 전 세계에서 웹캐스트를 통해 취임식을 시청했다. 그 운명적인 날에, 플로리다 주 포트 로더데일Fort Lauderdale에 위치한 마이크로소프트의 라틴 아메리카 본사 3층에서 나는 동료들과 함께 한 책상 주위에 모여 큰 기대를 품고 두 눈을 화면에 고정시키고 있었다. 화면에서는 마이크로소프트의 창립자이자 이사회 멤버인 빌 게이츠Bill Gates가 스티브 발머와 사티아 나델라 옆에 서서 나델라가 임명된 이유에 관해 이야기했다. '공학 기술, 사업 비전, 사람들을 한데 모으는 능력'이 나델라가 선출된 주된 이유였다. 환호가 끊이지 않았고 환한 미소와 웃음이 번지는 바람에 진행이 종종 방해를 받았다. 전 세계의 '소프티Softy(마이크로소프트 직원들의 애칭)'들은, 신입이든 잔뼈가 굵은 직원이든, 이 획기적인 사건이 회사에 시원한 돌파구가 되어 주리라 믿으며 즐겁게 의식을 축하했다. 스토리텔링을 창조하며 몇 년을 보내고 나서 이제 돌아보니, 그날 공기를 가득 채웠던 그 독특한 향내가 무엇이었는지 정확히 짚어 낼 수 있을 것 같다. 그것은 공감이 자아내는 달콤한 향이었다.

임기를 맡은 후 얼마 지나지 않아 나델라는 사명, 즉 회사의 미션을 다시 세우는 일에 착수했다. '전 세계 모든 사람과 조직이 더 많이 성취할 수 있도록 역량을 강화한다.'는 마이크로소프트의 새로운 모토가 되었다. 그리고 브랜드의 사명이 진보하면 모든 지리적 영역, 사업 분야, 파트너와 고객, 그리고 직원들에게 어떤 영향을 미칠지 다시 생각해 보는 것이 회사의 모든 직원에게 즉각적인 과제가 되었다. 비록, 마이크로소프트라는 브랜드 스토리의 핵심 주제는 언제나 동일했지만(역량 강화), 마이크로소프트의 스마트한 고객들은 서로 연결되어 있으며, 자신을 브랜드의 성공 스토리에 기여하는 조력자 이상으로 여기고 싶어 했다. 그들은 이야기의 중심이 되고 싶어 했고, 나델라는 이 점을 잘 알았으며, 또한 사명의 진보는 분명 전체 회사의 발전을 의미한다는 사실도 알았다. 결국, 감정을 움직이는 것은 스토리다. 그리고 감정은 행동을 유도한다.

스토리텔링의 힘

스토리텔링이 실제로 내 전문 분야가 되기 전에는 나 역시 사업에 영향을 미치는 도구로 이야기를 사용하는 것에 대해 미심쩍었다. 대중 연설가이자 10대 아이들의 엄마인 나는 매우 특별한 청중들의 관심을 사로잡고 유지하기 위해 습관적으로 이야기를 사용해 왔다. 더구나 이해관계자들에게 이야기의 효과가 왜 그토록 큰지 명료하게 설명할 수 있기 한참 전부터 나는 이야기의 마술 같은 요소들을 알고 있었다. 의식적으로 특정한 순간들을 기억할 수 있기 전에 이야기의 마법이 막 자라나기 시작한 내 뇌에 침투했다. 우리 엄마는 연대기 부문에서 최고의 스토리텔러 중 한 명이셨다(지금도 여전히 그렇다). 넋을 나가게 하는 엄마의 말솜씨는 시간과 공간을 너무도 빨리 넘나들어서 오늘날까지도 내가 선명히 기억하는 이야기들은 35년 전에 그랬던 것과 똑같은 힘으로 여전히 나를 울고 웃게 한다.

나는 엄마의 이야기들에 흠뻑 빠져들곤 했다. 엄마가 들려주는 상상 가득한 이야기들은 거대한 생물과 전사들이 나오는 환상적이고 금지된 땅으로 순식간에 나를 이동시키는, 보이지 않는 다임머신이었다. 신앙심이 독실한 엄마는 나를 포함한 우리 자매들에게 매주 어마어마한 양의 성경

구절을 외우도록 했다. 이야기를 들으려면, 우리는 그렇게 할 수밖에 없었다.

연구 결과에 따르면 이야기는 다른 어떤 종류의 정보보다 스물두 배나 더 기억하기 쉽다고 한다. 이것은 이야기가 지닌 수많은 확실한 이점 중 하나일 뿐이다. 신경학 연구들 또한 우리가 이야기에 노출될 때 뇌가 다음과 같은 신경 전달 물질이나 호르몬을 생산한다는 사실을 보여 주었다.

- 도파민, 보상 체계의 일부로 기쁨과 만족감을 느끼는 데 관여함
- 코르티솔, '스트레스 호르몬'으로도 알려져 있으며, 사람이 행동에 나서게 하는 효과를 냄(투쟁 도피 반응 촉발)
- 엔도르핀, 기쁨의 감정을 관장함
- 옥시토신, '사랑 호르몬'으로 알려진 호르몬이자 신경 전달 물질로 공감, 신뢰감, 성행위, 관계 형성과 관련됨

그뿐만 아니라, '옛날 옛적에……'라고 이야기를 끄집어내는 순간 우리의 청각, 후각, 시각, 감각, 운동 피질 또한 활성화된다. 즉 이 말은, 잘 들려주기만 한다면 이야기는 인간의 뇌 전체를 깨어나게 할 수 있고, 청중들을 실제 주인공이나 이야기 속의 주요 인물인 것처럼 느끼게 하면서

그 안으로 빠져들게 할 수 있다는 뜻이다.

우리 마케터들은 소비자들이 무언가를 구매할 때 이성적으로 결정하지 않는다는 사실을 알고 있다. 그들은 감정에 의존해 결정을 내리고 나서 논리를 찾아 결정을 합리화한다. 스토리텔링은 우리가 콘텐츠를 더욱 쉽게 이해하고 기억하게 한다. 어떤 다른 형태의 커뮤니케이션도 할 수 없는 방식으로 정보를 감정에 연결하는 데 도움을 주기 때문이다.

이야기의 또 다른 매혹적인 힘은 집중을 유지하는 것이다. 이야기는 옥시토신과 코르티솔 같은 신경 화학 물질을 방출하는데 이는 신체에 긴장감을 조성하며 청중들의 관심을 유지하는 데 기여한다. 심지어 숫자나 데이터 같은 건조하고 지루한 내용을 설명할 때도, 그 내용에 맞는 캐릭터와 줄거리 그리고 결론을 전략적으로 잘 도입하면 청중을 유도하기에 훨씬 더 좋은 기회가 생긴다.

또한 이야기는 영향을 미치고 가치관을 전파하는 데에도 몹시 훌륭하다. 인류의 시작부터 역사의 모든 면에서 그래왔다. 하나의 종으로 인간이 살아남기 위해 지녔던 지침들과 행동들을 가르치고 형성하기 위해서 이야기가 인류의 기원부터 사용되었다는 사실에는 반박의 여지가 없다.

이런 것들은 모두 당신이 분명 이미 알고 있었을 스토리텔링의 장점을 확인시켜 준 것뿐이다. 설령 몰랐더라도, 어떤 이유에서인지 당신은 이야기가 효과가 있다는 사실을 개인적으로 증명할 수 있다. 당신은 그냥 알고 있다. 왜냐하면 매일 가족들, 친구들, 지인들, 그리고 동료들과 체계적으로 의사소통을 하면서 이야기를 사용하고 있지 않은가……. 단지 근무시간 외에 말이다! 인간은 사회적 동물인 까닭에 이야기가 인지적 의사소통 수단으로 우리 안에 심어져 있다. 그리고 본능적으로 인간은 다른 사람들과 어울리고 연결되기 위해 이야기를 사용한다. 그렇다면, 이 효과적인 메커니즘을 비즈니스에 적용하기가 왜 그렇게 어려운 것일까? 사업 관련 프레젠테이션을 차트나 그래프 대신 이야기 형식으로 전달하는 것이 왜 당연한 일로 느껴지지 않을까?

여기에서 이 책이 도움이 될 것이다. 브랜딩을 위한 스토리텔링은 '옛날 옛적에' 같은 익숙한 이야기에 대한 의문을 넘어 꼼꼼하고 섬세하게 '어떻게' 이야기를 펼쳐 낼지 설명하면서 디자인 씽킹의 원칙들과 성장형 사고방식growth mindset의 기법들을 사용한다. 이 기법들은 케케묵은 전통 마케팅의 목적을 꿰뚫어 보고, 당신을 혁신적인 리더로 빠르게 부상시켜 줄 것이다.

당신은 이 책에서 방법론, 실증적인 교훈들, 관련 사례들을 찾아볼 수 있다. 그리고 이러한 사례들은 따뜻하게 당신의 손을 잡고 사업 접근 방식을 토대로 스토리 프로토타이핑의 첫 단계부터 스토리텔링 적용까지의 전 과정을 안내할 것이다. 기업의 브랜딩 성공을 위해서든 개인의 브랜딩 성공을 위해서든, 이 완벽한 본보기는 당신을 유능한 스토리텔러로 만들어 설득력 있는 방식으로 이야기를 전달하도록 도와주는 실용적인 설명서 역할을 할 것이다.

장담하건대, 그 과정 역시 아주 재미있을 것이다. 그럼 시작해 볼까?

브랜드 미션과 스토리 아크

이야기는 인간 경험의 자연스러운 요소이기 때문에 이야기를 전체 구매 여정의 일부로 통합하려는 생각은 굉장히 일리가 있다. 간단히 말하자면 브랜드 스토리텔링을 단순히 브랜드 내러티브brand narrative(서사)를 만들어 전달하는 과정으로 보지 말고, 브랜드의 내·외부 모두에서 계속 이어지는 고객의 여정을 치밀하게 계획하는 데 이용 가능한 영향력 있는 자원으로 인지하기 시작해야 한다.

현대의 연결된 소비자들은 무의식중에 브랜드의 모든

면을 태피스트리처럼 촘촘하게 브랜드 스토리로 함께 엮는다. 광고, 이메일, 판매 사원이나 고객 서비스 담당자와의 대화 등, 이런 것들은 모두 소비자의 마음속에서 브랜드 스토리의 일부이다. 따라서 이 모든 것들이 조화를 이루도록 의식적으로 디자인하지 않으면, 고객과 브랜드의 상호작용 과정에서 고객을 잃을 가능성이 매우 크다.

당신의 브랜드 스토리를 위한 기본 아크를 형성하기 시작하려면, 그것의 전통적 시작인 브랜드 미션을 먼저 살펴보아야 한다. 당신의 브랜드 강령brand mission statement은 기본 스토리 아크를 설명해 놓은 부분이며(그림 1.1), 스토리의 나머지 부분(전개, 절정, 결말)에 시동을 거는 곳이다.

잘 알고 있겠지만, 모든 브랜드의 강령은 그 브랜드가 존재하는 이유에 대한 목적과 의도를 보여 준다. 디자인 관점에서 보면 브랜드 스토리텔링 모험을 여기에서 시작하는 것이 논리적으로 보인다. 하지만 퍼즐에서 이 몹시도 중요하고 근본적인 조각들을 태연히 건너뛰기로 하는 개인과 기업 브랜드들이 많다는 사실을 접하고 당혹스러운 순간이 자주 있다.

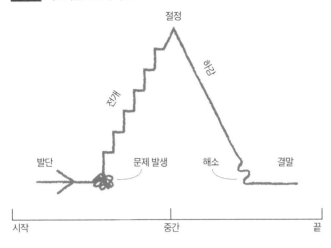

그림 1.1 대표적인 스토리 아크

발단　문제 발생　전개　절정　하강　해소　결말

시작　중간　끝

어떻게 브랜드 미션을 이야기의 일부로, 아니 더 바람직하게는 제일 처음에, 포함하지 않고 브랜드들이 이야기를 쓰기 시작할 수 있을까? 나는 기업과 개인의 측면 모두에서 브랜딩을 위한 스토리텔링을 가르치기 시작했을 때, 사람들이 브랜드 미션이 그 이야기에서 가장 중요한 주제라는 것을 잘 이해하지 못하기 때문에 이런 현상이 나타난다는 점을 알게 되었다. 흠, 모든 이야기는 목표가 있어야 한다. 즉 왜 이 이야기를 전하기로 했는지 의도한 이유가 있어야 한다는 말이다. 특히 브랜드 스토리텔링에서 주요 목적은 당신의 청중에게 브랜드가 존재하는 이유를 알려 주는 것이다(본질적으로, 브랜드의 목적이 담긴 강령을 발전시키는 것). 따라서 첫 단계로, 반드시 회사의 브랜드 강령을 살펴보고 그것을 '옛날 옛적에'로 변신시킬 수 있을지, 그리고 어떻게 그렇게 할 수 있을지를 알아내야 한다.

앞서 말했듯이, 연구 과정에서 그리고 컨설턴트로 일하면서 나는 규모에 상관없이 너무나 많은 브랜드들, 기업들, 개인들이 그들의 브랜드 미션을 스토리텔링에 맞추어 넣으려는 시도조차 하지 않는 모습이 도무지 이해되지 않았다. 그들은 이런 행동이 청중들에게 일으킬 혼란을 깨닫지 못하고 미션과 스토리텔링을 별개의 부분으로 취급한다.

다음의 예문은 세계적으로 유명한 어느 브랜드의 강령으로, 그들의 브랜드 스토리와 너무나도 동떨어진 느낌을 주는 좋은 본보기다.

○○○의 미션은 엔터테인먼트와 정보의 제작자 및 제공자로서 세계적인 선도 기업 중 하나가 되는 것이다. 우리의 콘텐츠, 서비스, 소비자 제품들을 차별화하기 위해서 브랜드의 포트폴리오를 이용하여 전 세계에서 가장 창의적이고 혁신적이며 수익성이 높은 엔터테인먼트 경험들과 관련 제품들을 개발하기를 추구한다.

무슨 브랜드의 강령인지 맞출 수 있겠는가? 정답을 공개해서 당신에게 충격을 주기 전에 말하자면, 여기저기에서 간단히 단어 몇 개만 바꾸면 이 강령은 '어떠한' 브랜드에도 들어맞는다는 것을 알 수 있다. 이 강령은 너무 광범위하고 산만해서 이 브랜드가 엔터테인먼트 산업에 종사한다는 점과 제품과 서비스를 팔아서 돈을 벌고 싶어 한다는 점 외에는 그 브랜드가 존재하는 이유에 대해 그 어떤 것도 추론하기 어렵다. 그야 수익을 내는 것이 분명 모든 브랜드의 궁극적인 목적이긴 할 것이다. 하지만 업계가 이 혼란스러운 디지털 시대를 개척해 나가고 있는 시점에, 내·외부의 청중들에게 다가가려는 시도로서 이와 같은 강령들은(또는 브랜드 스토리 테마들은) 더 이상 효과가 없다는 사실을 반드시 알아야 한다.

위에 소개한 강령은 월트 디즈니Walt Disney Company의 것이다.(최근 조금 더 설득력 있는 문구로 강령을 바꾸긴 했지만 그럼에도 불구하고 똑같이 마음을 사로잡지 못하는 문구다.) '사람들을 행복하게 만들기'가 디즈니의 브랜드 미션이라고 잘못 생각하는 사람들이 많다. 하지만 이것은 결코 디즈니의 공식 강령인 적이 없다. 월트 디즈니가 언젠가 '제 사업은 사람들을 행복하게 만듭니다. 특히 아이들을요.'라고 했던 말에서 나온 문구일 뿐이다.

차라리 '사람들을 행복하게 만들기'를 디즈니의 강령으로 삼는 편이 훨씬 더 수긍이 갈 것 같다. 나는 10대 아들에게 디즈니의 실제 강령과 '사람들을 행복하게 만들기'를 함께 알려 주고, 만약 아들에게 선택권이 있다면 어느 강령이 있는 회사에서 일하고 싶은지 물어보았다. 아들은 망설임 없이 바로 '사람들을 행복하게 만들기' 쪽을 골랐다. 그 문구가 즉시 아들의 마음에 닿았기 때문이다. 다시 말해서, '행복'이라는 단어를 듣자마자 아들의 뇌에 반짝 불이 켜진 것이다. 그 문구는 인간의 감정에 대고 우리 모두 이해할 수 있는 말을 한다. 이것이 바로 내가 보편적 진리라고 부르고 싶은 것이다. 우리의 배경도, 살아온 경험도, 나이도, 지리적인 위치와도 상관없이 모두가 연결될 수 있는 진실 말이다.

이걸 왜 그렇게 중요하게 고려해야 하냐고 물을 수도 있겠다. 특히 시장에서 이미 리더로 굳건히 자리 잡은 디즈니 같은 브랜드에게? 모든 브랜드가 오늘날 자신의 강령을 재평가하고 계속 발전시켜야 하는 이유와 같다. 바로 밀레니엄 세대, Z세대, 그리고 그다음 세대, 게다가 로봇들까지 등장했기 때문이다.

컴퓨터 전문가, 디지털에 친숙하고 항상 연결되어 있는 소비자 인구가 부상하면서 소비자들에게 의미 있는 존재가 되는 것이 브랜드들의 새로운 과제가 되었다. 오늘날 계속 의미 있는 브랜드로 남기 위해서는 더 이상 제품, 서비스, 그리고 하나의 기업으로서 그들이 누구인지만을 제시해서는 안 된다는 지적이 계속 나온다. 브랜드들은 인간적으로 깊은 수준에서 그들의 고객들과 연결되어야 하며, 계속 연결되려고 노력해야 한다. 하지만 대부분의 브랜드들이 알지 못하는 사실은 이렇게 연결되고자 하는 노력은 내부에서부터 시작한다는 것이다. 이는 가슴과 영혼에 불을 지펴 그 노력을 계속 추진하면서 기업이 존재하는 이유가 조직 전체에 퍼져나가는 것을 재평가하는 일이다. 그것은 브랜드 스토리로 시작한다.

행복, 역량 강화, 영감, 창피함, 슬픔, 상실 등 이러한 감정들은 인간으로서 우리 모두 연관될 수 있는 감정들이다. 만약 어떤 브랜드 스토리가 전략적으로 사업의 전 분야에서 이러한 감정들을 일으킬 수 있다면, 청중들과 연결되고 계속 그 연결을 유지하는 데 성공할 것이다.

물론, 디즈니의 경우, 좀 더 마음을 움직이는 강령 없이도 시장에서 성공할 수 있었다는 사실에는 논란의 여지가 없다. 하지만 현실에서 브랜드 대부분의 경우는 다르다. 디즈니가 90년이 넘는 기간 동안 성공을 이어오고 있는 이유는, 브랜드가 노스탤지어nostalgia(지난 시절에 대한 그리움)를 바탕으로 설립되어 그들의 고객들이 감동을 주지 않는 강령에서 어떤 뉘앙스를 알아내려고 애쓰는 경향이 적으며, 더 젊은 세대들은 직감으로 그 브랜드가 상징하는 것을 자연스럽게 알아보기 때문이다. 다른 말로 설명하자면, 나의 10대 아들들은 디즈니 놀이공원에 갈지 결정하기 위해서 미리 구글에서 디즈니를 검색해 보지 않는다는 말이다. 아이들은 자신이 하려고 하는 일을 실행할 기회를 갖기 훨씬 전에 그 브랜드와 직접 상호작용을 하기에 앞서, 이미 또래의 피드백 요청과 광범위한 노출 덕분에 그 공원을(그리고 그 브랜드를) 알고 있었던 것이다.

당신의 브랜드가 디즈니가 달성한 위치에 도달하지 못했다면, 지금은 시장의 요구에 맞게 브랜드 스토리의 영향력을 재평가할 때다. 더 새로운 세대들은 브랜드를 자신의 잠재적 확장으로 여긴다. 일이든 놀이든, 밀레니엄 세대와 Z세대는 브랜드를 '개인'으로 여기고 접근하며 그것과 친구가 된다. 그리고 그 브랜드에 시간과 돈을 투자할지 결정하기 전에 먼저 '이유'를 이해하고자 한다. 이 부분이 바로 브랜드 스토리텔링이 기여할 수 있는 것이다.

당신이 이제 첫걸음을 떼서 사명을 살펴보았고, 혹은 아직 사명조차 없다는 사실을 깨달았다고 치자. 다음은 뭘까? 당신만의 '옛날 옛적에' 없이 어떻게 시작할 수 있을까?

나는 다양한 유형과 단계의 조직들에서 많은 고객을 도와 오면서, 브랜드 강령을 하나의 스토리 테마로 개발하는 작업의 첫걸음을 떼는 것이 진짜 힘든 일이라는 사실을 알았다. 그래서 간단한 스토리 미션 지침을 개발했다. 이것은 내게 큰 도움이 되었고 분명 당신에게도 유용할 것이라 믿는다.

48쪽에 제시한 도표 1.1의 템플릿은 개인과 기업의 브랜드 스토리텔링에 모두 잘 맞으며, 당신의 스토리 아크를 위한 기본 준비 재료들을 모으는 역할을 한다. 다시 말하자면, 이야기를 창조하기에 앞서, 이 템플릿이 이야기의 주요 가닥이 될 '무엇'과 '왜'를 규정하는 것을 도와줄 것이다. 뒤에 나오는 장에서 더 자세히 이러한 개념들을 파고들겠지만, 지금은 당신의 브랜드가 무엇을 상징하는지에 대한 기본적인 아이디어를 갖고 있다고 하면, 이 지침이 구성 단계에서 브랜드 스토리텔링이 어떤 모습을 띠는지에 대한 전반적인 이미지를 제공할 것이다.

이 간단한 연습을 통해 알게 되겠지만, 브랜드 스토리텔링은 브랜드 미션과 함께 시작한다. 이것은 당신의 이야기에서 몹시 중요한 주제이며, 어떠한 형태로 전달되든 모든 브랜드의 이야기는 이 중심 주제에 언제나 단단히 묶여 있어야 한다. 사업의 전 분야에서 똑같은 형태로 브랜드 스토리를 말하리라 기대할 수도 없고 바랄 수도 없다(마케터가 잠재적 고객에게 할 이야기는 영업 사원이 기존 고객에게 할 이야기와는 다를 것이다). 하지만 영업 사원과 마케터 모두 변하지 않는 스토리 테마를 포함하면, 고객은 비록 그것이 명백하게 드러나지 않더라도 언제나 그 스토리가 무엇에 관한 것인지를 알아볼 수 있을 것이다.

당신의 브랜드 스토리에 필요할 원재료를 수집하는 데 도움을 줄 스토리 미션 지침으로 조금 더 깊이 들어가 보자.

도표 1.1 스토리텔링 미션 디자인 템플릿

스토리 주제

이 스토리는 누구와 무엇에 관한 것인가? 힌트: 이것이 바로 당신의 브랜드 강령이 가리키는 것이다. 만약 아직 강령이 없다면 혹은 현재 강령이 시의적절하지 않다면, 간단히 당신 브랜드의 제품과 서비스가 존재하는 이유를 적어라.

스토리 미션

이 이야기를 하면서 무엇을 성취하고 싶은가? 브랜드 미션 외에, 브랜드 스토리도 목적이 있다. 마케팅 계획과 유사하게 브랜드 스토리의 궁극적인 목적을 설명하라(즉 시장 점유율 늘리기, 브랜드 인지도 상승, 브랜드 이미지 새롭게 하기 등).

브랜드 속성

브랜드 가이드라인의 목록을 작성하라(개성, 전형, 어조, 목소리, 슬로건).

핵심 청중

이 이야기는 누구를 위한 것인가? 분명 청중이 한 명 이상은 있을 것
이다.

감정

이 이야기로 청중들에게 일으키고 싶은 감정은 무엇인가? 청중이 이
이야기를 접하고 어떤 느낌을 받기를 바라는지 빨리 생각해 보라.

어떻게 그것을 믿을 만하게 만들 수 있는가?

스토리 메시지를 지원하기 위해서 스토리에 포함된 핵심 주제들이다.

어조와 방식

당신의 이야기를 전달할 방식이다.

스토리 주제

브랜드 강령은 핵심 원칙들과 가치관은 물론 브랜드의
존재 이유까지 규정할 수 있어야 한다. 이러한 것들은 당신
의 스토리가 강조할 주제들이다. 특히 '왜' 부분이 중요한데
그 이유는 '왜'가 당신의 브랜드에 제품이나 서비스를 넘어
목적을 부여하기 때문이다. 시간을 내어 당신의 브랜드 강
령에 그 주제들의 목록을 나열해 보라. 이것은 가까운 미래
에 당신이 스토리 디자인을 시작할 준비가 되었을 때 줄거
리를 짜는 데 도움이 될 것이다.

스토리 미션

브랜드 미션과 혼동하지 말자. 스토리 미션은 당신의 이
야기에 부여하고 싶은 목표다. 모든 스토리는 당신이 스토
리를 가지고 접근하고 싶은 사람이 누구인지와 그 이유에
관한 미션이 있어야 한다. 청중들이 당신의 웹사이트를 방
문하고, 당신의 제품들에 대해서 더 많이 알게 되도록 영감
을 주고 싶은가? 또는 당신의 제품을 홍보하고 싶은가? 스
토리 디자인에 대해서 더 많이 배우고 나면, 중심 브랜드

스토리가 있더라도 내부 이해관계자들이 각자의 청중을 챙기려고 어쩔 수 없이 다른 미니 스토리들을 만들어 낼 것이라는 점을 알게 된다. 하지만 당신의 브랜드에 관련된 모든 이야기는 언제나 그 브랜드의 미션과 당신이 그 브랜드 스토리에 부여한 전체 목적에 묶여 있어야 한다.

브랜드 속성

브랜드 스토리를 디자인하기 시작할 때 '브랜드의 정체성을 유지하도록' 보장하기 위해서 기존의 브랜드 속성들을 간단히 나열해 보는 것도 중요하다. 물론, 브랜드 이미지를 완전히 새롭게 하기 위해서도 이 기회를 이용할 수 있을 것이다. 어느 쪽이든, 현재 브랜드의 개성과 그 외의 다른 속성들을 간략히 나열함으로써, 브랜드 정체성에 계속 일치될 수 있고, 그것이 이야기에 반영되도록 보장할 수 있다.

핵심 청중들

스토리 미션에서 그 이야기가 누구를 위한 것인지 목록을 작성할 것이나. 그러나 이 항목은 당신이 이야기를 디자인하기 시작할 때 모든 청중을 염두에 두고 작업을 할 수 있도록, 브랜드의 청중들 전부에 대해서 조금 더 상세한 정보를 얻기 위한 것이다. 뒤에 나오는 장에서 더 자세히 다룰 테니 여기에 너무 많은 시간을 쓰지 마라. 그냥 간단히 그 순간 당신의 마음속에 가장 먼저 떠오른 청중들을 기록해 놓아라.

감정

스토리 미션 지침에서 다음에 주목할 부분은 감정이다. 당신은 청중에게 어떤 감정을 일으키려고 하는가? 다시 말하지만, 이 책에서 나중에 이러한 개념들 각각에 대해서 그리고 그 개념들을 어떻게 스토리 디자인에 붙어 넣는지에 대해서 더 많은 시간을 할애해 배울 것이다. 하지만 지금 당신의 청중들이 느끼기를 바라는 감정들에 대해 생각해 보는 것도 가치가 있다. 청중이 느끼는 감정은 언제나 훌륭한 스토리텔링의 핵심 부분일 테니까.

믿음직스럽게 만들기

이 책의 나머지 부분에서 당신의 이야기를 믿을 만하게 만드는 요소들에 대해서 자세하게 설명할 테지만, 위에서 언급한 감정처럼, 현재 당신이 이야기에 도움이 될 만한 어떤 자산과 자원 그리고 요소들을 쥐고 있는지 잠시 생각해 보는 것은 바람직한 일이다. 당신이 자유자재로 이용할 수 있는 고객 후기들이 있는가? 당신의 브랜드 스토리가 고객들에게 일으키는 감정들과 관련된 사례 조사들이 있는가? 이런 것들은 이야기를 뒷받침할 수 있는 추가 요소의 좋은 본보기다.

어조와 방식

이것은 당신의 브랜드 스토리가 어떻게 전달되면 좋을지 마음속에 그려 보는 예비 위시 리스트와 같다. 다시 한번 강조하지만, 기본 구조를 디자인하고 난 뒤 출시를 위해 어떻게 스토리를 장식할지에 대해서는 나중에 더 깊이 들여다볼 것이다. 처음 떠오른 아이디어들의 목록을 간단히 작성해 보는 것은 그 과정에서 일찍이 당신이 취하고자 하는 방향을 머릿속에 그려 보는 데 도움이 된다.

몇 분 짬을 내어 스토리 미션 지침의 칸을 채워 보면 분명 브랜드 스토리를 디자인하는 데 필요한 것과 그 이면에 숨겨진 의도에 대해 생각해 볼 수 있을 것이다. 그리고 아마도, 이런 것이 날 위해 존재하지 않았던 시절에 내가 그 과정을 지나며 겪었던 시련과 상처들 일부를 당신이 피하는 데 도움이 될 것이다.

마이크로소프트의 핵심 서비스 기술 운영팀에서 스토리텔러로 보낸 첫 삼 개월은 끔찍할 정도로 고통스러웠다. 기술 배경이 전무한 나는 우리의 IT 전문가, 비즈니스 의사결정자, 개발자 청중들을 위해 디지털 전환에 관한 굉장히 기술적인 이야기들을 만들어 내는 임무를 부여받았다. 그리고 이 이야기들은 개인적이고 감정적인 요소를 바탕으로 우리가 더 넓은 커뮤니티에 닿을 수 있게 해야 했다. 하지만 처음 몇 번의 시도를 하는 동안 나는 처참하게 실패했다.

절박한 심정으로 나는 스토리텔링 분야에서 배경과 산업 종류를 막론하고, 마이크로소프트, 힐튼Hilton, 코카콜라Coca-Cola, 컬럼비아 대학교Columbia University, 구글Google, 디즈니 등과 관계를 맺고 있는 모든 부류의 전문가들로부터 (최고 마케팅 경영자부터 책을 낸 작가들, 시나리오 작가들, 잘나가는 대중 연설가까지) 지도를 받기로 결심했다.

이야기에 대한 보다 심오한 견해를 얻기 위해서 나는 그들 모두에게 같은 질문을 했다. '당신의 경험상, 무엇이 스토리텔링이고 무엇은 스토리텔링이 아닌가요?'

예상할 수 있겠지만, 다양한 대답들을 많이 받았다. 어떤 답들은 예상했던 바와 비슷했고, 또 어떤 것들은 정말로 아주 신선했다. 나는 몇 주간 이 답들을 놓고 고민하면서 기능, 전략, 인간의 마음이라는 세 가지 핵심 영역으로 분류했다.

스토리텔링은 이 세 가지 영역 모두를 훌륭하게 다룬다. 그리고 브랜드 마케팅에 효과적으로 적용하기 위해 스토리텔링을 어떻게 활용하는지 인지하는 것이 중요하다. 범주화 작업을 마친 후, 나는 그들의 대답을 한 문장으로 요약할 수 있었다.

스토리텔링은 인물, 줄거리, 결말을 도입하여 정보(의견, 주장, 사실, 데이터, 아이디어, 논쟁)를 감정으로 전환하는 작업이다.

여기서 잠깐 훌륭한 이야기는 감정을 불러일으킨다는 사실을 한 번 더 강조하고 싶다. 맞다, 엄밀히 말하자면 인물, 줄거리, 결론만으로도 이야기 하나를 쓸 수 있고, 그 이야기는 그렇게 구성될 것이다. 그러나 우리는 분명 설득력 있고 기억에 남을 만한 콘텐츠를 전달하기 위한 탐색을 벌이는 중이다. 그런 콘텐츠를 만들어 내기 위해, 브랜드 스토리텔링의 목표는 언제나 그것이 당신의 청중들에게 일으킬 수 있는 감정에 의해서 결정되어야 할 것이다.

자, 이제 그 세 가지 범주를 분석해 보자.

기능

우리는 훌륭한 이야기가 당신에게 무언가를 느끼게 한다는 사실을 확실히 알았다. 그러므로 이야기의 기본 목적은 감정을 일으키는 것이다. 앞서 언급한 것처럼, 어떤 형태의 정보라도 그것에 인물, 줄거리, 결론을 도입하면 즉각적으로 우리 뇌의 일부분을 활성화한다는 사실이 과학적으로 증명되었다. 이것은 정보 혼자서는 결코 할 수 없는 일이다. 그러나 한 단계 더 나아가서, 이야기가 전개되는 과정에서 이러한 요소들이 유도할 수 있는 감정들에 전략적으로 집중하면, 당신은 사람의 마음을 끄는 이야기를 얻을 것이다.

이 때문에 브랜드 스토리 테마(브랜드 미션)를 처음부터 단단히 고정하는 것이 몹시 중요하다. 만약 현재 당신의 브랜드 미션이 보편적인 감정에 대해 말하지 않거나, 모든 것을 아우르는 방식으로 청중들에게 말하지 않는다면, 미션을 다시 점검해 보고 바꾸어야 할 때다. (무슨 말인지는 2장에서 설명하겠다.)

오늘날 많은 선도 브랜드들은 계속 진화하는 디지털 환

경에 적응하기 위해서, 아니면 혹자가 부르는 대로 곧 닥칠 '로보칼립스' 시대에 적응해야 할 필요성을 인지하고, 이미 그들의 강령을 다시 만들었다. 다음의 좋은 사례들 몇 가지를 소개한다.

- 나이키Nike: 모든 선수에게 영감과 혁신을 불어넣기. (몸이 있으면 모두가 선수다.)
- 코카콜라Coca-Cola: 정신, 신체, 영혼까지 세계를 상쾌하게 한다. 우리의 브랜드와 행동을 통해서 행복하고 긍정적인 순간들을 떠올리게 한다.
- 네슬레 투데이Nestle today: 좋은 음식, 좋은 인생.
- 보다 신생 브랜드들은 시작부터 그들의 똑똑한 브랜드 미션을 소개할 기회가 있었다.
  - 라이프이즈굿Life is Good: 낙관주의의 힘을 전파하자.
  - 테드TED: 아이디어를 퍼뜨리자.
  - 스타벅스Starbucks: 인간 정신을 고취하고 육성한다. 한 번에 한 사람, 한 잔, 한 동네.

이러한 강령 각각은 그 안에 모든 사람이 이해하고 느낄 수 있는 핵심 단어나, 근본석인 보편적 진리(나는 이렇게 부르는 편이 좋다)를 품고 있다. 스토리의 테마가 분명하게 규명되어 있으므로 여기에서 스토리텔링의 기능이 작동한다.

전략

스토리텔링이 정보의 감정 전환이라는 점에 동의한다면, 스토리텔링이 어떻게 그렇게 할 수 있는지를 확실히 이해해야 한다. 내가 생각하는 스토리텔링의 정의에서는 인물, 줄거리, 결론 등 이야기의 기본 요소들을 통해서 스토리텔링을 실행한다고 할 수 있다. 간단히 말해서, 만약 이세 가지의 요소를 모두 지니고 있지 않다면 그것은 이야기라 할 수 없다. 당신의 브랜드 마케팅에 스토리텔링을 어떻게 집어넣을지 생각할 때, 등장인물들은 누구일지, 이야기가 전개되면서 그들에게 무슨 일이 벌어질지, 그리고 그 이야기의 결론 혹은 최종 결과는 무엇이 될지를 반드시 전략적으로 규정해야 한다. 스토리 테마(브랜드 미션)와 마찬가지로, 이 세 가지 요소들은 반드시 그 이야기의 구성을 시작하기 전에 규정되어야 한다. 이것이 바로 간략하게나마 그 설명 지침 칸을 채워 보는 것이 큰 도움이 되는 이유다.

마음

앞서 언급했던 것처럼, 나는 스토리텔링 제작 분야의 리더들로부터 관습적이지 않은 대답 몇 가지를 듣고 굉장히 놀랐다. 가장 눈이 휘둥그레졌던 대답 중 하나는 '스토리텔링은 조종하는 것이 아니다.'라는 말이었다. 이 노련한 리더는 계속해서 설명했다. '스토리텔링이 사람들을 조종하는 데 사용될 수 있는 이유는 바로 사람들을 설득하는 힘이 어마어마하게 크기 때문입니다.'

하지만 잠깐, 그게 바로 근본적으로 우리가 원하는 것 아닌가? 브랜드 마케팅과 커뮤니케이션 전략에 스토리텔링을 도입하는 요점은 이해관계자들에게 우리의 브랜드를 인간적으로 의미 있고, 기억에 남는 중요한 것으로 보여 주어 궁극적으로 그들이 우리의 제품과 서비스를 구매하도록 설득하는 것이다. 그렇지 않은가? 새로운 세대들은 제품이나 서비스를 초월해서 한 브랜드에 자신을 연관 짓고 있다는 사실을 기억하라. 본질적으로 스토리텔링은 그 기업의 핵심을(바로 존재 이유를) 의도적으로 보여 준다. 브랜드들은 이 도구를 남용하여 혼란을 주거나 고객을 속이지 않도록 매우 조심해야 하며, 자신의 이야기를 행동으로 뒷받침할 수 있이아 한다. 만약 브랜드 스토리가 역량 강화에 관해 이야기한다면, 그 브랜드의 문화, 제품, 서비스, 고객 경험은 반드시 전 단계에서 역량 강화에 기여해야 한다.

그러므로 브랜딩을 위한 스토리텔링은 단순히 그 브랜드에 대해 떠드는 이야기들을 만드는 것과는 천지 차이다. 스토리텔링은 고객들의 반응을 촉발하기 위하여 브랜드의 핵심 가치관과 열망에 맞게 의도적으로 계획하고, 이야기의 모든 면을 매우 신중하게 디자인 해야 한다.

하지만 어디서 시작할까? 물어봐 주어 기쁘다. 나와 함께 2장으로 가자. 거기서 설명해 주겠다.

2

어디서부터 시작할까?

- 이야기에서 배트맨의 로빈 효과
- 스토리텔링에 적용되는 디자인 씽킹 원칙들
- 이야기의 보편적 진리 찾기
- 이야기 구조 세우기

———

좋다. 여기까지 이해했다고 하자. 브랜드 스토리텔링은 '이야기를 들려주는 것' 이상이다. 즉 청중들이 감정 경험을 하도록 회사의 강령을 중심 주제로 잡고 그 아래에서 인물, 줄거리, 결론을 의도적으로 디자인하는 것이다. 지금쯤이면 아마 당신은 이런 요소들을 한데 모으는 방법을 계획하는 데 도움이 될 설명 지침을 완성했을 것이다. 하지만 그것은 이야기의 뼈대일 뿐이다. 이런 아이디어들을 성공적으로 전달하기 위해서 이야기에 부가 기능을 넣어 채우는 진짜 작업은 이제부터 시작이다.

이야기를 흥미롭게 만들기 위해서는 반드시 브랜드 스토리에 생기를 불어넣을 수 있는 서술 기법들을 적용해야 한다. 이즈음에 당신은 이야기에서 누가 등장인물이 될지, 그들에게 어떤 일이 벌어질지(줄거리), 그리고 궁극적인 목적을 달성하기 위해서 어떻게 그 이야기를 끝맺을지(결론)에 대한 좋은 아이디어가 있어야 한다.

기법으로 들어가기 전에 분명하게 짚고 넘어가야 할 부분은, 이야기 구조와 스토리텔링 기법을 혼동해서는 안 된다는 사실이다. 스토리텔링 기법은 이야기를 디자인하는 데 사용할 수 있는 방법들이다. 이 기법들에는 이야기가 어떻게 보여야 할지(즉 특정 유형의 형식 같은 시각 요소들을 어떻게 사용하면 좋을지)와 시장으로 어떻게 진입해야 할지 같은 구체적인 부분을 포함한다. 기법들은 청중의 요구에 맞추기 위해서 시간이 지남에 따라 변할 수 있고 변해야만 한다. 예를 들면, 만약 새로운 소셜 미디어 채널이 등장하여 당신의 청중들이 갑자기 그쪽으로 옮겨간다면, 당신은 그 특정한 채널에서 청중들에게 이야기를 전달하기 위해 새로운 스토리텔링 기법을 사용해야 한다.

이야기 구조는 우리가 지금까지 논의해 왔던 요소들(인물, 줄거리, 결론, 감정, 보편적 진리)에 단단히 묶여 있는 이야기의 토대다. 이야기를 생성하는 데 이러한 요소들은 협상이 불가하다. 당신은 등장인물을 바꾸거나 줄거리 구성에 변화를 모색할 수는 있지만, 절대로 하나의 요소로써 인물이나 술거리를 없앨 수는 없다. 그렇게 했다가는 이야기가 만들어지는 것이 중단될 것이니.

배트맨의 로빈 효과

등장인물에 대해서 말하자면, 오늘날 성공적인 브랜드들은 언제나 그들의 고객을 이야기의 중심인물로 설정하고 있다는 점을 언급해야겠다. 다시 마이크로소프트의 사례로 돌아가 보자. 역량 강화는 항상 마이크로소프트라는 브랜드의 중심 주제였다. 그리고 이야기의 메인 캐릭터를 'PC'에서 '전 세계의 모든 사람과 조직'으로 변경하면서, 마이크로소프트는 안에서부터 밖으로 고객 중심 방식을 성실히 추진하며 미션을 실행하기 위해 노력해 왔다. 결과는 필연적이었다. 이전에 업계에서 '테크 자이언트'로 알려졌던 마이크로소프트는 2018년에는 '세상에서 가장 가치 있는 기업'이라는 명성을 얻었다.

나는 이것을 '배트맨의 로빈 효과'라고 부른다. 브랜드는 고객을 그 브랜드의 도움(제품과 서비스)으로 번영하게 하면서 자신의 이야기에서 조수 역할을 자처한다. 이야기에서 고객을 메인 캐릭터로(그리고 영웅으로) 만드는 행동의 이면에 깔려 있는 심리는 단순하다. 당신의 브랜드는 어떻게든 고객들의 삶을 더 나아지게 하려고 존재하며, 그들을 승리하게 만든다는 점을 이해하면, 고객들은 그 승리에 특별히 관심을 갖게 된다. 그리고 그들의 승리가 곧 당신의 승리다.

고객을 이야기의 영웅으로 만드는 일에 한 장을 전부 할 애했지만, DC 코믹스DC comics(미국의 만화 중심 관련 출판사로, 슈퍼맨, 배트맨, 원더우먼, 그린 랜턴 등의 유명 캐릭터를 보유하고 있다) 얘기를 풀어놓기 전에 먼저 마이크로소프트에서 내가 처음으로 기술적이고 감정적인 비즈니스 스토리를 만들어 내는 데 큰 도움이 된, 그리고 스토리텔러로서의 내 경력을 구하는 데 일조한 실용적인 스토리텔링 모델을 공유하고 싶다.

참고로, 나는 스토리텔러로서 당신이 감으로 눈치채기를 바라며 1장에서 이 접근법을 살짝 예고했었다. 알아챘는가?

스토리텔러라는 직책을 맡았을 때 나는 통합 마케팅과 커뮤니케이션 석사 학위를 마무리하던 중이었다. 우연히도 디자인 씽킹 과정이 커리큘럼에 들어 있었고 나는 실제 난관을 적용하여 그에 대한 해결책을 디자인해야 했다.

'이야기들을 프로토타입prototype(본격적인 상품화에 앞서 성능을 검증·개선하기 위해 간단히 핵심 기능만 넣어 제작한 기본 모델)으로 제작해 볼 수 있을까요?' 속으로 확실한 답을 비리면서 나는 교수님께 여쭈어 보았다. '뭐든 프로토타입으로 만들 수 있지.' 교수님은 아주 무뚝뚝하게 대답하셨다. 그래서 나는 그렇게 했다.

독자 중에서 이 디자인 씽킹 과정에 익숙한 사람도 많을 것이라고 확신한다. 디자인 씽킹은 공감을 중심으로 하고, 고객을 이해하고자 하며, 추측들에 이의를 제기하고, 문제들을 다시 규정하여 처음에는 확실하지 않았을지도 모르는 전략과 해결책들을 찾아낸다. 스토리텔링 프로젝트에서 디자인 씽킹 과정을 깊이 파고들면서 나는 스토리텔링에 디자인 씽킹의 개념들을 적용하는 것이 가능할 뿐만 아니라, 그것이 브랜드 스토리의 구조를 형성하는 데 있어 훌륭한 방법이 된다는 사실을 깨달았고 무척 기뻤다.

스토리텔링에 디자인 씽킹 적용하기

이 점을 염두에 두고, 당신이 브랜드 스토리를 디자인하는 모험을 시작할 수 있도록 스토리텔링을 위한 디자인 씽킹의 각 단계로 천천히 안내하겠다(그림 2.1). 만약 당신이 설명 지침을 손쉽게 사용 가능한 형태로 갖고 있다면, 그것이 안내 도구가 되어 줄 것이다.

자, 출발!

그림 2.1 스토리텔링에 디자인 씽킹 적용하기

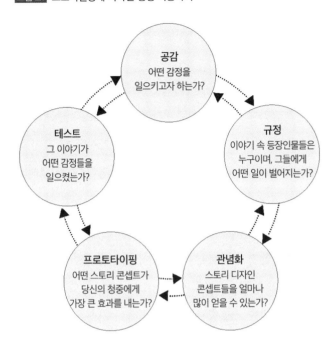

1단계 공감

'사람들은 당신의 말과 행동을 잊겠지만, 그들에게 당신이 어떤 기분이 들게 했는지는 절대 잊지 않을 것이다.' 스토리텔링의 여왕 마야 앤절로Maya Angelou가 말한 이 오래된 격언은 조금도 틀리지 않았다.

디자인 씽킹 원칙들을 적용하는 스토리텔링의 첫 단계

는 당신의 타깃 청중에게 '완전 전율을 느끼게' 할 만한 이
야기를 전달하기 위해서 그들을 공감하며 완전히 이해하는
것이 전부다.

디자인 씽킹에서 이 과정은 맞춤형 청중 또는 타깃 청
중을 포함하여 모든 이해관계자를 대상으로 다양한 형태
의 수준별 조사를 시행하면서 시작한다. 조사를 더 많이 할
수록 더 좋다. 민족별 관찰, 소셜 미디어 경청, 펄스 서베이
pulse survey(짧은 수기로 시행하는 사내 설문조사) 등은 모두 청
중들이 어디에 있으며, 어떤 유형의 이야기를 그들에게 들
려주어야 할지 판단하는 데 도움이 되는 훌륭한 방법들이
다. 당신의 이해관계자들을 대상으로 시행한 모든 조사는
당신이 브랜드 스토리를 더욱더 공감이 가도록 만드는 데
한 걸음 더 가까이 데려다준다. 그리고 공감은 당신이 청중
들의 마음속에 깨우고 싶은 인간의 감정들을 열어 줄 핵심
이다.

스토리텔링에서 공감을 찾는 것은 고객의 어떤 욕구를
브랜드가 채워 주고, 그 결과 어떤 감정들을 일으키는지를
이해한다는 뜻이다. 당신이 처음으로 진짜 훌륭한 이야기
를 접했던 경이로운 순간을 떠올려 보라. 당신이 생각하기
에 그 이야기는 왜 그토록 '훌륭'했을까? 지금도 여전히 그
이야기가 훌륭하다고 생각하는가? 우리 엄마는 굉장한 스

토리텔러였다. 엄마의 이야기들은 모두 의도적으로 보편적 진리를 전달했기 때문에 얼마나 오래되었든, 내가 얼마나 냉소적인 사람이 되었든 상관없이 시간과 공간을 계속 초월한다. 즉 그 이야기들은 내 안에서 인간의 핵심 욕구를 반영하는 감정을 건드렸다. 어렸을 때 나는 이 스토리텔링 전략의 근원을 정확히 짚어 낼 수도, 명확히 설명할 수도 없었다. 하지만 엄마의 이야기들이 내게 어떤 기분이 들게 했는지, 그리고 그 감정이 매번 엄마에게 한 번만 더 이야기해 달라고 조를 때마다 내가 찾고 있던 감정이었다는 사실을 잘 알았다.

이야기의 보편적 진리 찾기

미국의 심리학자 에이브러햄 매슬로Abraham Maslow는 인간의 선천적 욕구들을 충족시키는 것을 기반으로 하나의 이론을 개발했다. 그의 욕구 위계 이론needs hierarchy theory을 통해 인간은 충족시키고 싶은 특정한 생리학적, 심리학적, 생물학적 욕구가 있다는 사실이 알려졌다. 그러한 욕구들이 충족되면 긍정적인 감정이 들고, 충족되지 않거나 만족스럽지 않으면 우리는 부정적인 감정을 경험한다.

매슬로의 설명에 따르면, 이상적으로는 개인이 자연스럽게 성장하고 발달하면서 그 욕구 피라미드에서 원하는 욕구의 단계들이 점점 위로 올라갈 것이라고 한다. 그러나 살아가는 동안 많은 이들이 어느 지점에서 더 올라가지 못하고 욕구 피라미드의 한두 개 단계에서 발이 묶이는 경우가 많다. 그리고 이것은 우리 모두 긍정적인 감정과 부정적인 감정들을 전부 경험했다는 의미다. 이로 인해 우리는 타인에게 굉장히 동정심이 들 수 있고, 더 좋게는 각자가 겪은 사건과 상황이 완전히 다를지라도 똑같은 감정을 경험한 다른 사람에게 공감할 수 있게 된다.

앞에 있는 청중들에게 이 개념에 관해 설명할 때, 나는 종종 오래전에 겪은 개인적으로 망신스러운 이야기들을 털어놓는다. 내 인생에서 불운한 시기에 겪었던 그 치욕스러운 경험을 들려주면 그에 대한 반응으로 청중들은 뚜렷하게 고통을 드러내며 얼굴을 찡그리는데, 그 모습을 보면 나는 몹시 흐뭇하다. 이야기를 끝마치자마자 나는 청중들을 다시 '현실'로 데리고 오고, 그러면 그들은 이야기를 통해서 공감을 유도하는 방법을 곧바로 이해한다.

나는 이 과정을 '보편적 진리 찾기'라고 부른다. 이미 1장에서 보편적 진리라는 용어를 소개했다. 이것은 배경, 나이, 성별, 종교 또는 정치적 성향과 관계없이 모든 사람이 연결될 수 있는 진리다. 다른 말로 보편적 진리란, 당신의 모든 청중에게 이야기가 개인적으로 와닿게 만드는 포괄적인 감정이다.

내 창피스러운 이야기들을 나눌 때, 나는 전체 청중들 역시 그 창피한 감정을 경험할 가능성이 높다는 점을 안다. 그들이 나와 똑같은 상황을 겪어 본 적이 없을지라도, 그들 역시 살아오면서 언젠가 수치스러운 상황을 겪어 본 적이 있을 것이며, 본능적으로 창피한 기분이 어떤 것인지 이해하기 때문이다. 그러므로 창피함은 보편적 진리가 된다.

맹렬하게 애증이 엇갈리는 디지털 시대에, 청중들의 마음을 가장 잘 이끌어 내는 보편적 진리가 무엇인지 진심으로 이해하기 위해서 막대한 시간을 쏟아붓는 브랜드들만이 계속 경쟁력을 유지할 것이다.

고객들이 당신의 제품과 서비스를 접하면 어떤 감정이 드는지, 그리고 당신의 브랜드 스토리 테마(브랜드 미션)가 그러한 감정에 호소하는지를 이해하기 위해 시간을 투자하라. 이 과정이 어떻게 효과를 내는지 더 잘 이해하기 위해서 프라다 브랜드의 예시를 살펴보자.

럭셔리 브랜드 그룹의 일원인 프라다는 특별한 강령이

없지만 웹사이트를 통해 브랜드의 역사와 정체성을 알리는 데 전념하고 있다. 프라다의 웹사이트는 특정 핵심 단어들을 제공하여 브랜드의 존재 이유를 다음과 같이 알린다.

'1913년부터 프라다는 최첨단 스타일을 대변해 왔다. 프라다의 지적 세계는 트렌드를 뛰어넘는 코드를 통해 콘셉트, 구조, 이미지를 결합한다. 프라다의 패션은 실험 정신에 입각한 개념성을 바탕으로, 관습에 도전할 용기를 지닌 이들에게 벤치마킹이 되고 있으며, 단순한 제품 그 이상의 의미를 가진다.'

만약 우리가 이런 핵심 주제들을 가지고 프라다의 브랜드 스토리를 디자인한다면, 현재 프라다의 고객들이 프라다 제품을 이용할 때 어떤 기분이 드는지를 더 잘 이해하기 위해서 제일 먼저 광범위한 조사를 할 것이다. 그리고 조사 결과를 모은 후 그 브랜드 스토리의 보편적 진리를 찾기 위해 여기서 얻은 통찰력을 인간의 감정들로 분류할 것이다.

그 조사 결과 만족스러운 프라다 고객들은 전반적으로 다음과 같은 감정을 느낀다는 사실을 알게 되었다고 가정해 보자.

'고급스럽고'
'특권층 같고'

'영향력 있고'

'행복하고'

'패셔너블함'

반면 불만족스러운 고객들은 다음과 같은 반대 감정을 느낄 것이다.

'품위 없고'

'뒤떨어지고'

'중요하지 않고'

'실망스럽고'

'스타일리시하지 않음'

이러한 감정들은 프라다 고객들이 어떤 감정을 느끼기를 바라는지, 그리고 어떤 감정을 느끼고 싶지 않은지를 이해하는 데 도움이 된다.

우리는 앞서 전반적인 브랜드 강령을 통해 프라다가 '최첨단 스타일, 트렌드를 넘어서 제품을 초월하는 데' 헌신하며, 그것의 타깃 청중은 '실험 정신에 입각하여 관습에 도전하는 용기를 지닌 이들'이라는 사실을 알았다. 우리는 프라다의 미션이 그들의 고객들이 그 브랜드를 접할 때 느끼고 싶어 하는 감정들과 일치한다는 사실에 수긍할 수 있다(최첨단 스타일로 사람들을 '패셔너블한' 기분이 들게 하고, 제품을 초월하여 그들을 '영향력 있다고' 느끼게 만드는 점 등). 따라서 그다음 단계는 이러한 감정들 전부를 그 과정에서 검증될 수 있는 한 가지 보편적 진리로 만드는 것이다.

이러한 감정들 각각을 꼼꼼하게 분석하고, 거기에 더하여 브랜드 미션과 타깃 청중들을 분석하면, 자신감, 용기, 영원함 같은 몇 가지 보편적 신리들이 계속 마음속에서 메아리친다. 그렇다면 이러한 단어 중 하나를 프라다 스토리의 주제로 고려해야 한다.

이 예시는 확고히 자리 잡은 브랜드의 본보기다. 만약 당신의 브랜드가 설립된 지 어느 정도 되었다면, 분명 이미 이와 비슷한 조사를 하여 결과를 보유하고 있을 것이고, 브랜드의 보편적 진리를 결정하는 데 그것을 이용할 수 있을 것이다. 하지만 이 단계를 건너뛰지 말고 브랜드의 토대로 보편적 진리를 규정하는 데 시간을 들여라. 이런 공감 중심의 접근 방식이 없다면 성공적인 이야기를 디자인하기 훨씬 더 어려울 것이다.

만약 당신의 브랜드가 막 시작하는 참이라면, 지금이 공감에 입각한 조사를 시행하여 당신의 제품과 서비스를 제시했을 때 고객들이 어떤 감정을 느낄지 이해하기에 아주 적절한 시간이다.

당신의 브랜드 스토리로 어떤 감정들을 일으키고 싶은지를 이해하고 규정했다면, 다음 단계는 그것들을 펼쳐 낼 등장인물들과 줄거리를 규정할 차례다.

2단계 규정하기

이 두 번째 단계에서는 브랜드 스토리의 등장인물들과 줄거리를 규정하는 데 집중한다. 지금쯤 당신의 브랜드 스토리 테마(브랜드 미션)가 무엇인지, 주인공과 기타 등장인물들은 누구인지, 그리고 공감 단계에서 시행한 광범위한 조사를 통해 브랜드 스토리로 촉발하고 싶은 감정들이 무엇인지에 대해 좋은 아이디어가 있어야 한다.

마이크로소프트의 수석 스토리텔러 스티브 클레이튼 Steve Clayton은 브랜드 스토리를 위한 줄거리를 짜는 데 도움이 되는 네 가지 축을 창조했다. 마이크로소프트에서 브랜드 스토리 테마와 보편적 진리는 역량 강화다. '전 세계 모든 사람과 조직이 더 많이 성취할 수 있도록 역량을 강화한다.'가 브랜드 미션이며, 역량이 강화되는 느낌은 모든 사람이 보편적으로 느끼고 이해할 수 있는 것이다.

또한 마이크로소프트는 고객들(모든 사람과 조직)을 브랜드 스토리의 영웅으로 만들 것을 결정했다. 이러한 이유로, 마이크로소프트의 이야기들은 그 브랜드의 제품과 서비스를 이용하여 역량이 강화되었다고 느끼는 사람들에 관한 내용이 되었다. 그리고 이러한 사람들은 '행동하는 사람들 People of Action'이라고 불린다. 이들은 우리와 같이 평범한 사람들로, 마이크로소프트 제품 덕분에 성취감을 느꼈던 개인적인 이야기들을 공유할 개방적인 플랫폼을 얻었다.

성취라는 것이 주관적일 수 있으므로 네 가지 축은 그림 2.2에서 나타난 것처럼 설정되었다.

그림 2.2 마이크로소프트의 성취에 관한 스토리텔링의 네 가지 축

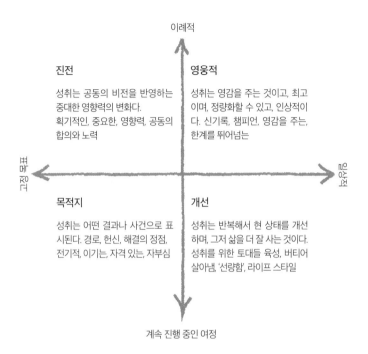

이처럼 마이크로소프트의 브랜드 스토리 줄거리는 고객들이 이러한 범주 중 한 가지의 틀 안에서 자사 제품의 도움을 받아 훌륭한 일을 성취하기 위해 노력하는 내용이 되었다.

브랜드 스토리 줄거리는 꼭 당신의 제품이나 서비스가 시상에서 해결하고 있는 문제를 언급해야 하는 것이 아니다. 오히려 주인공이 이야기 안에서 경험하고 있는 갈등을

들려주고, 우리의 이야기가 청중들이 연결되기를 바라는 감정들을 어떻게 깨워 줄 것인가라는 점을 주목하라. 다시 한번 말하지만, 공감은 브랜드 스토리텔링 디자인의 모든 단계에서 활발히 나타나야 한다. 이 단계 역시 예외가 아니다. 당신의 이해관계자들이 느끼고 싶은 감정을 바탕으로 그들이 이야기가 어떻게 전개되기를 바랄지 고민하면, 줄거리를 어떻게 최고로 발전시킬지에 대해 더 나은 통찰력을 얻을 수 있다.

그럼에도 불구하고 이야기 줄거리를 디자인하는 일은 절대 쉽지 않다. 따라서 이 과정을 조금이나마 수월하게 만들기 위해서, 내가 전략적으로 이야기 줄거리를 짜는 데 도움이 되었던 또 다른 디자인 템플릿을 공유하려 한다. 이미 마이크로소프트에 관한 이야기를 해서 그 브랜드 스토리에 친숙할 테니, 다시 마이크로소프트의 브랜드 스토리를 예시로 들어 보려 한다. 어떻게 이 템플릿이 이야기 줄거리를 결합하는지 분명히 보여 주기 위해서 마이크로소프트의 브랜드 스토리 정보로 빈칸들을 채워 넣어 보겠다.

마이크로소프트는 그들의 제품들이 어떻게 사람들에게 역량이 강화되는 느낌을 주는지를 보여 준다(맞춤형 목표). 또한 실제 인물의 관점에서 전달될 수 있는 이야기를 통해 진실하게 보이고(물리적 속성), 성취감을 느끼고 싶은 고객의 욕구에 부합하려 한다.

당신은 이제 브랜드 스토리가 어떻게 형태를 갖추기 시작하는지 알 수 있을 것이다. 이것은 그 이야기가 무엇에 관한 내용일지와 그 이야기가 향할 방향에 대해 더 잘 알게 해 준다. 마이크로소프트의 이야기는 다음과 같은 방향으로 향한다.

- 이야기 줄거리는 마이크로소프트의 제품들이 사람들에게 어떤 기분이 들게 하는지를 보여 줄 것이다.
- 이야기는 실제 제품이나 기능들에 초점을 맞추지 않고, 그것이 마이크로소프트 고객들에게 일으키는 감정에 초점을 맞출 것이다.
- 이야기의 등장인물들은 배우나 인플루언서들이 아니라, 실제 인물일 것이다.
- 이야기의 등장인물들은 마이크로소프트의 제품과 서비스로 인해 역량이 강화된 덕에 자신들이 경험했던 성취 경험과 어떻게 목표를 이루었는지에 대한 진짜 이야기들을 나눌 것이나.

훌륭하다! 이제 대략적인 줄거리의 윤곽이 잡혔다. 하지만 그 줄거리가 실제로 어떻게 이야기 안에서 전개될 것인가? 브랜드 스토리에서 등장인물들이 실패를 겪고 최종적으로 승리하기까지의 여정을 밝혀내는 최고의 방법은 무엇일까? 글쎄, 그것은 언제나 마이크로소프트의 청중들에게 달려 있을 것이다. 그리고 당신의 브랜드 스토리도 마찬가지다.

이야기를 전달하는 데에는 수많은 방식이 있고, 그 방식들은 단지 다를 뿐 어느 것도 잘못된 방법은 없다는 사실을 인지하는 것이 중요하다. 여덟 가지 기본적인 스토리 구조들을 살펴본 다음 숙지하면 그 설명 지침을 다시 떠올려 보고 거기에 적었던 청중 목록을 다시 생각해 보자. 어떤 이야기 구조가 그 청중들에게 최고로 감흥을 주겠는가?

당신의 청중을 잊지 못할 여정으로 이끌고 싶다면, 그 여정이 어떤 모습일지 평가하는 것이 브랜드 스토리를 형성하는 과정에서 몹시 중요한 부분이라는 사실을 기억하라.

다양한 형태의 이야기들을 창조하기 위해서 스토리텔러들이 사용하는 구조들은 많지만, 여기에서는 가장 일반적인 여덟 가지의 구조를 소개한다.

1. 원형신화

'영웅의 여정'으로도 알려진 이 스토리 모델은 아마도 가장 인기 있는 모델일 것이다. 우리는 영웅과 그들의 놀라운 여정을 좋아하기 때문이다. 어린 시절 우리가 가장 좋아했던 이야기들이나 종교적 이야기들 상당수가 이 구조를 바탕으로 형성되었다. 이 이야기 구조에서 등장인물은 평범한 삶을 사는 사람으로 시작하는데, 그 후 어떤 예상치 못한 상황이나 갈등을 통해 이들은 자신과 주변 인물들에게 신선한 시각을 가져오는 심오한 인격 변화를 겪는다.

브랜드 스토리텔링에서 이 구조는 고객들이 그 브랜드의 제품이나 서비스로 인해 어떻게 '변화'되었는지에 대한 증언을 공유하면서 고객들을 영웅으로 보여 주기 위해 종종 사용된다(마이크로소프트의 '행동하는 사람들'과 매우 흡사하다). 또한 브랜드들이 내부적으로 이러한 접근법을 활용하여 직원들을 브랜드 스토리의 영웅으로 만들고, 회사의 일원으로서 경험했던 '변화'를 공유할 수 있는 열린 플랫폼을 제공함으로써 직원 홍보employee advocacy(직원들이 업무의 일환으로 소셜 미디어를 통해 기업이나 제품을 소개하는 것)를 유도한다.

좌우간, 이 모델은 청중에게 영감을 주는 데 매우 효과적이다.

2. 마운틴

이 이야기 구조는 절정까지 이야기의 갈등이나 긴장이 고조되어 나가는 것에 중점을 둔다. 산이 시각적으로 자연스럽게 높아지다가 정상을 찍은 후에 하강하는 것처럼, 이 이야기 모델에서 줄거리는 한 시련에 이어 또 다른 시련을 노출하며, 극적인 지점으로 이끈 다음 그 후에 똑같이 놀라운 결말로 이끈다. 마운틴 구조에서 이야기의 결말이 반드시 해피엔딩일 필요는 없다. 많은 사람이 이 구조를 기본적인 스토리 아크와 혼동하는데, 시각적으로 이 두 가지가 꽤 비슷해 보이기 때문이다. 그러나 1장에서 배운 것처럼 스토리 아크는 이야기가 전체적으로 어떻게 짜여야 하는지에 대한 전반적인 안내다. 반면에 마운틴 구조는 이야기를 시작한 직후 전략적으로 그리고 의도적으로 청중이 격렬한 경험을 하도록 만드는 실제 줄거리 디자인이다.

이 구조는 매우 감정적으로 청중들의 관심을 사로잡고 유지하기 위해 사용할 수 있다. 마운틴 구조는 원래 몹시 격렬하므로 이 기법을 성공적으로 사용하기 위해서는 시험 단계에서 그 이야기가 당신의 청중들에게 어떻게 와닿을지를 측정해야 한다. 그리고 청중에게 그 이야기를 전했을 때 당신이 받을 반응들을 더욱 철저히 분석하는 것이 중요하다.

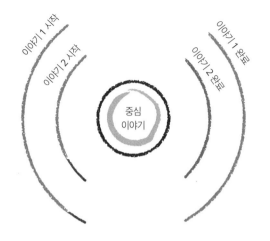

3. 중첩 루프

이 스토리텔링 기법에서는 최종적으로 중심 이야기에
도달하기까지 여러 이야기가 계속 돌아가는 '루프'들을 만
든다. 이 기법은 여러 종류의 청중이 혼합된 대기업에 실
용적인데, 마지막에 일반 청중들에게 도달하기까지 브랜
드 내러티브를 '겹겹이 쌓아' 올릴 수 있기 때문이다. 마이
크로소프트에서 우리 팀은 기술적인 이야기를 창조한 후
에 청중 기반을 넓히기 위해 그것을 개인적인 시각을 보여
주는 이야기에 맞추는 과정에서 이 모델을 사용할 수 있었
다. 이 경우에 우리의 핵심 청중(IT 전문가들, 비즈니스 의사
결정자들, 개발자들)은 그들의 콘텐츠가 구체적이고 '수준이
낮아지지 않기를' 바랐다. 그들은 기술 문서들과 사례 연구

들을 읽는 것을 좋아했는데, 이런 콘텐츠가 그들의 회사에서 이용하고자 하는 특정 단계들을 기술했기 때문이었다. 하지만 명백하게도 기술 문서들이나 사례 연구로 일반 소비자 청중들에게 접근할 수는 없었다. 물론 우리의 중요한 청중들에게서 콘텐츠를 빼앗아 버리고 싶지도 않았다. 그래서 우리는 그 중요한 콘텐츠를 드러내는 다른 이야기들을(또는 루프들을) 창조하기 시작했다. 이런 다른 이야기들은 사람 중심 이야기들로, 사례 연구에서 언급된 특정 업무나 프로젝트에 헌신하는 기술자들이나 팀원들에 관한 이야기였다. 이 이야기들은 또한 한 사람이나 팀을 돋보이게 하는 기분 좋은 이야기로 그 자체만으로도 충분히 써먹을 수 있는 독립형 이야기이기도 했다. 이것은 우리의 매년 콘텐츠 소비량이 압도적으로 증가하는 데 직접 기여하면서 매우 성공적인 전략으로 입증되었다.

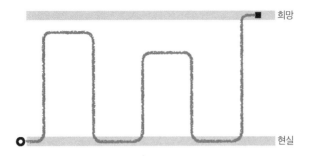

희망

현실

4. 스파크 라인

이 서술 구조에서는 청중이 행동에 나서도록 영감을 준다. 또한 종종 특정한 상황을 개선하는 데 기여하기 위해서 청중들에게 현실과 이상적인 세계에 대한 정반대의 관점을 제시하며, 청중은 '무엇인지'와 '무엇일 수 있는지'의 여정을 떠난다. 이 구조는 본질적으로 창의적이고, 역동적이며, 감정적이고, 종종 사회 운동에 관심을 부추기기 위해서 사용된다. 이 부분은 뒤에서 다시 이야기할 것이다.

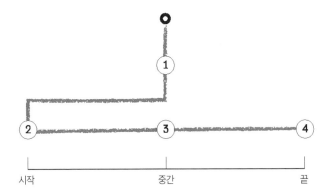

5. 인 메디아스 레스In medias res

이 서술 구조는 '사건의 중심으로'라는 라틴어 뜻에서 유래했다. 청중들에게 충격적인 반응을 일으키기 위해 행동의 중심 혹은 이야기의 절정에서 시작하며, 이야기에 전후 맥락을 주기 위해서 고리 모양으로 돈다. 이 기법은 시작부터 청중들의 관심을 사로잡는 데 매우 효과적이다. 하지만 창의적으로 시작과 결말을 연결하면서 이야기의 나머지 부분 내내 청중들의 관심을 유지하도록 성실히 임해야 한다.

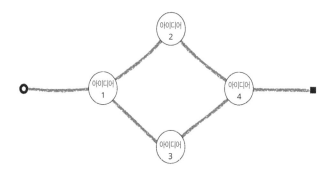

6. 수렴되는 아이디어

딱 이름이 보여 주듯이, 수렴되는 아이디어는 한 이야기에 대한 다양한 시각들이 결합하면서 이야기의 중심 메시지를 함께 밝혀내는 것이다. 중첩 루프와 비슷하게, 수렴되는 아이디어는 최종적으로 단단히 결합되는 많은 이야기들(단독으로는 동떨어진 느낌이 들 수도 있는)을 들려준다. 이 기법은 한 회사의 다양한 분야와 영역에서 이야기들을 형성하기에 훌륭하다. 재무팀장이 운영 분석가와 똑같은 이야기를 들려주지는 못하지만, 둘 다 자신의 시각에서 그 브랜드의 주제(미션)에 중점을 두고 똑같은 보편적 진리를 드러내면서 브랜드 스토리를 만들 수 있다. 이것은 그 이야기를 계속 포괄적으로 유지하는 동시에, 그 이야기가 더 크고 다양한 청중에게 닿을 수 있게 한다. 뒷장에서 우리는 재구상한 통합 마케팅 계획으로 이것을 효과적으로 사용하는 방법에 대해서 더 자세히 배울 것이다.

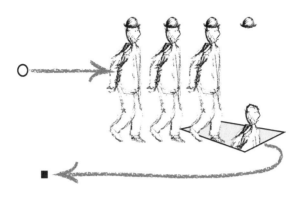

7. 거짓 출발

이 이야기 기법은 주로 이야기에 유연한 접근법을 보여주고, 청중에게 다음에 무엇이 나올지 궁금증을 유도하기 위해서 사용된다. 이 서술 구조에서 당신은 쉽게 짐작 가능한 이야기(완전히 예측 가능한 이야기)를 들려주어 청중들에게 거짓 통제력을 주면서 시작한다. 그리고 나서 불쑥 다른 이야기로 다시 시작한다. 이 깜짝 요소는 청중이 계속 '이야기를 듣게' 하며 나머지 이야기에 굉장히 집중하게 만든다.

8. 꽃잎들

수렴되는 아이디어와 유사하게 이 구조는 다른 이야기들을 합치지만, 이야기들이 중심 서술 하나로 모두 연결된다는 점에서 다르다. 이 기법에서 각각의 '꽃잎'은 주요 이야기나 중심 이야기에서 막을 내린다. 이 기법은 청중들에게 중심 이야기 하나로부터 얼마나 많은 상호 연결된 이야기들이 전해질 수 있는지를 보여 주기에 좋다.

당신에게 가장 큰 영향을 주었던 이야기들을 생각해 보면, 그 이야기들을 전달하는 데 어떤 구조들이 사용되었는지 밝혀낼 수 있는가? 의미 있는 이야기는 청중의 욕구를 고려하기 때문에 잘 와닿는다. 누구나 인물, 줄거리, 결말이라는 기본 요소들을 도입하여 이야기를 들려줄 수 있다.

하지만 효과적인 브랜드 스토리 구조는 그 스토리텔링이 청중에게 어떻게 받아들여질지 의도적으로 고려하여 만들어진다. 당신의 청중이 급작스럽고 노골적으로 시작하는 것을 좋아하는가? 처음에 전체 이야기가 펼쳐지는 것을 더 좋아하는가?

무엇이 가장 효과를 낼지 우리가 어떻게 알 수 있을까? 사실 잘 모른다. 그래서 앞으로 나가는 가장 좋은 방법은 스토리 콘셉트들을 관념화하는 것이다(디자인 씽킹 과정의 3단계).

3단계 관념화

이 부분은 가장 창의적이기 때문에 스토리텔링 디자인에서 내가 가장 좋아하는 단계다. 이제 당신은 스토리텔링이 무엇인지와 효과적으로 브랜드 스토리를 창조하기 위한 기본 단계들에 대해 더 잘 알게 되었다. 어느 정도 조사를 마쳤고 중심 주제와 등장인물과 줄거리를 규정했으니, 이야기 구조에서 다음 단계들을 형성하는 데 도움이 될 브레인스토밍brainstorming(자유로운 토론으로 창조적인 아이디어를 끌어내는 일) 시간을 통하여 스토리 콘셉트들을 제안하며 재미를 만끽할 수 있다.

스케치, 마인드매핑mind-mapping(마음속에 지도를 그리듯이 줄거리나 체계를 이해하며 정리하는 일), 저니 매핑journey mapping(고객들이 특정 제품 또는 특정 서비스를 이용하는 동안 고객들의 경험을 플로 차트나 다른 그림 형태로 표현하는 것), 스왓SWOT 분석(기업의 경영 전략을 짤 때 강점Strength, 약점 Weakness, 기회Opportunity, 위협Threat 등으로 주위 환경을 분석한 뒤 전략을 도출해 내는 분석 방법) 등, 몇 가지만 언급해 보아도 스토리텔링을 위한 아이디어들을 생산해 내는 창의적인 방법들이 많다. 하지만 매번 진짜 역동적이고 생산적인 시간이 되도록 보장하기 위해서 다음의 단계들을 고려해야 한다.

- 매시간을 위한 목표를 설정하고 지킨다. 브레인스토밍하는 동안, 청중의 마음을 울리는 이야기들을 찾는다는 최종 목표에서 벗어나지 않는 것이 몹시 중요하다. 각각의 브레인스토밍 활동은 역동적이고 창의적이어야 한다. 하지만 그 활동들을 통제하지 못하면 중심 목표에 도달하지 못할 수 있고 그 시간은 쓸모없어질 것이다.
- 활동 규칙을 세워라. 생산적인 시간을 보내려면, 모두

가 각 브레인스토밍 시간 동안에 따라야 할 규칙들과 예외 규정들을 이해하는 것이 대단히 중요하다. 어떤 활동을 완료하는 데 정해진 시간이 있다든지 아니면 어떤 활동의 마지막에 모두가 비판 없이 아이디어들을 공유하기로 한다든지, 등의 매시간 활동 규칙들이 명확하게 공유되어야 한다.

- 다양하고 포괄적으로 수행하라. 브레인스토밍의 성공은 삶의 경험과 개성, 그리고 재능이 다양한 사람들을 모아서 그룹을 형성하여 그 시간 동안에 다양한 의견과 기술들을 제공하도록 하는 데 달려 있다. 매시간 균형 있고 다양하게 기여하는 사람들로 팀이 형성되었는지 확실히 하라.

- 팀에게 영감을 주어라. 영감을 받은 팀이 더 혁신적인 아이디어들을 내놓는다는 것은 비밀도 아니다. 브레인스토밍 시간에 사람들을 참여시키기 전에, 흠뻑 빠져들고 영감을 받게 하는 게임들, 음식들, 색깔들, 예술이나 활동들을 도입하여 어떻게 창의적인 환경을 독려할 수 있을지 고민하라.

- 당신의 브레인스토밍 도구를 선택하라. 앞서 언급했듯이, 당신이 고를 수 있는 브레인스토밍 기법들은 여러 가지가 있다. 스토리 아이디어들이나 콘셉트들을

많이 얻기 위해서 적어도 별도의 두 시간은 진행해 보기를 권한다.

- 모든 이야기가 브랜드 미션(스토리 테마)에 고정되어야 한다는 사실을 기억하라. 브랜드 스토리를 디자인할 때는 모든 아이디어를 고려해야 하지만, 중심 주제는 당신의 브랜드 미션이다. 만약 어떤 이야기의 아이디어가 그 강령과 브랜드의 보편적 진리를 반영하지 않는다면 그렇게 될 때까지 그 아이디어를 조금 더 탐구해야 한다는 사실을 언제나 명심해라.

브레인스토밍 시간을 얼마나 많이 가져야 하는지 혹은 매시간 얼마나 많은 스토리 콘셉트들이 나와야 하는지에 대해서는 제한이 없다. 그러나 그 과정에서 다음 단계를 안내해 줄 패턴들을 보기 시작할 것이므로 탐구할 콘셉트들이 많을수록 더 좋다.

4단계 프로토타이핑

브레인스토밍을 마친 후에는 스토리 콘셉트들을 프로토타이핑할 수 있도록 혁신적인 아이디어들을 많이 갖고 있어야 한다. 그런 아이디어들 일부는 관념화 단계에서 언급한 구조들이나, 비디오, 글, 그림 같은 다양한 형태의 이야기, 그리고 색깔이나 서체 같은 시각적인 요소들도 포함될 수 있다. 하지만 이 단계에서 우리는 스토리 구조를 마무리하는 것에만 집중하고 있기 때문에 아직 이런 것들이 필수는 아니다. 우리는 이미 브랜드 미션이 당신의 브랜드 스토리의 주제이며, 반드시 청중이 연결될 수 있는 보편적 진리를 품고 있어야 한다는 사실을 안다.

프로토타이핑 과정을 통해서 무엇이 효과가 있고 무엇이 그렇지 않은지, 그리고 그 이유를 추론할 수 있다. 스토리 디자인에서 프로토타입 단계의 가장 큰 장점은 아이디어를 실현해 보는 데 확실히 비용이 덜 들고 쉽게 시도해볼 수 있다는 것이다. 이런 방식으로 스토리들을 형성하는 데는 시간과 자원이 많이 들지 않아 융통성이 매우 크다.

스토리 콘셉트들을 프로토타이핑하는 한 가지 훌륭한 방법은 '냅킨 피치napkin pitch' 모델을 사용하는 것이다. 이 모델의 개념은 간단하다. 브레인스토밍 시간에 나온 스토리 콘셉트들을 네 개의 사분면이 있는 냅킨 크기의 표에 적고, 도표 2.1의 질문들에 답을 하여 그 이야기가 실행 가능한지 결정하는 데 참고하는 것이다.

이 과정에 각 스토리 아이디어를 도입해 보고 나면, 당신은 더 나은 스토리 콘셉트들을 포트폴리오에 지니게 될 것이다. 그리고 당신의 이해관계자들(내부 편집팀, 파트너들, 에이전시들, 그리고 가능하다면 현재 고객들까지)과 그것을 공유해야 한다. 이해관계자들에게 이런 스토리 아이디어들을 제시할 때 그들의 피드백을 꼼꼼히 새겨듣고, 가능하다면 그들이 표현하는 무언의 단서들을 주의 깊게 관찰하라. 스토리 콘셉트 중에 어느 것이라도 청중들에게 올바른 유의 감정을 촉발하고 있는가? 다양한 이해관계자들이 그 이야기들에 똑같은 식으로 반응하고 있는가? 어떤 스토리 콘셉트들은 다른 것들보다 더 많은 가능성을 보여 주고 있는가? 나는 언젠가 한 번은 이 스토리 제작 기법을 밀레니엄 세대 청중들에게 사용한 적이 있었다. 내가 가장 영향력이 적다고 생각했던 스토리 콘셉트가 청중들에게 가장 큰 영향을 주는 것 중 하나로 나타났고, 결국 그들의 마음을 사로잡는 이야기가 되어 깜짝 놀랐던 기억이 있다.

스토리텔링은 공감에서 기원하기 때문에, 이야기 창작 과정의 모든 부분에서 이해관계자들로부터 거르지 않은 생생한 피드백을 받을 필요가 있다. 특히 이 단계에서는 더더욱 그렇다. 이것은 생산과 마케팅에 어마어마한 비용을 들이기 전에 콘텐츠 크리에이터로서 당신이 맞춤형 스토리들을 디자인할 수 있게 해 준다. 하지만 가장 중요한 점은, 당신의 브랜드 스토리가 시장에 가장 잘 진입할 수 있도록 그것이 나침반 역할을 해 준다는 점이다.

도표 2.1 스토리 콘셉트를 위한 냅킨 피치 모델

1. 이 이야기의 중심 주제는 무엇인가?	2. 이해관계자들에게 이로운 점은 무엇이며 그것이 어떤 욕구를 채워 주는가?
3. 이 이야기가 어떻게 실행될 수 있는가?	4. 이 이야기를 하는 사업적인 이유는 무엇인가?

5단계 테스트

스토리 디자인의 마지막 단계에서는 브랜드 이해관계자들의 마음에 가장 잘 울려 퍼지는 스토리 콘셉트들을 테스트한다. 이전 단계에서 일부 고객들로부터 피드백을 받을 기회가 있었을지도 모르지만, 이 단계에서는 이제 단 몇 명이 아니라 전체 청중에게 브랜드 스토리를 제시한다. 이것

을 더 큰 범주에서 당신의 청중에게 무엇이 진실하게 느껴질지 평가하는 가벼운 출시 프로젝트로 생각하라. 프로토타이핑 단계에서와 마찬가지로, 청중들의 피드백과 반응을 포착하고 관찰하기 위해서 반드시 도구들을 제자리에 준비해 놓아야 한다. 이야기를 소셜 미디어 계정들에서 출시할 계획이라면 의견과 감정들을 모으기 위해 반드시 반응을 살필 척도와 경청 도구들을 준비해 놓아라. 이것은 결코 이야기의 공식 출시나 브랜드 이미지 쇄신 작업이 아님을 기억하라. 그것은 당신이 청중들에게 연결되는 올바른 방향에 있는지를 가능한 한 최고의 방법으로 알아보는 테스트다. 이 단계의 장점은 만약 그 이야기가 잘 와닿지 않으면, 확실히 다른 콘셉트들로 돌아가거나, 아니면 심지어 더 많은 아이디어를 창출하기 위해서 새로운 브레인스토밍 시간을 열 수도 있다는 점이다. 10장에서 이것에 전념하여 프로토타이핑한 이야기들을 시장에서 어떻게 최고로 잘 출시하는지를 보여 줄 것이다.

디자인 씽킹 원칙들이 겸비된 스토리텔링은 과학이자 예술이다. 훌륭한 스토리텔러는 그것을 완벽하게 만드는 과정은 결코 끝이 없다는 사실을 인지하고 성실하게 브랜드 스토리 작업을 반복할 것이다. 심지어 보편적 진리를 전하며, 청중을 흥분시키는 스릴 넘치고, 의미 있고, 영향력 있는 브랜드 내러티브를 완성한 것 같아도 현대의 변화무쌍한 디지털 세계를 감안하면, 이 특정 이야기가 지금부터 몇 년, 아니면 심지어 몇 달 동안 효과를 낼지 장담할 수 없다. 언제나 당신의 브랜드 스토리를 발전시킬 준비를 하라. 당신의 고객들이 발전하는 것처럼.

이제 디자인 씽킹 원칙들과 그것들을 스토리텔링에 어떻게 적용할 수 있는지를 이해했으니, 이러한 스토리 프로토타입들에 어떻게 마술적인 요소를 집어넣을 수 있을지 더 깊이 들어가 보자.

3

스토리텔링의 마술 기법들

- 스토리 디자이너의 사고방식
- 이야기를 황홀하게 만들기 위한 요소들과 자산들 첨가

지금쯤이면 당신이 스토리텔링을 위한 디자인 씽킹 원칙들을 실행에 옮기며, 브랜드 스토리의 뼈대를 형성하기 시작했기를 바란다. 이제 당신의 이야기에 마술적인 요소를 약간 첨가할 시간이다. 디자인 씽킹 방식은 기억에 남을 만한 브랜드 스토리를 형성하는 데 충분히 유효성이 검증된 방법론이다. 그리고 그 방식은 언제나 그 이야기에 생기를 더하고 황홀하게 만들 가능성이 있다.

앞서 우리는 이야기의 기본 요소인 인물, 줄거리, 결말이 없다면 그것은 이야기가 아니라는 것을 배웠다. 또 스토리 테마(브랜드 미션)와 그것의 보편적 진리(이야기가 촉발할 수 있는 공감대를 형성하는 느낌)가 훌륭한 이야기의 필수 요소라는 점도 알았다. 하지만 훌륭한 이야기에서 황홀한 이야기로 바뀌는 것은 스토리 디자인에 있어서 또 다른 차원의 문제다. 스토리텔러가 되는 것과 스토리텔링의 대가가

되는 것의 차이라고나 할까? 또한 그것은 단명하는 이야기를 전달하는 것과 오래도록 살아남아 행동을 일으키고 청중을 움직일 만큼 좋은 이야기를 전달하는 것의 차이다.

한편 현재 사람들의 집중 시간이 점점 짧아지고 있다는 관측이 계속 나오고 있다. 당신이 이 책을 다 읽을 즈음이면, 분명 적정 시간 동안 사람들이 집중을 유지하지 못하는 현상에 대한 충격적이고 새로운 통계가 나왔을 것이다.

이것이 바로 이야기들을 프로토타이핑하는 것이 막대한 예산을 쏟아부어 장기적으로 진행하는 전통적인 프로젝트보다 더 좋은 스토리텔링 전략인 이유다. 대작을 제작하느라 너무 많은 시간을(그리고 돈을) 쓴다면, 정작 이야기를 내보내기에 가장 적절한 순간은 지나가 버릴 것이다. 아니면 더 나쁘게는, 그 이야기가 공유될 준비가 되기도 전에 가장 중요한 잠재적 고객이 '지나가' 버릴지도 모른다.

절대로 커뮤니케이터처럼 생각해서는 안 된다. 대신 디자이너처럼 생각하고 디자이너처럼 행동해야 한다.

'디자인은…… 그냥 마술이다. 그것은 완전히 수수께끼 같은 것으로, 오직 용감한 자만이(그리고 똑똑한 자만이) 감히 발을 내디딜 수 있는 신비로운 미지의 세계다.'

『디자인 씽킹, 경영을 바꾸다. 비즈니스는 왜 디자인을 필요로 하는가』의 저자 진 리드카Jeanne Liedtka, 팀 오길비 Tim Ogilvie, 레이첼 브로젠스크Rachel Brozenske에 따르면 어떤 제품을 만들 때 미적 감각이나 시각화 능력이 그리 탁월하지 않더라도, 모두 원래 의도했던 것보다 더 나은 제품을 전달하기 위해 디자이너처럼 생각하는 법을 배울 수 있다. 그리고 그들은 역사적으로 거의 창의적인 사람들의 전유물이었던 배타적이고 혁신적인 해결법에서 벗어나 디자인을 대중화한다.

마이크로소프트에서 한동안 나는 공유 서비스 기술 스튜디오 팀에 속해 있었는데, UX 디자이너들과 스토리텔러들을 더 큰 그룹의 일부로 통합한 팀이었다. 이 덕에 나는 디자이너라 불리는 대개 수줍고 아리송한 사람들을 아주 가까이에서 접하게 되었고, 너무나 행복했다.

나는 드디어 사용자 경험에 빠삭한 이런 사람들을 조금 더 잘 알게 되리라는 기대감에 마냥 즐거웠다. 그리고 이 엄청난 기회를 놓치지 않기 위해서 이미 계획을 실행 중이었다. 매일 나는 자리에서 일어나 시각적으로 혼란스러워 보이지만 아주 멋진 무드보드(특정 주제를 설명하기 위해 텍스트, 이미지, 개체 등을 결합하여 보여 주는 보드)와 아무렇게나 막 붙여 놓은 메모들과 경이롭고 복잡한 스케치들로 가득 채워진 이동식 화이트보드들 옆을 일부러 지나쳐 갔다.

날마다 이런 콘셉트들을 보는 것만으로도 나의 호기심 가득한 마음은 달아오르기 시작했다.

편리하게도 직원용 스낵바가 그들의 작업 공간 바로 옆에 있었다. 내가 괜히 쿠키를 한두 개 집어먹고 싶은 척했던 건 이런 디자이너들과 그들의 디자인에 대한 수그러들지 않는 왕성한 호기심 때문이라고 단정하지도 부인하지도 않겠다. 하지만 결국 우리 사이에 대화를 나눌 기회가 생긴 것은 인접하게 이웃으로 지낸 덕분이 확실하다. 상당한 시간이 흐른 후 그렇게 나는 그레고리Gregory를 만났다.

그레고리는 전형적인 UX 디자이너다. 굉장히 분석적이고 공학적인 논리를 타고 난 동시에, 아주 훌륭한 커뮤니케이터이자 스토리텔러다. 시각 능력이 상당히 발달했고 전략적이지만 또한 공감과 창의력으로 움직이는 그는 진정 그가 속한 기술 분야의 대가라 할 수 있었다.

겉으로 보기에 그레고리는 내가 아는 사람 중에서 가장 침착한 사람 중 한 명으로 보였다. 그의 태도는 꼭 요다 같아서 내가 날마다 하는 명상법이 정신없고 통제 불능처럼 보일 정도였다. 나중에 알게 되었지만 내 추측은 사실과 달라도 한참 달랐다. 그리고 그레고리를 약간은 광적이고 자신을 둘러싼 모든 것에 다소 집착하는 경향이 있게 만든 것은 UX 디자인의 본질이었다.

'그게 우리가 사물을 보는 방식이에요.' 초기에 함께 하던 비공식 아침 회의 중 언젠가 그가 말했다. '디자이너들은 절대 만족하지 못해요. 마주하게 되는 무언가, 아무거나에서 개선할 방법들을 끊임없이 찾게 되거든요. 그래서 마음이 절대 쉬지를 못하죠. 사람들은 대부분 회의실로 걸어 들어와서 그냥 의자 하나를 찾아서 앉을 거예요. 디자이너들은 똑같은 방으로 걸어 들어가서 그 의자를 보면 자동으로 그 의자가 사용자에게 더 나은 경험을 제공하기 위해서 업그레이드될 방법들을 머릿속으로 스케치하기 시작해요. 그걸 더 크게 만들 수 있을까? 더 부드럽게 만들 수 있을까? 어떻게든 사용이 더 가능하게 만들 수 있지 않을까?'

나로서는 엄청나게 피곤하게 들린다. 하지만 또한, 고객을 우리의 이야기의 중심으로 놓기 위해서 우리가 탐구하는 과정에 절대적으로 필요한 자세이기도 하다.

브랜드 스토리의 마술은 그 이야기가 어떻게 끊임없이 그것을 접하는 이들에게, 특히 당신의 청중들에게 최상의 경험을 제공할지에 대하여 그렉처럼 광적으로 고민하는 데서 시작한다. 그리고 이것은 오직 사용자 경험의 네 가지 핵심 요소들, 즉 사용성, 유용성, 정서적 효과, 의미 부여를 적용하면서 실행될 수 있다.

당신이 무슨 생각을 하고 있을지 안다. '이건 우리가 디자인 씽킹 원칙들을 가지고 이미 지금까지 해 오던 것 아닌가?' 어느 정도는 맞다. 그러나 한 이야기가 훌륭한 이야기를 넘어 기가 막히게 매력적인 이야기로 발전하기 위해서 이야기에 더할 수 있는 요소가 훨씬 더 많이 있다. 그 요소에는 색상과 서체, 그림과 지면 그리고 질감이 있다. 브랜드 스토리를 받아들이기 쉽고, 적용하기 쉽고, 잊기 어렵게 만들기 위해서 이 마술을 펼칠 방법들은 아주 많다.

사용자 경험을 바탕으로 디자인된 이야기는 구성 요소 (스토리 미션, 인물, 줄거리, 결말, 보편적 진리)에 의미 있게 활기를 불어넣기 위해 사용자가 그것과 어떻게 상호작용할지에 대한 기대로 가득 차 있다. 디지털 시대는 플랫폼, 해결책, 그리고 이야기로 쓰인 단어들을 넘어 무언가를 원하는 고객의 요구를 가능하게 만들면서, 마케팅의 모든 상황을 바꾸어 놓았다. 디지털 마케팅의 최근 동향은 인공지능, 챗봇, 비디오, 혼합 현실 통합 쪽으로 향한다. 이것은 고객들이 브랜드를 접할 때 그리고 구매 여정의 모든 접점에서 몰입 경험을 원하며 계속 요구하고 있다는 사실을 알려 준다. 소비자로서 우리는 이것이 어떤 모습인지 매우 잘 안다.

나는 출장이나 취미로 여행을 많이 다니는데, 이런 여행 경험은 모든 형태의 브랜드 스토리에 비옥한 밑거름이 된다고 생각한다. 앞서 말했듯이, 소비자로서 우리는 어디에 가든지 브랜드들이 의도적으로 혹은 무심코 제공하는 경험들을 토대로 무의식중에 우리가 접하는 브랜드들의 이야기를 엮고 있다. 언젠가 나는 말도 안 되게 이른 새벽 시간에 내가 가장 좋아하는 알래스카 항공을 타고 시애틀Seattle에서 댈러스Dallas까지 날아갔다. 그리고 다른 여객기들과 비교하여 알래스카 항공이 승객들을 세심하게 배려하는 마음을 유지하기 위해 헌신적으로 노력하고 있다는 사실을 알게 되었다. 이날 아침에만 해도 그랬다. 새벽 다섯 시 직후에 우리는 시애틀 터코마 국제 공항을 출발했고, 다른 많은 승객들과 마찬가지로 나도 전날 밤에 자주 잠에서 깨는 통에 설쳤던 잠을 보충하고자 눈을 감았다. 하지만 꾸벅꾸벅 졸기 시작하고 나서 약간의 시간이 흐른 후 기장이 기내 방송을 시작하는 바람에 잠에서 깨고 말았다. '승객 여러분, 너무 이른 시각이라는 걸 잘 압니다. 수면을 방해해서 죄송하지만 레이니어산 위로 태양이 떠오르는 풍경이 너무나 장관이라 이걸 알려 드리지 않으면 제가 직무 태만일 것 같습니다. 여객기의 왼쪽 좌석에 앉아 계시다면 창문을 열고 이 풍경을 눈에 담으시기를 강력히 추천합니다.'

아니나 다를까, 나는 왼쪽 좌석에 앉아 있었다. 나는 즉시 작은 창문을 열고 확실히 장관이라 할 만한 풍경을 노출시켰다. 그리고 눈앞에는 이런 모습이 펼쳐졌다. 새하얗고 깨끗한 눈송이로 덮여 반짝이며, 보랏빛, 푸른빛, 분홍빛이 어우러진 아름다운 광채에 둘러싸인 4200미터의 성층 화산 고지는 마치 날카로운 미사일처럼 입체적으로 내게 다가왔다. 내가 바라보는 지점에서 그 광경은 너무나 선명했기에 그 거대한 피라미드를 둘러싸고 있는 크고 작은 산등성이 전부를 오랫동안 관찰할 수 있었으며, 그 장엄한 풍경에 큰 감동을 받았다. 나는 스와질란드부터 이스라엘, 아이슬란드에 이르기까지 눈부시게 황홀한 장소 여러 곳에서 아름다운 일출과 일몰을 보는 행운을 누려 왔다. 하지만 이것은 이전에 경험해 보지 못한 특별한 것이었다. 아직 태양이 우리의 고도를 따라잡지 못한 시각에 30,000피트 상공 위에 앉아서 태양이 우리를 따라잡으려고 떠오르는 동안 푸른 별이 빠르게 회전하는 모습을 십억 분의 1초가 지나는 매 순간 관찰했다.

그 경험으로 깜짝 놀란 것만큼이나 감사하는 마음이 들었다. 그리고 이 귀한 순간을 놓치면 안 된다는 명목 아래 잠을 깨워 준 데도 감사했다. 이것은 알래스카 항공 파일럿이 내가 이 경험을 놓치지 않도록 신경써 줄 만큼 배려가 컸던 덕이었다. 그는 이 풍경을 혼자서 포착할 수도 있었을 테지만, 이런 풍경을 볼 기회가 극히 적다는 사실을 생각하고 승객들과 공유할 정도로 관대했다.

나는 내가 찍은 수십 장의 사진 중 하나를 소셜 미디어에 포스팅해서 감사의 마음을 즉시 표현했다. 물론 알래스카 항공의 해시태그#iFlyAlaska도 함께 달았다. 또한 그 비행기에 타고 있던 승객들 모두의 입에서 나왔던 소리는 한숨이 아니라(그 경험을 하라고 알려 준 것에 대해 불평한 사람은 아무도 없었다) 분명 감탄에서 나오는 탄성이었다.

이것이야말로 최고의 브랜드 스토리텔링이다. 알래스카 항공은 그들의 이야기가 생기를 띠도록 만들기 위해서 콘텐츠에 의미를 부여한다. 그리고 이론이 아니라 실제 배려를 바탕으로 그들의 미션('우리의 고객과 지역사회와 환경과 서로를 보살핀다')을 사용자 몰입 경험으로 변화시키는 규칙들을 세워 놓은 것이 분명하다.

이 점을 염두에 두고, 나는 당신의 브랜드 스토리를 활성화하고 나의 반짝이는 레이니어산 기억처럼 환상적이고 잊을 수 없도록 만드는 네 가지 마술 효과들(또는 기법들)을 공유하고자 한다.

마술 기법 1: 마음을 사로잡는 스토리 배경을 찾아라

인물, 줄거리, 결말이 기본 이야기를 형성하는 필수적 요소인 반면, 그 이야기가 벌어지는 시간과 장소를 정하는 것은 스토리텔링의 마술적 요소이다. 그러나 대부분의 스토리텔링 지침에서 배경은 이야기에 영향을 미치는 지리적 위치이자 사건이라고만 알려 준다. 즉 고객 여정의 전 과정을 통해 사용자의 상호작용을 광범위하게 유도하는 순간과 장소를 의도적으로 찾아 낼 때 존재하는 주목할 만한 잠재력을 고려하지 않는다. 하지만 배경은 나의 레이니어산의 순간처럼 이야기에 활기를 띠게 할 수 있다.

이야기에서 배경을 찾아내는 일은 변화하는 시장과 발전하는 소비자와 새로 등장하는 기술들을 토대로 그 이야기가 펼쳐질 수 있는 많은 상황과 방법들을 연구하는 것이다. 『사용자 경험 책The UX Book』에서 저자 렉스 하트슨Rex Hartson과 파르드하 필라Pardha Pyla는 이런 현상을 '상호작용 개념의 변화'라고 한다. 그리고 사용자들에게 제품(이 경우, 브랜드 스토리)과의 상호작용은 목적이 있고 결국 그들이 그 목적이 무엇인지 결정한다는 것을 인정한다.

스토리텔링의 맥락에서 보면 이야기는 곧 제품이고, 우리는 청중들에게 가장 잘 들어맞을 것이라고 생각하는 것을 토대로 이야기를 창조한다. 하지만 이야기가 청중에게 닿을 때 그 이야기와 어떻게 상호작용하고 싶은지, 그리고 개인적인 사용자 경험에서 지니는 목적이 무엇인지 결정하는 주체는 바로 청중들이다. 그러므로 스토리텔러는 그 이야기가 도달할 수 있는 배경과 분위기를 가능한 한 많이 찾아내야 할 필요가 있다.

이는 사업에서 내부 부서들, 문화 활성화 노력, 제품이나 서비스 출시, 그리고 고객들이 유기적으로 자신을 발견하고 이야기를 전달할 수 있는 다른 사업 성장 노력들을 탐구함으로써 가장 잘 이루어질 수 있다. 이야기의 배경을 찾는 것은 고객이 어디에 있는지, 어디로 가고 있는지, 언제 어디에 있는지를 깊이 공감하고 이해하는 것이다. 그리고 당신이 이미 정해 놓은 어쩌면 그들이 이해하지 못할 배경에서 당신의 이야기를 들어 달라고 애원하는 대신 고객의 주위를 무대로 만들어야 한다.

한 제품의 유용성은 그것의 사용자가 결정한다는 사실을 기억하라. 그러므로 이야기를 더 많은 장소에 전달할수록, 당신의 이야기가 고객의 마음속에 마법처럼 자리 잡을 기회도 더 많이 생긴다.

나의 알래스카 항공 경험을 통해 어떻게 이 특정 브랜드가 마음을 사로잡는 이야기를 전달하기 위한 배경을 규정하고 찾아내는지를 살펴보자. 알래스카 항공의 브랜드 미션을 토대로 우리는 그들의 브랜드 스토리가 고객과 환경(이것이 메인 캐릭터들이다)을 중심으로 하며, '배려'가 그들의 보편적 진리라는 사실을 안다. 또한 우리는 그들의 이야기가 비행기 여행이 국제적으로 표준 이동 수단이 된 시기에 항공 운송 산업(시장 설정)에서 일어난다는 점도 이해한다. 그러나 그들은 헌신적으로 미션과 스토리에 활기를 불어넣기 위해서 브랜드 스토리를 발전시킬 기회가 있는 모든 시간별, 월별, 계절별 계획과 지리적 위치에 대해 신중하게 계획을 짠다. 다시 말해서, 그들은 자신의 브랜드 스토리에 '옛날 옛적에'를 무작정 도입하는 것이 아니라, 그들에게 주어진 모든 기회를 고려하여 브랜드 스토리를 살려내기 위해 모든 상황을 계산한다. 청중들이 물리적으로 접근 가능한 특정한 순간에 '그 산을 보라고' 말한 브랜드 서술자 한 명(파일럿)의 요청은 그 브랜드가 대변하는 것, 즉 '사람과 환경을 보살핀다.'라는 것을 완벽하게 상기시켜 주었다.

무대를 그냥 규정하는 것과 찾아내는 것이 어떻게 다른지 알겠는가? 무대를 찾아내는 것은 기회가 되는대로 가능한 한 많은 장소와 순간 속에서 당신의 브랜드 스토리가 활기를 띠게 끊임없이 접근하는 것이다. 그리고 많은 공간과 가능한 모든 경우에 다양한 청중들에게 그 이야기를 반복해서 계속 들려주는 것이 사업 전략이다.

외부 환경 외에 이야기가 일어날 수 있고, 나는 그러한 다른 역동적인 무대로 내부 부서들을 언급했다.

그리고 이 책의 앞부분에서, 나는 영업 사원의 관점과 고객 서비스 담당자의 관점에서 브랜드 스토리가 똑같은 방식으로 전달되지 않을 것이라고 말했다. 또 그래서도 안 된다. 각 '서술자'는 그 이야기를 자신의 인식과 공간을 바탕으로 들려주고 있으며, 청중은 그들의 경험 전체를 통틀어 그 브랜드와 만나는 곳에서 다양한 시각으로 브랜드 스토리를 경험한다. 이것은 2장에 나열한 수렴하는 아이디어 기법을 사용하여 전달 전략의 일부로 고려되어야 하며, 회사 내에서 그 이야기가 전달될 다양한 무대들을 의도적으로 계획해야 한다.

다음 장에서 어떻게 스토리텔링을 통합 마케팅 계획의 청사진으로 사용하는지를 배우면서 이 콘셉트를 더 깊이 파고들 것이다. 하지만 지금은 이야기 무대를 찾기에 내부 부서들이 가장 좋은 장소 중 하나라는 사실을 인지하기 바란다.

마술 기법 2: 시각적 요소는 있으면 좋은 것이 아니라, 반드시 필요한 것이다

로고, 색상, 서체, 사진, 상징 같은 브랜드 스토리의 시각 정체성은 그 어느 때보다 현재 청중들이 브랜드 스토리를 총체적으로 이해하는 방식에 몹시 중요하다. 브랜드 로고나 슬로건이 청중들에게 혼란을 주지 않으면서 브랜드 미션이나 전반적인 사업 접근 방식과 분리된 이야기를 할 수 있던 시절은 지났다. 디지털 기술들과 플랫폼들은 브랜드 스토리텔링의 단일화를 야기했으며, 소비자들은 이야기들이 온라인과 오프라인에서 동일하고 통합된 모습이기를 기대한다. 아니, 소비자들은 브랜드 스토리를 접하는 매 순간, 이메일을 통해서든, 제품이나 브랜드의 직원들을 통해서든, 브랜드 스토리의 모든 부분을 꼼꼼하게 엮는 것을 절대 멈추지 않을 것이다. 인지 과정을(또는 우리의 뇌가 시각적인 커뮤니케이션을 어떻게 처리하는지를) 고려하는 것은 브랜드들이 영향력 있는 이야기를 디자인할 수 있는 또 다른 매력적인 방법이다. 그러므로 시간을 내어 이러한 요소들 각각을 탐구하고 자신에게 물어보라. 그것들이 단독으로 그리고 총체적으로 나의 브랜드 스토리를 전하는가? 만약 어떤 고객이 내 브랜드의 로고, 상징, 트윗을 접한다면, 그 이야기에 깔린 보편적 진리를 알아볼 수 있을까? 만약 답이 '아니오'이거나 확신이 들지 않는다면, 이러한 요소들을 각각 재평가하고 전략적으로 그것들을 이야기의 부분으로 포함할 때다.

색깔의 심리적, 생리적 효과를 고려하라. 우리는 색깔의 세상에 살고 있으며, 색깔이 우리의 경험에 어떤 영향을 미치는지 그리고 우리의 생각에 어떤 영향을 주는지를 인식할 수 있다. 연구 결과에 따르면 어떤 색깔들은 혈압을 상승시킬 수 있는 반면, 어떤 색깔들은 우리가 정보를 기억하는 데 도움을 줄 수 있다고 한다. 이런 것들은 모두 시각적인 요소가 지니는 부정할 수 없는 효과들의 간단한 예시들이다.

그것을 설득력 있는 이야기에 접목하면, 당신은 강력한 스토리텔링의 힘을 갖게 된다.

나는 『미녀와 야수』,『라이온 킹』등을 제작한 디즈니 애니메이션 스튜디오의 영화 제작자 돈 한Don Hahn이 진행하는 마이크로소프트에서 열린 스토리텔링 회의에 참석하는 기쁨을 누린 적이 있다. 돈 한은 새겨들을 만한 훌륭한 이야기를 많이 해 주었다. 그중 내게 가장 설득력 있고 실용적으로 들린 이야기는 디즈니가 스토리텔링에서 청중의 감정을 촉발하기 위해 어떻게 색깔을 이용해 청중을 안내하는지에 대한 것이었다. 디즈니는 영화의 장면마다 색채 설계를 인물들 사이의 관계를 보여 주도록 배치하여 굉장히 계획적으로 이 마술 요소들을 스토리 결과물의 일부로 통합한다. '대부분의 이야기가 펼쳐지는 동안 우리는 차가운 색을 사용합니다. 하지만 여기를 보세요.'라고 한은 설명하며 『라이온 킹』에서 왕의 자리를 놓고 심바와 스카(심바의 삼촌이자 왕위 찬탈자)가 싸우는 장면을 가리켰다. 이 장면들에서는 청중의 분위기를 달구고 감정을 자극하기 위해 계속 따뜻한 색들이 화면을 채웠다.

스토리텔러로서 우리의 목표가 청중들에게 적절한 감정을 일으키는 것이고, 사용자 경험은 주관적이라는 사실을 이해한다면, 확실히 심리적 효과를 일으키는 이러한 시각 요소들을 집어넣어 의도적으로 가능한 한 많이 그 경험을 통제하는 것이 타당하다.

서체는 사람들이 대부분 당연하게 받아들이는 경향이 있는 또 다른 이야기 요소다. 그러나 언어의 시각적 표현으로써, 활자 유형과 구조 역시 어떻게 그 브랜드 스토리가 전해지는지에 있어 필수적인 부분이다. 활자 크기부터 활자체까지 모든 것이 브랜드 스토리의 효과에 영향을 미칠 수 있다. 색깔이나 나머지 시각 요소들과 마찬가지로, 서체 역시 전략적으로 스토리 구성의 일부로 들어가야 한다.

브랜드 스토리텔링에서 당신은 디자인 씽킹의 공감 단계에서 시행했던 조사 결과를 기반으로 의도한 청중들에게 이러한 요소들이 어떻게 최고로 닿을 것인지를 늘 생각하면서, 이야기를 가장 잘 전달할 형태를 선택할 것이다. 당신의 이야기가 동영상, 블로그, 기사가 될 것인가? 그것은 전적으로 당신의 청중이 무엇을 원하는지에 달려 있을 테지만, 어떤 경우라도 그것이 서면 형식이라면, 서체를 이야기의 중요한 요소로 고려해야 한다.

서체는 이야기의 세부 사항이자 겉모습입니다. 그것은 어떤 상황의 분위기를 나타내기도 하고, 역사적 배경을 보여주기도 합니다. 서체는 많은 역할을 할 수 있습니다.

- 사이러스 하이스미스Cyrus Highsmith

서면 형식의 이야기에서 서체는 그 이야기가 주는 '첫 인상'이다. 그리고 다른 첫 인상들의 효과와 마찬가지로, 이야기의 나머지 부분 내내 청중의 집중을 유지하는가의 성공 여부를 판가름한다.

서체가 독자들에게 미칠 또 다른 중요한 영향은 이해력일 것이다. 심리학자들이 1920년대에 소개한 게슈탈트 이론The Gestalt theory은 인간의 감각에 중점을 두고, 우리의 정신이 물체를 개별적으로 인지하는 것이 아니라 더 큰 아이디어의 부분으로 인지한다고 주장했다. '게슈탈트'는 '모양' 또는 '형태'를 뜻하는 독일어 단어이며, 이 이론은 인간의 뇌가 전체론적으로 작용하기 때문에 전체 이야기에서 더 명확한 결론을 도출하기 위해 대상(서면 스토리텔링의 경우 모양과 단어)을 그룹화하는 경향이 있다고 믿는다. 이것은 당신이 서면 형태로 그것을 어떻게 배치할지 선택한 방식이 청중이 이야기를 다 읽기도 전에 그것을 계속 읽을지 말지 결정하는 데 영향을 미칠 것이라는 의미이다.

다시 한번, 이것은 사용자 경험의 요소로 돌아간다. 색깔, 서체, 사진과 같은 시각 요소들은 그 이야기를 의미 있게 만들기 위해서 당신이 사용자들에게 불러일으키고 싶은 감정 반응을 촉발하는 데 도움이 된다.

디지털 전환에 관한 이야기들을 디자인하고 있었을 때, 나는 우리의 청중이 여전히 서면 형식의 기술 이야기들에서 가치를 발견하며, 우리가 서면으로 기술 이야기들을(특히 기술 백서들과 사례 연구들을) 전해 주기를 바란다는 사실을 알았다. 이 콘텐츠는 그들의 공간에서 기본적인 실무 지침서로 사용되었기 때문이었다.

하지만 테스트를 해 보니 우리의 맞춤형 청중은, 마이크로소프트에서 디지털 전환을 이끌면서 막대한 업무와 긴장감에 시달리며, 어려움을 겪고 있는 사내 엔지니어들에 대한 개인적인 이야기들(블로그)을 좋아하고 듣고 싶어 한다는 것을 알게 되었다. 훨씬 더 강력한 공감에 입각한 조사를 통하여 우리는 또한 이러한 개인적인 이야기들이 1인칭 시점에서 전달될 때 가장 설득력이 있으며, 청중들에게 공감을 형성한다는 사실도 알게 되었다.

이야기를 전하는 이 새로운 방식은 우리가 이전에 해 보지 않았던 것이었다. 이러한 새로운 디자인들을 실험하기 시작했을 때, 우리는 원래 이야기들을 보완하기 위해 관습적으로 브랜드의 상투적인 사진들에 의존했다. 그리고 곧 이러한 통속적인 이미지들은 공짜라는 장점만 있을 뿐 실제로 시각적으로 제시되었을 때는 오히려 역효과를 낸다는 사실을 깨닫게 되었다.

이러한 서면 이야기들 일부가 완전히 실패하고, 그리 오래 지나지 않아 우리는 계획을 다시 세워 이야기를 맛깔스럽게 살리기 위해 실제 사람들의 사진을 찍기로 했다. 스토리텔링 관점에서는 이렇게 하는 것이 꽤 논리적으로 들릴 것이다. 하지만 보통 개발자들은 이야기를 전하지 않는다. 그리고 그저 이야기의 메인 캐릭터로 등장하고 싶어 하는 기술 조직에서는 처음에 그 아이디어가 그리 합당해 보이지 않았다.

내가 이 말을 하는 이유는, 브랜드 스토리텔링에서는 그 이야기에 필요한 시각적 요소들을 효과적으로 집어넣기 위해서 때로는 기존의 확고한 사업 기준들을 무시하고, 직관에 어긋나는 것 같은 일도 해야 한다는 점을 알려 주기 위해서이다. 스토리텔링에서 시각적 요소가 주는 창의적인 방향을 전부 탐색하는 것을 원칙으로 삼아라. 그리고 당신의 브랜드 스토리가 마법으로 반짝이는 것을 보아라!

마술 기법 3: 이야기를 전하는 데 도움이 될 브랜드 자산들을 손보라

당신의 브랜드를 구성하는 독특한 요소들, 즉 브랜드 로고, 서체, 슬로건, 목소리와 어조 등은 분명 고객들이 당신의 브랜드 스토리를 알게 되는 또 다른 몹시 중요한 방식이다. 이러한 자산들이 현재 시장에서 지니는 인식을 평가하고, 가장 설득력 있는 방식으로 이야기를 전달하기 위해서는 그 브랜드가 나타나는 방법을 현대화할 기회가 있는지 알아보는 것이 중요하다. 브랜드 미션을 개조하고, 브랜드의 보편적 진리를 규정하고, 이야기 구조를 짜고, 배경들을 계획하고, 시각 요소들을 적용하는 것만으로는 충분하지 않다. 만약 브랜드의 정체성 자체가 시장에서 그 이야기와 일치하지 않는다면, 청중들에게 이야기를 전달하는 데 어려움을 겪을 것이다. 브랜드 자산을 손본다는 말은 이런 요소들을 전략적으로 짜 맞추어 이야기에 맞게 조정해서, 고객이 당신의 브랜드에 감정적으로 유대감을 느끼도록 한다는 말이다. 많은 조직이 이것을 '브랜드 이미지 쇄신'이라고 부르고 싶어 하는 것 같다. 하지만 나는 꼭 그렇게 생각하지는 않는다. 브랜드 자산을 손보는 것은 브랜드 요소들에 근본적인 변화를 일으키는 것이 아니라, 기존에 이미 존재하던 자산들을 어떻게 성공적으로 당신의 새 이야기의 일부로 통합할 수 있을지 조심스럽게 변화를 가하는 것이다.

그 좋은 예는 마스터카드MasterCard가 과거 이십여 년간 성공적으로 브랜드에 기여했던 '대단히 소중한Priceless'이라는 감정을 자극하는 마케팅 문구를 어떻게 활용했는가이다. 이 브랜드 자산은 결국 브랜드 스토리의 테마가 되었다. 마스터카드는 시장 변화를 인지하고 '대단히 소중한'이라는 문구를 스토리텔링 주제에서 가져와 최근 '스토리 메이킹'이라고 부르는 행동으로써 오랫동안 함께 해 온 슬로건을 손보기로 결정했다.

이제 마스터카드의 새 마케팅 캠페인은 그 브랜드가 어

떻게 '대단히 소중한'이라는 문구를 고객들에게 예상치 못한 경험을 선사하는 '대단히 소중한 놀라움'과 선정된 자선 단체를 위해 기부금을 마련하는 '대단히 소중한 이유들' 같은 카테고리로 바꾸는지에 집중한다. 기본적으로, 원래 마케팅 캐치프레이즈catchphrase(광고에서 주의를 끌기 위한 문구)는 새로운 고객 몰입 경험과 이야기들을 창조하기 위해 브랜드 미션으로 진화했다.

당신의 브랜드가 현재 가지고 있는 기존 자산들을 돌아보고 그것들이 브랜드와 당신이 디자인하고 있는 브랜드 스토리 미션에 얼마나 잘 부합할지 생각해 보라. 자세히 살펴보면, 다양한 곳에서 브랜드 스토리에 흩뿌릴 수 있을지 모를 엄청나게 매혹적인 보물들로 가득한 금고를 발견할 수 있을 것이다. 그리고 시장에서 이야기를 발전시키는 데 도움을 받을 수도 있을 것이다.

원래 있던 브랜드 요소들이 어떻게 브랜드 스토리를 보완할 수 있을지에 대해서 생각해 볼 방법들은 아주 많다. 아니면 그 반대로도 할 수 있다. 1장에 나왔던 설명 지침을 기억하는가? 그 과정에서 그렇게 일찍이 브랜드 속성들을 목록으로 나열했던 이유가 있다. 마법 같은 이야기는 이미 존재하는 브랜드의 속성을 가져다가 자연스럽게 이야기에 섞으려 할 것이다. 만약 그 이야기가 원래 있던 브랜드 자산들과 너무나 동떨어진 느낌이라면, 아마도 그 이야기는 브랜드를 반영하지 못하고 있을 것이다. 브랜드 스토리는 브랜드 미션, 가치관, 행동들을 보여 주는 역할을 하기 때문에, 절대로 브랜드의 핵심 자산들과 단절된 느낌일 수 없다는 점을 명심해라.

이야기를 발전시켜 나가면서 진솔함을 유지하고 브랜드 자산들에 부합하도록 보장하는 좋은 방법은 디자인 과정의 많은 지점에서 자신에게 질문하는 것이다. '이 줄거리가 그 브랜드처럼 보이고 느껴지는가?' 다시 말하자면, 만약 브랜드의 이름을 밝히지 않고 시장에서 그 스토리 콘셉트를 시험한다면, 당신의 이해관계자들은 여전히 그것을 알아보고 그것을 당신의 브랜드로 연결 지을 수 있을 것인가?

나는 나 자신이 미식가 중에서도 유별난 미식가라고 생각한다. 남편이 개인 요리사인 덕에 거의 매일 황홀한 경지의 유기농 음식과 끝내주게 맛있는 제철 음식들을 맘껏 먹는 호사를 누리기 때문이다. 그렇다. 질투해도 좋다.

이것은 축복이자 저주와 같은데, 내 까다로운 미각을 만족시키는 남편의 요리 실력에 겨루어 볼 만한 외부 식당을 찾는 것이 힘들기 때문이다. 따라서 이따금 우리의 기대 수준에 맞는 미식 경험을 제공하는 훌륭한 식당을 발견하면 우리는 아주 충성스러운 단골이 된다.

워싱턴주 시애틀에서 북쪽으로 몇 마일 떨어진 곳에 있는 예스러운 작은 마을 커클랜드Kirkland의 동쪽 지역에 트렌디한 새 레스토랑이 문을 열었다. 당연히 우리는 그곳을 가 봐야 할 곳으로 정하고 시간을 내어 방문해 보았다. 식당 안으로 들어서자, 남편은 즉시 그 공간에 뭔가 친숙한 '느낌'이 있다는 점을 알아챘다. 그는 테이블에 앉고 웨이터가 음료 주문을 받으러 오자, 참지 못하고 혹시 이 레스토랑이 서쪽 지역에 있는 우리가 자주 가는 또 다른 식당과 연관이 있는지 물어보았다. 레스토랑의 이름이나 메뉴는 그 식당의 것과 닮은 점이 전혀 없었지만, 아니나 다를까, 웨이터는 두 식당의 주인이 같으며 웨이터 자신도 교대로 그 레스토랑에서 일한다고 말해 주었다. 그런 느낌을 받은 이유는 테이블들이 배열된 방식, 모퉁이에 베이커리가 있는 모습 등 우리가 언젠가 이전에 '거기에' 와 봤을 것 같은 시각적인 단서들 때문이었다.

이야기와 마찬가지로 브랜드 자산들이 어떻게 감정을 일으키는지에 대한 얼마나 완벽한 본보기인가! 그것만의 방식으로, 브랜드 자산들은 브랜드 스토리를 전한다. 이런 요소들을 창의적으로 혼합하려고 노력한다면, 당신의 브랜드 스토리는 성공할 것이다.

마술 기법 4: 결말에서 결론을 내지 마라

반어법이냐고? 꼭 그렇지는 않다. 최고의 이야기들은 원래 살짝 모호한 결말로 끝난다. 다른 말로 하자면, 청중이 그들만의 결말을 도출하도록 내버려 둔다. 이것을 스토리 테마와 혼동해서는 안 된다. 우리는 이미 스토리 테마가 브랜드 미션이라는 사실을 확실히 했다. 전에 언급했던 대로, 스토리 테마는 그 이야기의 모든 부분에서 해석의 여지를 남기지 않고 뚜렷하게 드러나야 한다. 그러나 넋을 빼앗을 정도로 황홀한 이야기는 청중들에게 그들이 알게 된 것에서 추론하는 힘을 선사한다. 그것은 보편적 진리로부터 어떤 감정을 느껴야 하는지 또는 무엇이 함양되어야 하는지에 대해 제약을 가하지 않는다. 할리우드에서 최고의 스토리텔링을 생각해 보라. 얼이 빠지게 하고 같이 영화를 본 사람과 결말을 토론하게끔 만드는 영화들 말이다. 최근 마블 코믹스Marvel Comics는 이야기들의 결말을 모호하게 하여 청중이 각자의 상상력을 동원해 무슨 일이 벌어질지 혹은 벌어지지 않을지 생각하도록 만들었다. 그리고 거부할 수 없고 창의적인 스토리텔링을 갖춘 독보적인 존재로 우뚝 섰다. 결론을 내지 않는 결말들은 청중에게 당신의 이야기가 '아직 끝나지 않았다.'라고 말하기도 한다. 이것은 하나의 브랜드로서 앞으로 계속 발전해 나갈 터이니 기대해도 좋다는 의미와 같다. 어떻게 하면 이것을 가장 잘 할 수 있을까? 매번 브랜드 스토리를 전할 때마다 보편적 진리를 분명하게 언급하며, 이야기의 교훈을 강요하지 않으면서 그렇게 할 수 있다. 다른 말로, 브랜드 스토리의 일부를 약간 미스터리하게 만들어라. 그리고 당신의 청중들이 브랜드 스토리의 보편적 진리를 근사한 선물처럼 차례차례 풀어내게 하라.

이야기를 아리송하게 만드는 것을 아주 잘한 브랜드는 바로 에어비앤비Airbnb다. 그들의 미션은 '전 세계의 사람들이 어디에서든 소속감을 느낄 수 있도록 만들기'이다. 에어비앤비의 보편적 진리는 소속감이지만, 그들의 서비스가 어떻게 사람들이 소속감을 느끼게 만드는지를 노골적으로 이야기하지 않는다. 대신, 전 세계의 고객들로부터 시각적인 여행 이야기들을 수집하여 '군중으로부터 탈출', '대도시의 삶' 등 다양한 경험으로 분류한다. 그 이야기들은 소속감 자체를 직접 말하지 않는다는 점에서 결론을 내지 않은 것이다. 하지만 사용자들이 생산해 내는 콘텐츠는 에어비앤비의 서비스에 만족한 고객들이 제공하는 가공되지 않은 생생한 이야기를 통하여 소속감을 몇 번이고 반복해서 분명하게 보여 준다.

이미 눈치채기 시작했겠지만, 스토리텔링은 동사다. 즉 이야기를 통하여 청중들이 계속 그 브랜드에 유대감과 흥미를 느끼고 영감을 받게 하기 위해서, 요소들, 기법들, 규칙들을 하나로 합치려는 끊임없는 계획이다. 하지만 브랜드 스토리 구조를 짜는 데 가장 좋은 방법을 결정한 후에는 어떻게 실제로 그것을 마케팅 과정의 부분으로 통합할 수 있을까?

다음 장에서는 브랜드 스토리로 통합 마케팅 계획을 세우는 방법을 알려 주겠다.

4

통합 마케팅 커뮤니케이션의 재구상: 이야기로 통합 마케팅 계획 세우기

- 브랜드 스토리 메시지 재구상하기
- 브랜드 스토리텔링을 통합 마케팅 커뮤니케이션IMC 계획에 포함하기

─────

전문적인 브랜드 전략가이자 커뮤니케이터로서 우리는 포괄적인 통합 마케팅 계획integrated marketing plan, IMP을 세우는 일의 결과와 가치를 이해한다. 하지만 대성공을 거두기 위해서는 이 통합 접근법을 브랜드 스토리 중심으로 해야 한다는 사실은 아마 몰랐을 것이다. 먼저 브랜드 스토리를 확실히 만들어 놓을 수 있다면, 다양한 채널들에서 다양한 도구와 활동, 그리고 과정들을 통하여 지속적으로 그 이야기를 들려주기가 훨씬 더 쉬워진다.

하지만 브랜드는 대부분 이렇게 하는 데 계속 어려움을 겪고 있다. 그 이유는 전통적으로 브랜드 스토리를 고정된 인물의 시각에서 생각해 왔기 때문이다. 즉 브랜드 미션을 정한 후, 이야기를 유동적으로 상황에 따라 계속 바꾸거나 발전시키지 않고 일회성으로 창조하여 인물도 한 번만 개발하고 만다는 것이다. 뭐 실제로 이야기와 인물을 설정하

기나 한다면 말이다. 대부분의 브랜드들이 이야기 캐릭터의 속성을 구성하는 브랜드 요소들을 규정하기 위해 시간과 자원을 들이지만, 스토리텔링이 동사라는 사실은 잊어버린다. 즉 당신의 브랜드 스토리를 말하는 과정은 분명 끝이 없는 일이며 이야기는 반드시 다양한 시각과 장소들, 그리고 현대적인 서술 방식으로 계속해서 펼쳐져야 한다는 뜻이다. 스토리텔링은 시장에서 브랜드가 다양하게 변화하면 그에 맞추어 브랜드 요소들이 계속 진화하는 활동적인 사업 모델이다.

브랜드 스토리 내에서 브랜드 캐릭터가 진화하고 성장하며 변화하도록 허락하는 것은 통합 마케팅의 가장 매력적인 부분이다. 이것은 마케팅 계획이 진실하게 펼쳐지도록 하여 자연스럽고 독보적인 경쟁력을 드러내기 때문이다. 부자연스러울 정도로 엄격한 통합 마케팅 캠페인을 개시하려고 시도해 본 적이 있는가? 캠페인의 요소들이 둥근 구멍에 네모난 나사를 박아 넣으려는 것처럼 맞지 않아서 관련된 모든 사람이 좌절감을 느끼는 것 말이다. 설상가상으로 마케팅 계획의 요소들은 서로 단절되고 동떨어진 것 같다. 이는 메시지를 결합하고 필연적으로 그것을 통합 계획으로 만드는 작업인 스토리텔링의 '접착' 과정을 빼먹은 까닭이다.

반대로, 어떤 브랜드들은 브랜드 스토리를 포함하지 않은 채 개별적으로 현란한 마케팅 캠페인을 벌이는데, 그것은 단명할 수밖에 없는 운명이다. 나는 그런 상황을 너무나 많이 봐 왔다. 어떤 브랜드가 전략적이고 뛰어난 캠페인 하나에 막대한 자금과 자원을 쏟아부으면 그것은 시장에 잘 도달하여 즉시 결과를 내놓는다. 하지만 곧장 경쟁사가 바로 다음에 내놓은 요란한 광고에 밀려 대체되고 만다. 더 나쁜 경우에는, 그들은 이제 시장에서 기준을 너무 높게 잡아서 '자신의 예산을 더 늘려야' 하며, 전작보다 더 화려한 광고를 전달하기 위해 자신과 경쟁해야 하는 처지에 놓인다. 그 결과, 브랜드들은 마케팅 캠페인을 훨씬 화려하게 만들어야 하는(종종 줄어든 예산으로) 굉장히 고된 악순환의 덫에 빠지고 만다. 한편 그들의 고객들 역시 이러한 광고들로 인해 일관성 없게 영감을 받다가 곧 정확히 자신이 왜 그 브랜드를 좋아했었는지 잊어버리게 된다.

절대 단독으로 훌륭하게 제작된 마케팅 광고나 캠페인의 잠재적 효과를 폄하하려는 것이 아니다. 이러한 개별적인 고투마켓go-to-market, GTM(시장과 고객의 기회, 니즈, 변화에 맞추어 필요한 자원을 배치하며 시장까지 가는 경로를 세분화해 설계하는 것) 출시 전략들도 분명 가치가 있고 중요하다. 그러나 앞서 언급했듯이, 새로운 세대들은 브랜드로부터 연속성을 추구한다. 그들은 더 이상 브랜드가 얼마나 대단한지 또는 그것이 제공할 수 있는 것이 무엇인지를 보여 주는 인상적인 부분에서 감명 받지 않는다. 게다가, 이러한 독립형 캠페인들 또한 그 브랜드의 확고한 미션과 이야기에서 멀어지면 청중들로부터 강한 반발을 사게 되어 휘청거릴 수 있는 위험을 무릅쓴다는 사실을 반드시 고려해야 한다.

스토리텔링을 통합 마케팅 계획에 도입하는 것은 이야기가 시장으로 진출하기 전에 내부적 접근을 먼저 하기 때문에 일회성 캠페인들과는 조금 다르다.

기본 통합 마케팅 계획은 다음의 다섯 가지 기본적인 단계들로 구성된다.

1. 메시지 제작하기
2. 목표 설정하기
3. 타깃 청중 명확히 밝히기
4. 채널 선정하기
5. 성공 측정하기

브랜드 스토리텔링을 통합 마케팅 커뮤니케이션 계획에 포함하기

이 계획에서 첫 단계는 언제나 청중들에게 전달하고 싶은 마케팅과 커뮤니케이션 메시지를 결정하는 일임에 주목하라. 이 과정 속으로 브랜드 스토리텔링을 포함하는 것은 시간이 흐르면서 당신의 고객들이 알게 되고 사랑하게 될 브랜드 내러티브를 적절하고 일관되게 확립하기 위해 전체 메시지의 일부로 브랜드 주제와 이야기를 공감적으로 합치는 의도적인 단계다. 그것이 바로 영국 광고계의 거장 데이비드 오길비David Ogilvy가 '빅 아이디어', 또는 '스텝 백'이라고 부르며, 무엇이 아이디어(이 경우 브랜드 스토리)를 크게 만드는지 살펴보는 것이다. 오길비는 제약 없고 직관적인 사고가 분명 브랜드 메시지의 언어 전환을 이끈다고 확신했다. 이 '추정을 없앤' 접근법이 고객들의 마음을 울리고, 의미가 있으며, 모든 미디어 플랫폼에서 보편적으로 소통될 수 있는 정서적 연결에 기여하기 때문이다. 어디서 들어본 말 같은가?

빅 아이디어를 고안해 내지 않으면 절대로 부와 명성을 얻을 수 없을 것입니다. 소비자들의 관심을 끌고 당신의 제품을 사도록 만들기 위해서는 빅 아이디어 하나가 꼭 필요합니다. 광고에 빅 아이디어가 하나도 들어 있지 않다면, 그것은 한밤중에 지나가는 배처럼 아무도 모르게 사라지고 말 것입니다.

- 데이비드 오길비

오길비의 빅 아이디어는 내가 브랜드 스토리텔링에서 보편적 진리라고 부르는 것이다. 마케팅 계획 전략을 짤 때 이러한 우뇌 판단 접근법을 경시한 까닭에 우리의 브랜드 항구에서 얼마나 많은 배가 그냥 지나쳐 갔을지 상상해 보라! 빅 아이디어는 당신이 브랜드 메시지를 제작할 때 '아니요, 그렇지만'이라고 말하는 대신 '네, 그래서요?'라고 말하는 것이다. 그것은 브랜드 메시지가 예상치 못했던 길들을 발견하게 하고, 원래 생각했던 것과 다른 경로를 택하게 만들기도 한다. 설령 그 길이 처음에는 이치에 맞지 않아 보였어도 말이다.

현재 브랜드들이 메시지와 브랜드 스토리의 일부로 사회 문제들을 다루고 있는 것이 이것의 한 사례다. 나는 마케팅에서 이 새로운 현상, 즉 브랜드들과 사회 정의의 관계를 보여 주기 위해서 로히트 바르가바Rohit Bhargava의 건초더미 큐레이션 방법을 이용해 넉 달간의 불분명한 트렌드

보고서를 작성했다. 감정적으로 이끌리는 세대(밀레니엄 세대와 Z세대)인 소비자들에게 더욱 효과적으로 연결되기 위해 브랜드들은 마케팅에 보다 '인간적인' 접근법을 적용하면서, 피할 수 없는 질문을 맞닥뜨렸다. '그들에게 발언권이 있는가? 그리고 그들이 발언권을 이용해야 하는가?'

통합 마케팅 계획의 관점에서 보면 전통적인 마케터들은 이 떠오르는 트렌드를 브랜드 메시지의 일부로 즉시 고려하는 것이 타당하지 않다고 생각할 것이다. 그리고 너무 위험하고 불편할 정도로 불필요한 느낌이다. 새천년으로 전환되던 시기에 소셜 미디어 채널들에서 마케팅하는 문제에 대해 고민했을 때, 또는 1990년대 초기에 이메일을 마케팅에 사용하는 것을 고려했을 때 그랬던 것처럼 말이다.

하지만 스토리텔링과 빅 아이디어는 우리를 성장형 사고방식으로 생각하게 만든다. 모든 마케팅 계획 메시지에서 브랜드 스토리를 구현하는 일은 그 브랜드의 핵심 가치관이 모든 메시지에서 얼마나 만연하게 드러나고 있는지를 심사숙고하게 만들기 때문이다. 스토리텔링을 통합 마케팅 계획에 포함할 때 우리는 '이 메시지가 진정 전반적인 브랜드 스토리를 반영하는가?'라고 스스로 분명하게 물어봐야 한다.

이미 언급했듯이, 스마트한 소비자는 브랜드와 정서적

으로 연결되고 싶어 하며, 그 브랜드가 매일 자신이 그것을 좋아하는 이유를 상기시켜 주기를 바란다. 왜 그들은 그 브랜드와 친구가 되기로 했을까? 또는 왜 그것을 자기 일상생활의 일부가 되도록 선택했을까? 일관성이 결여된 마케팅 시도들이나 브랜드 미션에서 너무 동떨어진 메시지는 마케팅을 전혀 하지 않은 것보다도 브랜드에 더 많은 해를 입힐 수 있다.

그것은 우리의 인간관계에 적용되는 것과 똑같은 심리이다. 친구인 척하다가 언제나 일관성 없고 뒤섞인 메시지를 던져서 혼란스럽게 만드는 친구가 있었는가? 아니, 진짜 친구이기나 한지 판단할 수 없었던 친구, 프레너미 frenemy(친구처럼 보이지만 실제로는 친구인지 적인지 모호한 상대)라는 표현이 더 적합한 사람 말이다.

내가 안젤라*를 만났던 건 사춘기가 시작될 무렵이었다. 안젤라는 나와 같은 아파트 단지에 살았다. 그때는 오락 활동으로 쉽게 이용할 수 있는 컴퓨터, 인터넷, 비디오 게임과 같은 것들이 없었다. 그래서 여름 내내 동네 아이들과 함께 밖에서 온갖 종류의 게임을 개발하고, 가끔씩 짓궂은 장난을 하며 보냈던 축복받은 어린 시절이었다. 동네 아이

---

*   일부 이름들과 식별 가능한 세부 사항들은 개인의 프라이버시를 보호하기 위해 바꾸었다.

들에는 안젤라도 끼어 있었다.

안젤라는 예뻤다. 그냥 평범하게 예쁜 게 아니라 스칼렛 요한슨Scarlett Johansson처럼 예뻤다. 우리가 어떻게 만났는지는 정확히 기억은 안 나지만, 만난 순간부터 우리는 떼려야 뗄 수 없는 단짝이 되었다. 그래서 나는 안젤라에게 '영원한 단짝 친구BFF'(그 시절에 유행처럼 많이 하던 것으로 정말로 우정을 영원토록 확고하게 하자는 약속 같은 것이었다) 중 한 명이 되어 달라고 사랑스럽게 청했다. 그러나 얼마 지나지 않아 나는 그녀가 보내는 일관되지 않은 메시지를 받는 불행한 아이가 되었다. 어떤 날에 우리는 잔디 위에 누워 매일 오후 뇌우를 품은 적란운이 늘어선 넓고 파란 플로리다의 하늘을 바라보며 관찰했고, 미래의 남자친구들과 결혼식 날에 대한 공상에 함께 빠지곤 했다. 하지만 또 어떤 날에는 우리의 우정의 견고함에 대해 안젤라는 나를 완전히 혼란스럽게 만드는 식으로 아무렇게나 '농담'을 던지곤 했다.

'너 내가 "뒤를 봐줄게"라는 말 알지?' 경쟁자인지 친구인지 헷갈리는 안젤라가 불쑥 말을 꺼냈다. '훗, 내가 뒤를 봐줄게... 엄~~~청 멀리서' 그러고 나서 안젤라는 악랄한 공포 영화에서 막 나온 것 같은 악당처럼 교활한 웃음을 터뜨렸다. 나는 이 달갑지 않은 유머에 끼려고 바로 같이 웃었지만, 마음속 깊은 곳에서는 정말로 혼란스러웠고, 마음에는 찜찜한 불안감이 남았다. 그때를 돌아보니, 내 직감에 좀 더 귀를 기울였어야 했다. 몇 년 후 몹시 가슴 아프게도, 그녀는 내게 전면 공격을 가했고, 급기야 남자친구까지 빼앗아 갔다. 아, 안젤라.

불협화음을 내는 브랜드 스토리텔링의 효과가 뒤통수치는 괴물 안젤라로 인해 내가 겪었던 끔찍한 경험만큼 극단적이지는 않다. 하지만 한 브랜드에서 상충하는 메시지를 접할 때 소비자들이 겪을 당혹스러움에는 그럴만한 이유가 있다. 사회 문제를 다루는 브랜드들에 관하여 내가 연구한 불분명한 트렌드 보고서를 더 깊이 파고들면서 나는 브랜드가 조화를 이루지 못하는 메시지를 전달할 때 벌어지는 상황을 확실히 이해했다.

2019년 초, 면도기 제조사 질레트Gillette는 성추행을 숨기지 않고 공개하는 미투 운동이 2년 전 소셜 미디어에서 시작했을 때 '남자가 가질 수 있는 최고'라는 그들의 메인 브랜드 슬로건을 가지고 동참하려 했다가 오히려 비우호적인 상황에 처했다. 질레트는 성차별주의로 뒤얽혔으며, 결코 사회적으로 용납되지 않는 남자아이와 성인 남성의 관습적인 행동들을 시리즈로 묘사하고 그들이 '유해한 남성성'이라고 부르는 행동들을 꾸짖는 2분짜리 영상을 제작했다. 아마도 그 자체로는 고결하고, 현재 상황에서 성차별을 다루려는 시도는 영웅적이라고 할 수 있겠지만, 이 광고는 비극적 참패로 끝났다. 그 광고가 보낸 메시지 때문이 아니라, 역사적으로 질레트의 브랜드 스토리가 그들의 메인 청중인 남성에게 어필하려는 시도로 성차별적 패러다임에 뿌리를 두어 왔다는 사실 때문이었다. 그러므로 브랜드 메시지의 방향에서 이 예고 없던 변화는 그들의 기존 브랜드 가치관을 반영하지 못했고, 즉시 그들의 진정성과 이 메시지의 진짜 의도에 대한 회의적인 시각에 봉착했다.

우리는 브랜드들이 돈을 벌기 위해 존재한다는 사실을 알고 소비자들 역시 이 사실을 잘 안다. 하지만 시장과 소비자는 계속 진화하기 때문에 과거의 손익 계산만을 중시하는 마케팅 전략들이 더 이상 효과가 없다는 점도 안다. 통합 마케팅 커뮤니케이션IMC, integrated marketing communications 콘셉트가 1989년에 처음 도입되었을 때, 이것의 목표는 다양한 커뮤니케이션과 마케팅 채널들을 통해 일관성을 이루는 것이었다. 오늘날 이 접근법은 브랜드의 목소리, 어조, 스타일을 규정하는 것을 넘어 브랜드 스토리까지 더함으로써 한 단계 더 발전했다.

스토리텔링으로 통합 마케팅 계획을 세우는 것은 '광고는 광고' 또는 '메시지는 메시지'라는 이질적인 '전통 마케팅 사고방식에서 벗어나 브랜드 주제와 보편적 진리를 조직 내외부 관계 구축의 토대로 삼는 것이다. 그런 면에서 이야기를 이용하는 통합 마케팅 커뮤니케이션은 브랜드의 문화와 사업 방식에 있어 근본적인 운영 변화라 할 수 있다.

만약 이런 말들이 어쩐지 익숙하게 들린다면, 그건 그 말들이 익숙하기 때문이다. 그 표현들은 전문가들이 클라우드 퍼스트cloud-first 혁명 또는 '디지털 전환'을 정의하려고 시도했던 많은 방식과 닮았다. 어떤 정의들은 다소 공상적이고 또는 이해하기에 너무 복잡하다. 하지만 거의 모든 정의는 디지털 시대 혼란의 핵심에서 모든 조직이 시장과 산업에서 살아남기 위해 혁신적이고 민첩한 방법을 찾고자 확고하고 자기 성찰적인 시각으로 운영 방식을 돌아보는 것이 필요하다는 점을 인정한다.

규모가 크든 작든, 당신의 브랜드는 디지털 전환 과정에 돌입하는 피할 수 없는 모험을 고려 중이거나 이미 시작했거나 둘 중 하나다. 당신의 조직이 현재 그 과정에서 어느 지점에 있든지 관계없이, 브랜드의 현대화 시도의 기본 구조로 스토리텔링을 통합하기에 지금보다 더 나은 순간은 없다. 결국, 그것은 대부분의 비즈니스 기능들이 디지털화되고 자동화될 시대에 감정을 촉발할 수 있는 유일한 도구다. 따라서 스토리텔링 기법을 도입함으로써 기본적인

IMC 방법 과정을 재고찰해 보았으면 한다.

디지털 시대에 어떻게 스토리텔링이 마음을 사로잡는 통합 마케팅 계획을 세우는 데 기여할 수 있는지 살펴보자. 나는 이것을 '재구상한 IMC'라고 부르고 싶다.

브랜드 메시지 재구상하기

지금쯤이면 당신의 브랜드 스토리 테마와 보편적 진리 (인간의 특정 욕구에 부합함으로써 그것이 일으키는 감정)가 무엇인지에 대한 명확한 아이디어가 있어야 한다. 스토리텔링으로 통합 마케팅 계획을 세우기 시작할 때, 외부 이해관계자들에게 일회성으로 전달하고 싶은 특정 메시지에 의존하면 안 된다. 대신, 먼저 조직 내에서 메시지가 내부 이해관계자들에게 전파되도록 브랜드의 보편적 진리를 활용하여 한 번에 한 이해관계자에게 차례로 전하라. 훌륭한 스토리텔링은 감정을 촉발하는 것이라는 점을 기억하라. 이야기를 창조하여 먼저 내부에 전달함으로써 내부 청중이 그 이야기에 공감하고 따르고 호흡하게 하라. 그리고 그 결과 시장에서 이야기가 진실하게 들리도록, 당신은 문화의 일부로 브랜드 스토리를 주입하기 위해 혼신의 힘을 기울어야 한다. 이것은 스토리텔링을 위한 자산들을 창조하면서 실행할 수 있다. 이상적으로는, 조직에서 마케팅 부서가이 과정을 주도하여 조직의 모든 부서가 접근할 수 있는 스토리텔링 자산들의 허브hub를 세우는 데 시간과 자원을 쏟아부을 것이다. 그것을 브랜드 스토리텔링 가이드라인으로 삼아라. 회사의 로고와 브랜드 요소들을 모두가 사용할수 있도록 제작하는 것과 마찬가지로, 브랜드 스토리 요소들과 가이드라인도 공유되어야 한다. 스토리텔링으로 통합 마케팅 계획을 세우는 것은 조직의 모든 사람이 그 이야기를 알고 있을 뿐만 아니라 그것을 각자의 근무 환경에서전할 수 있도록 확실히 보장하면서 시작한다. 분명 모든 부서가 그 이야기를 다르게 할 것이고 그래야 하겠지만, 근본메시지(주제)는 어조, 목소리, 그리고 다른 자산들과 더불어 언제나 일관되어야 한다. 이 단계를 절대 끝이 없는 내부 마케팅 캠페인으로 생각해도 된다. 그것은 당신의 브랜드가 겪어야 할 문화 변화와 디지털 전환의 일부이며, 가장선호하는 결과를 낳을 장기 투자다. 메시지 제작 부분 또한 다른 이해관계자들이 브랜드 스토리를 전할 수 있게 해야 한다. 파트너, 이사회, 투자자 모두 당신의 브랜드 스토리를 면밀하게 익혀야 하며 그것을 전달할 준비가 되어 있어야 한다. 이 책 뒷부분에서, 스토리텔러로 직원들을 가장 잘 활용하는 구체적인 방법들을 공유하겠지만, 첫 단계는 모두가 브랜드 메시지를 확실히 알고 이해하게 만드는 것이다. 이것은 주로 스토리텔링 자원들과 자산들을 창조하고 공유하면서 이루어진다.

자산들은 전반적인 이야기에 대한 간단한 설명부터 보편적 진리가 모든 부서, 제품, 지역 전체에서 펼쳐지는 방식에 대한 복잡한 설명까지 모든 것을 포함해야 한다. 스토리텔링 자산들을 점검하는 훌륭한 체크리스트는 다음과 같다.

- 스토리 덱story deck(이야기 형식에서 이것이 당신의 브랜드 미션이다)
- 스토리텔링 가이드라인(언제, 어디에서, 어떻게 이야기를 전할 것인가)
- 스토리텔링 요소(인물, 줄거리, 결말 정의)
- 스토리텔링 기법(이야기를 어떻게 할 것인가)
- 스토리텔링 자원(이용 가능한 교육과 재료들)

브랜드 메시지를 재구상하는 것은 브랜드 스토리의 세부 사항 전부를 디자인하고 그 이야기를 전달해야 할 모든 사람에게 가르치는 것이다. 스토리텔링 자산 허브를 창조하는 것은 그 이야기가 회사 전체에서 통일되고, 고객의 여정에서 단절되거나 벗어난 이야기들이 없도록 보장하는 가장 좋은 방법이다. 그것은 또한 미래의 광고, 캠페인, 마케팅 프로그램들을 전달하기 위한 튼튼한 토대를 제공한다. 브랜드 스토리가 조직의 나침반이 되면, 조직의 모든 부분은 그 이야기의 보편적 진리에 맞추어 본능적으로 내·외부적 커뮤니케이션을 형성할 것이다. 브랜드 스토리는 모든 이해관계자에게 꾸준히 보편적 진리를 상기시켜 줄 것이며, 시장에서 그것을 접하는 모든 소비자에게 브랜드가 존재하는 이유를 확실히 알려 줄 것이다.

튼튼한 브랜드 스토리텔링 엔진을 확립한 후에는 당신이 적합하다고 생각하는 많은 방법과 채널들을 통해서 자신 있게 이야기를 시장에 내놓을 수 있다. 모든 마케팅 캠페인과 커뮤니케이션이 브랜드의 보편적 진리에 묶여 있는 한, 고객들을 혼동시키는 동떨어진 광고나 이야기를 만들어 내는 악순환에 빠질 가능성은 상당히 줄어든다. 설령 당신이 특정 캠페인으로 약간 위험한 시도를 해 보아도, 당신은 이미 그것이 브랜드의 보편적 진리에 어긋나지 않는지 조사를 했고, 그것은 매번 동일한 느낌을 일으키고 있기 때문에 청중들은 콘텐츠를 이질적으로 느끼지 않을 것이다.

목표 재설정하기

스토리텔링의 핵심 목표는 올바른 감정들을 촉발하는 것이다. 우리는 디자인 씽킹 과정에서 스토리 프로토타입들을 시험해 보는 것이 그 이야기가 당신이 의도한 청중들에게 어떻게 들리는지를 이해할 수 있게 해 준다는 점을 배웠다. 궁극적인 목표는 고객들이 행동에 나서도록 영감을 주는 것이지만, 최우선 목표는 감정을 일으키는 것이다. 그밖의 모든 것은 부차적인 것이고 이야기가 성공하면 자연스럽게 따라온다. 다시 한번 말하지만, 스토리텔링은 당신의 내부 이해관계자들과 함께 시작한다. 그들이 당신의 첫 번째 청중이고 다른 모든 사람보다 먼저 그 브랜드의 보편적 진리의 '신봉자'로 변할 것이다. 당신이 원하는 감정들을 청중이 느끼게 하는 것이 통합 마케팅 계획에서 가장 우선이다.

목표들은 스마트SMART(구체적이고Specific, 측정 가능하고Measurable, 달성 가능하고Achievable, 적절하고Relevant, 시간이 정해져 있음Time bound)해야 한다. 그리고 가장 중요한 점은 그것들이 공유되어야 한다는 것이다. 전통적인 IMC 계획에서는 마케팅 부서들이 마케팅을 위해 목표들을 세우고 달성한다. 그리고 운이 좋은 경우에는 커뮤니케이션 부서도 그 시도에 합류할 것이다. 그러나 브랜드 스토리텔링에서 진짜 통일된 접근법을 추진하려면, 재구상한 IMC 목표들에 관해 대화를 나누고 모든, 가능한 한 많은 내부 부서들과 함께 공유해야 한다.

조직 전체에서 재구상한 IMC 공동 목표의 예시는 다음과 같을 것이다. 2024년 1월 30일까지, 모든 직원은 새로 창조된 브랜드 스토리를 자신의 개인적인 성장 계획의 일부로 포함할 수 있다.

브랜드 스토리의 통합은 근본적으로 IMC 계획을 내부적으로 먼저 이야기를 전달하며 시작하도록 바꾼다. 그 결과 직원들의 지지를 받는 이점을 누리며 직원들이 일하는 방식에 대한 청사진을 제시한다. 일단 이런 목표들이 공유되고 직원들이 각각 자신의 특정 부서 내에서 그 목표들을 전달하는 책임을 맡게 되면, 외부 캠페인을 추진하기가 훨씬 더 쉬워질 것이다.

맞춤 청중 찾기

우리는 공감이 스토리텔링의 핵심 동인이라는 사실을 알았다. 디자인 씽킹 과정에서 스토리텔링은 청중들에게 공감하면서 시작한다. 이것은 관습적인 마케팅 페르소나보다 더 깊은 시각에서 그들을 이해한다는 말이다. 통합 마케팅 계획에 스토리텔링을 도입할 때, 디자인 관점에서 타깃 청중들을 연구 관찰하는 데 어마어마한 시간을 할애해야 한다. 스토리텔링으로 공감을 일으키는 것은 그 브랜드로 고객의 어떤 욕구들이 충족되고 있는지 그리고 그 브랜드 스토리가 그들에게 어떤 감정들을 촉발하고 있는지를 이해한다는 의미라는 사실을 기억하라. 1장에서 언급했듯이, 당신의 청중들에 대해서 조사를 더 많이 할수록 결과는 더 좋아진다. 심리학적, 민족지학적 의견의 영향력을 과소평가하지 마라. 이것들은 청중의 감정을 더 잘 이해하는 데 도움이 되며 당신이 계속 청중에게 맞추어 이야기를 디자인할 수 있게 해 준다.

재구상한 IMC에서는 브랜드 스토리가 직원들, 파트너들, 판매사들, 그리고 다른 내부 이해관계자들에게 우리가 원하는 감정을 일으키고 있는지 알아보기 위하여 먼저 그들의 의견을 찾아보는 것으로 시작한다. 그리고 브랜드 스토리에 독특한 접근 방식을 취한다. 이미 알고 있겠지만, 이것은 그 이야기가 시장에서 결국 어떻게 전달될지에 대한 기본적인 청사진이 되므로 브랜드 스토리텔링의 핵심 요소라 할 수 있다.

이제 당신은 내부 청중들이 이용할 수 있고 그들의 공간에서 활용할 수 있는 자원들과 재료들에 더불어 브랜드 스토리텔링 엔진을 만들었다. 또한 이것들이 내부 이해관계자들 사이에서 공유되도록 보장하기 위해 목표들을 다시 설정했다. 그리고 시장에서 외부 이해관계자들에게 개시하기 전에, 먼저 내부 청중들에게 그 이야기가 어떻게 들릴지를 알아보려고 한다.

이렇게 하기 위한 가장 좋은 방법은 당신이 창조한 브랜드 스토리 콘셉트들을 내부 이해관계자들에게 전달하자마자 즉각적인 피드백을 받고 모으는 것이다.

스토리텔링은 인사이드 아웃 접근법으로 시작한다. 따라서 당신이 디자인한 브랜드 스토리 콘셉트들을 이해관계자들이 가장 잘 받아들일 수 있는 방식으로 전달하기 위해 조직 내의 모든 커뮤니케이션 채널을 탐구해야 한다. 그리고 디지털 전환 여정의 일부로 회사 내 연결과 사회적 상호작용을 가능하게 하는 디지털 커뮤니케이션 도구들과 앱들의 실행이 수반된다. 스토리텔링 허브를 창조하고 그것을 이해관계자들과 공유하는 전략을 생각할 때, 당신은 또한 그 이야기를 전달하기 위해서 어떤 채널들을 사용해야 할지도 고려해야 한다. 문화 전환은 시간이 걸릴 수 있으므로 이메일 같은 전통적인 커뮤니케이션 채널들과 슬랙Slack이나 야머Yammer 같은 보다 현대적인 소셜 도구들을 혼합하는 편이 좋다. 브랜드 스토리텔링의 주요 목표는 소비와 참여이므로, 가장 안전하고 확실한 방책은 브랜드 스토리 메시지를 전파하는 데 도움이 되도록 이용 가능한 모든 채널을 활용하는 것이다. 모든 통합 마케팅 캠페인에서 인쇄 매체와 다른 물리적인 자산들도 계획의 일부로 고려해야 한다. 지속적으로 내부 청중들에게 브랜드 스토리를 상기시키기 위해서 사무실 주변의 포스터들과 TV 화면들을 활용하라. 당신의 이해관계자들에게 브랜드 스토리가 더욱더 최우선 사항이 될수록 그것은 문화와 운영 전략의 일부로 깊이 스며들 것이다.

브랜드 스토리를 당신의 내부 고객층에 전달한 후에는 그것이 어떻게 도달했는지 알아낼 방법들을 찾아라. 이해관계자들이 새로 창조된 브랜드 미션과 브랜드 스토리를 이해할 뿐만 아니라 신뢰하는지도 아는 것은 중요하다. 그들의 입장에서 이 이야기가 어떻게 들릴까? 회사에서 그들이 속한 특정 위치에서 그것은 어떤 역할을 할까? 그 브랜드 스토리는 이해하기에 간단한가? 그들의 공간에서 유용한가? 그들에게 적절한 감정을 일으키는가? 당신의 내부 청중에게 이러한 질문들을 되풀이하는 것을 두려워하지 말라. 브랜드 스토리텔링은 동사이며, 시장에서 계속 의미를 지닐 수 있도록 스토리텔링 디자인 작업을 절대 중단해서는 안 된다는 사실을 기억하라. 의미 있게 남을 수 있는 유일한 방법은 당신의 고객들(내부와 외부 고객 모두)이 듣고 싶은 이야기를 계속 창조하는 것이다. 그리고 그들에게 끊임없이 물어보지 않는 한, 당신은 그게 무엇인지 알 수 없을 것이다. 매번 청중들의 생각을 듣는 습관을 만들면 곧 당신의 브랜드 스토리텔링에서 긍정적인 결과들이 쏟아질 것이다.

그다음에는 똑같은 과정을 따라서 외부 청중들에게 적용할 수 있다. 이미 내부 청중들에게 해 보았으므로 이번에는 분명 더 쉬울 것이다.

보통 내부 청중들과 외부 청중들은 겹친다는 사실 또한 고려해야 한다. 맞춤형 청중 접근법은 모든 이해관계자 간의 차이점을 인정하고, 특정 청중들에게 개인적으로 의미 있는 이야기를 창조해 내는 동시에 효과적으로 많은 청중에게 닿을 만한 마음을 울리는 포괄적인 이야기를 전달하는 것이다.

전 세계에 분포된 마이크로소프트의 외부 청중은 게이머(보통 더 어린 청중들)부터 기업에서 클라우드 서비스를 실행하는 기술 개발자들과 IT 전문가들까지 무척 다양하다. 분명 마이크로소프트의 브랜드 스토리는 광범위한 고객층에게 똑같이 보이지 않을 것이며 그래서도 안 된다. 따라서 마이크로소프트가 그들의 타깃 청중을 재구상하여 그들을 맞춤형 청중으로 전환하는 일에는 큰 이점이 따른다. 이것은 마이크로소프트가 그들의 보편적 진리를 개인화하고 특정 청중에게만 호소하는 것을 가능하게 한다. 다르게 말하자면, 마이크로소프트는 원래 미션과 보편적 진리('전 세계 모든 사람과 조직이 더 많이 성취할 수 있도록 역량을 강화한다')를 받아들여 그들의 각 제품과 그에 따른 다양한 청중들을 위한 개인적인 이야기들을 공감할 수 있는 방식으로 전하기 시작했다. 모든 이야기가 역량 강화라는 동일한 주제를 중심으로 창조되지만, 역량 강화라는 개념은 노련한 IT 전문가들이 받아들이는 방식과 젊은 게이머들이 느끼는 방식에서 완전히 다른 모습을 띤다.

피드백을 듣고 모으면서 그리고 청중 집단마다 특화된 이야기들을 창조해 내면서 당신의 타깃 청중을 맞춤형 타깃 청중으로 바꾸면 전체 브랜드 스토리를 완벽하게 보여주고 효과적으로 혼합된 청중에게 전달할 수 있다.

성공 측정하기

재구상한 IMC에서 내부 이해관계자들 사이에 서로 공유가 가능하도록 목표들을 재설정하는 것과 마찬가지로, 성공을 측정하는 것은 역할이 다른 다양한 집단들이 공동으로 이루어 낸 성공을 축하할 방법들을 살펴보는 것이다. 이는 통합된 마케팅 및 커뮤니케이션 캠페인을 시작할 때 내부 청중들이 협력하여 달성할 공동 목표들 몇 가지뿐만 아니라, 브랜드 스토리를 전하려고 애쓸 때 캠페인의 성공을 측정할 수 있는 공통 지표들을 지닐 것이라는 의미이다.

스토리텔링의 핵심 목표가 감정을 촉발하는 것이기 때문에 지표들은 짧고 간단해야 한다. 따라서 분명 소비와 참여가 최우선으로 고려될 것이다. 브랜드 스토리는 그 브랜드의 가치관을 명확하게 표현하고, 전략과 과정에 맞추며, 내부적으로 사람들을 연결하는 역할을 하면서 이제 문화 활성화 촉진제가 되었다. 이것은 브랜드 스토리텔링이 조직을 위해 무엇을 할 수 있을지에 대한 당신의 상상 그 이상이지 않은가?

이런 이유로, 새로 형성된 맞춤형 내부 청중들에게 이야기가 자주 그리고 가능한 모든 수단을 통해서 소통되어야 한다. 마찬가지로 피드백도 최대한 자주 수집하여 그 이야기가 어떻게 전해지고 있는지를 이해하는 것이 중요하다. 이것이 바로 이야기를 개시하기 전에 피드백 루프 채널들과 시스템들을 만들고 청중의 의견을 수렴할 도구들을 확립해 놓는 것이 몹시도 중요한 이유다.

마이크로소프트는 심지어 이야기들을 창조하는 동안에도 청중들로부터 피드백을 모으기 위해서 내·외부적 도구들을 활용하여, 그 과정에서 공공연히 취약점을 드러내며 청중들에게 의견을 묻는다. 예를 들어, 외부 청중들을 위해서 핵심 서비스 기술팀은 링크드인에 비공개 그룹들을 만들었다. 이 공간에서 스토리텔러들이 현재 작업 중인 프로젝트들을 공유하고, 참여를 원하는 내부 IT 전문가들은 이야기들이 디자인되는 동안 언제든 그것을 검토하고 피드백을 제공할 수 있게 했다.

다시 한번 강조하지만, 스토리텔링의 핵심은 공감이며, 청중들이 당신의 브랜드 스토리로 어떤 느낌을 받는지 알고 이해해야만 그들에게 공감할 수 있을 것이다. 의견과 지혜를 모으는 방식에 창의적으로 접근하라. 오늘날, 많은 면에서 당신의 조직에 득이 되는 내·외부적으로 사용 가능한 도구들은 헤아릴 수 없을 만큼 많다. 성공을 측정하기 위해서 의견을 더 많이 모을수록, 청중에게 성공적인 브랜드 스토리를 안겨 줄 기회는 더 높아진다.

나중에 조직 내에서 그 이야기가 스스로 살아남기 시작하면, 더욱 활발한 성공 지표들을 추가해라. 그리고 브랜드 스토리텔링 청사진을 확고히 하는 데 보탬이 되도록 이야기 홍보 대사와 내부 인플루언서 같은 프로그램들을 통하여 추가로 다른 목표들도 추진해 보는 것을 고려하라. 이에 대해서는 9장에서 자세히 다룰 것이다.

내부적으로 이야기가 효과적으로 전달되고 나면, 기본적인 표적 캠페인들과 광고들을 통해서 이야기를 시장에 내놓기 위한 구체적인 목표들을 세울 수 있다. 당신의 조직에서 이 접근법의 영향력이 얼마나 강해졌는지를 측정하기 위해서 (스토리텔링 전후에) 기준치를 정하는 것을 잊지 마라.

스토리텔링으로 통합 마케팅 계획을 세우는 것은 당신의 브랜드 스토리가 창조되고 전달되는 방식을 근본적으로 바꾸기 위해, 내부에서부터 공감을 형성해 밖으로 내보내는 법을 배우는 것이다. 그것은 그 브랜드 스토리를 접할 때 고객이 하는 경험을 이해하려는 자기 성찰적인 관찰이다. 또한 내 절친한 친구이자 동료 스토리텔러이며, 마이크로소프트의 수석 엔지니어인 제임스 휘태커James Whittaker가 항상 신중히 지적하는 것처럼, '당신의 청중에게'가 아니라, '당신의 청중을 위한' 메시지를 제작하는 것이다. 이것은 전통적인 IMC 계획에서처럼 그냥 이야기를 만든 다음 우리 생각에 그게 좋다고 믿으면서 출시하지 않는다는 뜻이다. 그리고 당신의 청중을 위해서 이야기를 창조한다는 말은 그 과정의 모든 단계에서 그들을 고려한다는 의미다. 즉 그 이야기들이 전해지는 중에 청중들이 어떻게 반응하는지를 귀 기울여 듣고, 성실하게 그것을 개선하고, 새롭게 만들고, 대체하고, 또 뭐가 되었든 청중들로부터 원하는 감정을 확실히 촉발할 수 있도록 필요한 모든 것을 다시 반복하는 것이다. 재구상한 IMC는 공감을 유도하는 마케팅 접근법이다. 그리고 공감이야말로 브랜드의 영역에서 내부 고객들과 외부 고객들 모두에게 인정받고, 가치 있고, 안전한 느낌을 줄 수 있는 가장 좋은 방법이 아니던가?

공감은 스토리 디자인 과정의 모든 단계에서 우리가 청중을 고려하도록 자극하기 때문에 성공적인 브랜드 스토리를 디자인하는 데 필수적인 요소다.

다음 장에서는 우리의 브랜드 스토리에서 메인 캐릭터들이 누구인지 다시 한번 생각하게 만드는 이 공감 기술을 더 깊이 들여다볼 것이다.

5

브랜드 스토리의 영웅: 브랜드 스토리의 중심에 고객을 놓아라

- 고객 중심의 불분명한 트렌드들
- 당신의 브랜드 스토리 영웅을 밝혀내는 단계들

처음으로 원더우먼을 만나는 엄청난 행운을 누렸을 때 나는 어린아이였다. 당신이 상상하는 것과 마찬가지로, 아마존의 이 전사 공주는 당신이 그녀에게 바라는 모든 것을 갖추고 있었다. 그녀는 위대한 재능들과 반 신격인 초능력을 타고난 것은 물론 환하게 빛나는 완벽한 미모까지 갖추었다. 나는 그녀에게서 눈을 뗄 수 없었다. 그녀는 아름다움의 대명사 같았다. 용기, 열정, 절개, 자신감, 이타심을 모두 한 번에 보여 주는 그녀의 품위 있는 매력에 나는 완전히 사로잡혔다. 무수히 많은 사람 속에서, 나는 그녀를 만져 볼 수 있을 만큼 가까이 다가갈 수 있었던 운 좋은 아이 세 명 중 한 명이었다. 그녀의 용감하고 숭고한 눈길이 나를 발견했고, 손을 뻗어 나에게 더 가까이 오라고 손짓하면서 나와 다른 아이 두 명을 엄청난 군중 속에서 지목했다. 나는 이게 꿈인지 생시인지 알 수 없었다! 그녀의 눈에 내 눈을 고정한 채 나는 재빨리 군중을 헤집고 나가 그녀를 향해 내 짧은 팔을 최대한 내밀어 마침내 자그마한 내 손으로 그녀의 손을 꽉 잡았다. 그녀의 피부는 보이는 것보다 더 부드러웠고 비단결 같았다. 그리고 길게 늘어뜨린 머리카락에서는 봄의 꽃향기가 났다. 아, 이런 신성한 존재에게 이렇게나 가까이 접근하다니 정말 행운아가 아닌가! 내 말은, 그녀는 정말로 근사했다. 그녀의 실제 이름은 '엄마 Mom'인데 사람들이 원더우먼이라고 부르는 데는 일리가 있었다.

영웅들에게 우리가 그토록 열광하는 이유는 무엇일까? 한 이야기에서 어떤 캐릭터가 무수히 많은 감정을 일으킬 수 있다면, 그 캐릭터가 그 이야기의 영웅이다. 흠잡을 데 없는 인물의 성격 때문인가? 그들에게서 조금이나마 우리의 모습을, 아니면 우리가 바라는 모습을 발견하기 때문인가? 그게 무엇이든 간에, 그 이야기에서 진짜 영웅은 등장인물 중에서 가장 영감을 많이 주는 인물이다. 설령 그들이 그 이야기의 주인공이 아니더라도 말이다. 영웅들은 우리에게 희망을 주고, 악당에 맞서 싸우고, 대의를 위해서 자기 자신을 비롯한 장애물 전부를 뛰어넘는다. 내 생각에는 바로 이것이 우리가 그들이 이기기를 바라는 이유인 것 같다. 그들이 이기면, 우리 모두가 이기는 것이니까.

수년 동안, 기업에 '승리'란 경쟁사를 물리치고, 시장 점유율을 늘리고, 수익을 증가하는 것에 지나지 않았다. 그러나 우리가 배운 대로, 현대 기술을 등에 업은 새로운 세대들과 침투 경쟁으로 인해 조직들은 경제적 영향을 넘어 그들의 사회적 가치를 다시 생각하고 대의를 위해서 기여하도록 압력을 받고 있다.

사회적 문제를 다루는 브랜드들에 관한 연구를 하면서, 나는 다음의 매우 놀라운 이론을 하나 발견했다. '고객들이 단호하게 요구하고 있는 까닭에, 브랜드들은 영웅으로 진화하고 있다.'

앞서 언급했듯이, 이 프로젝트를 위해서 나는 로히트 바르가바Rohit Bhargava의 트렌드 큐레이션을 위한 건초더미 방법론Haystack method을 이용했다. 건초더미 방법론에서는 이야기들과 아이디어들을 찾아서 엮고 더 나아가 그것들을 트렌드로 승격시키기 위해서 다섯 가지 단계들(모으기, 종합하기, 승격시키기, 이름 짓기, 증명하기)을 따른다.

이 트렌드 보고서에서 종합하기 과정을 거치는 동안, 나는 브랜드가 어떻게 세상을 바꿀 수 있는지, 그리고 그 아이디어에 영향을 미치는 인간의 욕구와 행동을 바탕으로 아이디어들을 살펴보기 시작했다. 내가 엮은 정보는 각각의 불분명한 트렌드에서 동일한 인구 통계학을 바탕으로 했다.

- 밀레니엄 세대와 Z세대, 고등학교 졸업이나 그 이상의 교육 수준, 연 25,000달러 이상의 소득
- 최고의 글로벌 브랜드들(포춘 선정 500대 기업)
- 전 세계의 다양한 산업들과 분야들

나는 학술 기사들, 뉴스 기사들, 산업 기사들, 블로그, 브랜드 웹사이트, 연구 기사들, 조사 결과들을 포함하여 다양한 온라인 자료들을 통해 정보를 수집했다. 이런 정보들은 브랜드들이 이야기를 만들 때 '영웅의 여정' 전형을 동일하게 사용하기 시작했다는 것을 가리키면서 내가 다양한 아이디어들 사이에서 관련성을 찾는 데 기여했다.

고객 중심의 불분명한 트렌드들

이런 경향이 어떻게 발생했는지를 더 쉽게 받아들이도록 내가 알아낸 내용을 공유하는 것이 좋을 것 같다. 이런 아이디어들은 기존에 존재하던 분명한 마케팅 트렌드들을 대규모로 분석해 시장의 브랜드에 대한 의미 있는 예측을 목표로 불분명한 마케팅 트렌드를 찾아낸 결과다.

아이디어 #1. 오늘날 기업의 사회적 책임은 '녹색 경영' 이상을 의미한다

영향력 있는 행동: 새로운 세대들(밀레니엄 세대와 Z세대)은 브랜드들이 목적을 갖기를 기대한다. 지난 몇 년간, 기업의 사회적 책임이라는 말은 조직들이 사회적 이익을 위한 기본적인 인식을 시작했다는 사실을 암시했다. 즉 기본적인 수준에서 탄소 발자국Carbon footprint(상품을 생산 및 소비하는 과정에서 직간접적으로 발생하는 이산화탄소의 총량)을 줄이려고 노력하거나 더 큰 영향을 주기 위해 비영리 조직들과 제휴함으로써 조직이 사회에 미치는 영향과 공익에 기여를 확대하는 방법을 의식해야 한다는 의미이다. 현재, 브랜드들은 제휴를 통해서 사회적 대의에 환원하는 것보다 더 많이 기여하기를 촉구받는다. 따라서 그들은 실제로 행동에 나서고, 사회적 문제에 입장을 밝힌다. 그리고 심지어 제품들과 서비스들을 생산할 때 디자인 단계에서부터 박애주의 이상을 넣어 만들라는 소비자들의 주장에 부딪힌다. 이 콘셉트는 사회적으로 옳은 일을 브랜드들이 제품 마케팅 전략으로 활용할 기회를 만들고 있다는 점에서도 흥미롭다.

아이디어 #2. 브랜드는 친구다

영향력 있는 행동: 소비자들은 더 이상 브랜드를 소비재나 서비스 제공자로 여기지 않고, 자신의 모습을 직접 반영하는 존재로 미화한다. 디지털 서전스Digital Surgeons의 마케팅 어카운트 매니저 로렌 페이건Lauren Fagan은 '기업들이 자신의 친구에게 하듯 고객들에게 투자한다면 고객들과 놀라운 유대감을 형성하고 평생 이어지는 충성심을 보장받을 가능성이 있다.'라고 이 부상하는 경향에 대해 확신에 찬 의견을 냈다. 페이건은 더할 나위 없이 정확했다. 고객들이 브랜드에서 찾고 있는 정서적 연결은 관계 구축에서 단단히 자리를 잡았으며, 이들의 관계는 '구매자-판매자'에서 '소비자-친구' 관계로 부드러워졌다. 그러한 이유로, 소비자들은 구매 여정에서 고려 과정의 일부로 어떤 브랜드들과 '친구가 되고' 싶은지를 꼼꼼하게 조사하고 있다. 소비자 경험이 이렇게 변화한 까닭에 브랜드들은 시장에서 그들의 행동과 입장이 '친구 재목'으로 고려될 만큼 충분히 매력적인지 더 많이 평가해야 하는 부담을 받고 있다.

아이디어 #3. 브랜드들은 반드시 스토리의 일부로 핵심 가치관을 수립하고 공공연히 공유해야 한다

영향력 있는 행동: 소비자들은 브랜드를 잠재적 친구나 자신의 연장선으로 보기 때문에, 경쟁 브랜드들과 그들의 핵심 가치관을 완전히 가려낼 수 있는 안목을 원한다. 브랜드가 윤리적 규범과 기업 명령을 확립하고 공개적으로 그것을 청중과 공유하는 것은 더 이상 비즈니스 전략에 '가치를 더하는' 일이 아니라 빠져서는 안 될 필수 요건이다. 고객들은 동시에 많은 브랜드와 '교제하고' 있는 경우가 많다는 사실을 기억하라. 시장이 아니라 사회에서 브랜드가 어떤 모습을 보이는지에 대해 청중들은 끊임없이 평가한다. 따라서 소비자의 관심을 가장 유리하게 사로잡고 유지하는 방법은 모든 면에서 브랜드가 대변하는 것을 분명하게 설명하는 뚜렷한 윤리 규범, 행동 규범, 핵심 가치관을 도입하고 전파하는 데 시간과 자원을 투자하는 것이다. 선도 기업들이 회사의 강령에 누구든 접근할 수 있도록 만들기 위해 웹사이트에서 '우리에 관하여'라는 공간을 활용하며 이 트렌드에 올라타고 있는 모습이 자주 관찰되고 있다. 그들은 또한 브랜드 스토리 안에 브랜드 핵심 가치관을 엮어 넣고 있으며 마케팅 캠페인에서 그것을 보여 줄 모든 기회를

붙잡고 있다.

아이디어 #4. 이제는 한 브랜드를 구매하는 것이 하나의 대의를 지지한다는 의미다

영향력 있는 행동: 오늘날 똑똑한 고객들은 사회 활동에 열성적으로 참여한다. 또 변화를 가져오려는 그들의 노력은 의도적인 소비나 목적이 있는 구매로 이어진다. 현대 소비자들은 교육 수준이 높고, 기술을 잘 알고, 창의적이고, 환경을 생각한다. 그리고 구매 결정을 할 때 이러한 깐깐한 특성을 활용하는 것을 절대 두려워하지 않는다. '모든 일에서 경험을' 중시하는 밀레니엄 세대의 구매력은 2020년까지 1조 달러에 이를 것으로 예측된다. 또한 직접 지출 금액이 현재 1230억 달러에 달하는 Z세대는 지금까지 가장 큰 소비자 세대로 추정된다. 이 점을 염두에 두고 브랜드들은 현대의 소비가 관계 형성과 사회 활동에 밀접하게 연관되어 있다는 사실을 반드시 인지해야 한다. 그러므로 기업의 제품들과 서비스들은 반드시 공감과 브랜드의 핵심 가치관 그리고 포용력 있는 친구가 되고 싶은 갈망을 바탕으로 하는 브랜드 스토리를 전해야 한다.

아이디어 #5. 새로운 구매자는 이제 신념으로 움직인다

영향력 있는 행동: 아이디어 4와 밀접한 관련이 있지만, 이 아이디어의 핵심은 더 이전 세대를 포함해 여러 세대에 걸쳐 신념에 따라 소비하는 행태로 점점 더 많이 바뀌고 있는 것이다. 2018년 글로벌 커뮤니케이션 기업 에델만 Edelman이 작성한 『언드 브랜드Earned Brand』 보고서에 따르면, 세계적으로 소비자의 65퍼센트가 신념에 따라 구매를 하고 있다고 한다. 그리고 더욱 놀라운 점은 소비자들은 정부가 자신들을 대신해 주지 않는다고 느낄 때 브랜드들이 '대규모로 윤리 기준을 제공해 주기를 바라며 그렇게 해 주는 브랜드들에게 보상한다.' 즉 영웅의 여정 아래에서 브랜드 스토리 줄거리에 상당한 변화를 가한 완전히 새로운 차원의 행동주의로 사회적 입장을 취하기를 요한다.

아이디어 #6. 사회적 입장을 취하지 않는 기업들은 경쟁력을 잃을 것이다

영향력 있는 행동: 브랜드 스토리텔링이 마케팅 전략을 추진하는 데 지배적인 힘이 되고 오늘날 영향력 있는 행동

들을 고려해 보자. 그러면 브랜드 스토리에 적극적으로 사회 행동주의 시각을 엮어 넣지 않고 사회적, 정치적 문제들에 중립을 고수하기로 한 기업들은 빠르게 시장 점유율을 잃으며 자신의 결정이 부정적인 효과를 일으킨다는 사실을 알게 될 것이다. 드렉셀 대학교Drexel University의 마케팅 전공 부교수 대니얼 코션Daniel Korschun은 비즈니스 잡지 『패스트 컴퍼니Fast Company』에 기고한 글에서 침묵을 선택한 기업들이 감수해야 할 잠재적 비용에 관한 연구 결과들을 보여 주었다. 그의 보고서에서는 경쟁 관계에 있는 미국의 차량 공유 업체 리프트Lyft와 우버Uber가 2017년 트럼프 대통령의 이민 행정 명령에 보인 접근 방식을 예로 들었다. '리프트는 그 명령에 공개적으로 반대하면서 미국 시민 자유 연합에 1백만 달러를 기부하기로 약속한 반면, 우버는 조금 모호한 입장을 취했다.'라고 코션은 언급했다. 그 결과, 우버의 보이콧을 요청하는 소비자들이 등장했고 다수의 소비자들은 그 문제에 대한 리프트의 반응을 우호적으로 보았다. 이것은 당신의 사업이 시장에서 계속 의미 있고 경쟁력 있게 남기 위해 브랜드 스토리를 적극적으로 그리고 지속적으로 디자인해야 하는 또 다른 설득력 있는 이유다.

아이디어 #7. 혁신으로 긍정적인 세상 변화를 이끈다

영향력 있는 행동: 지금까지 오면서, 우리는 왜 브랜드들이 브랜드 스토리에 등장하여 '영웅의 여정' 접근법을 취해야 할 것 같은 느낌이 드는지에 대한 상식적인 이유들을 알게 되었다. 새로운 구매자 모델, 소비자의 기대, 경쟁력이 계속 변하는 환경 등이 브랜드가 어떤 형태로든 '망토를 걸치고 세상을 구해야' 할 것 같은 기분이 들게 하는 여러 요인 중 일부다. 분석 과정을 통해서 그리고 아이디어들을 밝혀내는 동안에, 브랜드들 역시 제품 생산의 초기 단계에서 사회적 영향력을 최우선 순위로 염두에 두고 스토리텔링 전략에 자신의 제품과 서비스가 얼마나 잘 들어맞는지를 재평가해야 한다는 점을 살짝 언급했다. 그러나 굿 비즈니스Good Business의 창립자이자 CEO인 길스 기븐스Giles Gibbons는 한 걸음 더 나아가 학술 기사 『브랜드의 사회적 가치The Social Value of Brands』를 통해 브랜드들은 사회의 기대에 부응하는 것을 넘어 사회 혁신가가 되어 변화의 대변인이 될 수 있다고 말한다. 따라서 브랜드들은 제품이나 서비스 디자인 단계에서 기존의 제품과 서비스들이 어떻게 그리고 어디서 공익에 기여할 수 있는지를 고민하는 대신, 본질적으로 혁신을 일으키면서 의도적으로 제품과 서비스

의 사용성, 접근성, 호감도에 변화를 주어 긍정적인 영향을
이끌어야 한다.

아이디어 #8. 브랜드들은 사회적 입장을 취할 때 신중해야 한다

영향력 있는 행동: 마지막으로, 내 연구에서 도출한 최종 아이디어는 사회적으로 의식 있는 브랜드 스토리들은 양날의 칼이 될 수도 있다는 조금 과장된 경고와 함께한다. 시장 조사 기관 뉴로 인사이트Neuro-Insight의 사업 개발 책임자는 질레트의 '유해한 남성성' 광고를 주요 예시로 들었다. 그리고 어떤 광고가 일으킨 강한 감정 반응이 사람의 구매 의사 결정을 포함하여 미래 행동에 크게 영향을 미치면서 인간의 기억 부호화(관심이 가는 제품을 뇌에 저장될 수 있는 구조물로 바꾸는 과정)를 어떻게 촉발할 수 있는지 설명했다. 이것은 만약 한 브랜드가 앞선 모든 아이디어들을 고려하여 브랜드 스토리를 창조하기로 결정한다면, 또한 반드시 이 활동 계획에 관련된 위험 요소들도 고려해야 한다는 뜻이다. 훌륭한 브랜드 스토리텔링은 감정을 일으키는 것이 목표이다. 하지만 그렇게 촉발된 감정이 부정적인 느

낌으로 밝혀지면 고객들의 신뢰와 충성심을 잃을 것이고, 그것은 한번 잃으면 다시 얻기가 쉽지 않다. 브랜드들은 스토리텔링에서 나타날 수 있는 어떠한 실수나 부족한 부분도 진실하게 다룰 수 있는 사업 지속성 계획을 마련해야 한다. 하지만 조바심치지 마라. 브랜드 스토리텔링은 디자인 씽킹 과정을 따른다는 점을 기억하라. 마지막 단계는 무엇이 효과가 있는지를(그리고 무엇이 효과가 없는지를) 알아내기 위해서 당신의 스토리 콘셉트들을 반복해서 검증하는 것이다. 이 접근법으로 시장에 진입하면, 통제 가능한 정도의 손상을 입고 빨리 회복하여 다시 계획을 세울 수 있을 것이며 이야기를 다듬을 기회들을 더 많이 얻을 것이다. '빨리 실패'하는 것이 이렇게 좋아 보일 수 있다니!

이러한 불분명한 트렌드 아이디어들이 브랜드 스토리에서 브랜드가 의심의 여지없이 영웅이 되어야 한다고 느끼는 이유에 대해 좋은 맥락을 제공했기를 바란다. 이 현대의 이야기에 있어서 지금까지 고객은 브랜드에 변화를 요구하는 고압적이고 거의 적대적인 캐릭터였다. 그리고 당신은 그러한 요구들에 맞추기 위하여 조직과 함께 엄청나게 애를 쓰며 백방으로 노력하고 이런 책까지 읽고 있다. 그런데 이 장의 제목이 소비자를 브랜드 스토리의 영웅으로 만들기라고?

그렇다, 참으로 직관에 어긋나는 소리다.

하지만 브랜드 스토리텔링에 관하여 지금까지 당신이 읽은 내용은 전통적인 관행을 멀리하고 창의적이고 엉뚱한 생각을 격려했다. 스토리텔링은 과학인 동시에 예술이고 당신이 그것을 사업 청사진의 일부로 만들기로 결정했다면, 그것은 브랜드 미션부터 문화, 사업을 운영하는 방식까지, 잠재적으로 브랜드의 모든 것을 변화시킬 수 있다. 이런 변화를 가능하게 할 방식으로 당신의 스토리에서 캐릭터들을 꼼꼼하게 규정할 시간을 들인다면 말이다.

1장에서 나는 반드시 이야기에서 캐릭터들을 전략적으로 규정해야 하며, 디즈니와 나이키처럼 선도 브랜드들은 언제나 고객을 브랜드 스토리의 영웅으로 설정한다고 했다. 그리고 마이크로소프트 같은 브랜드의 본보기도 제시했다. 마이크로소프트는 브랜드 스토리에서 기본적으로 '배트맨의 로빈'이 되기를 자처했다. 따라서 제품 중심 사업에서 고객 중심 접근법으로 방향을 바꾸었고, 결국 이런 사업 모델의 변화는 시장에서 이 회사가 대성공을 거두는 결과로 이끌었다. 이건 누구에게도 놀라운 일이 아니다. 고객을 사업의(그리고 이야기의) 중심에 놓는 브랜드들이 언제나 승리할 것이라는 사실은 비밀도 아니다. 그러나 최고 마케팅 경영자 협회가 2018년 발표한 보고서에 따르면, 마케터 중 14퍼센트만이 자신의 회사가 고객 중심이라고 생각하고, 그들이 설정한 캐릭터에 고객들이 동의한다고 생각하는 마케터는 11퍼센트에 그쳤다.

고객을 브랜드 스토리의 영웅으로 만드는 것은 말로는 쉽지만 행동으로 옮기기는 어렵다. 인간에게 내재하고 있는 이성적인 욕망은 우리 회사의 제품과 서비스가 얼마나 훌륭한지를 보여 주고 이야기하고 싶어 하기 때문이다. 우리의 마음속에서는 이것들이 분명 이야기의 영웅이다. 제품이나 서비스가 없다면 브랜드 스토리도 없지 않은가. 따라서 우리가 논리적으로는 왜 고객이 영웅이 되어야 하는지를 이해할 수 있어도, 어떻게 그들을 영웅으로 만들 수 있는지를 이해하기는 어렵다.

하지만 조금만 더 힘을 내자. 당신이 생각하는 것만큼 힘들지는 않다. 4장에서 제시한 단계들을 잘 따라왔다면, 당신은 이미 가장 어려운 단계들을 위한 준비 작업을 많이 해 놓았을 것이다. 우리는 곧 그 지점에 도착할 것이다. 그러나 먼저, 당신의 이야기에서 고객을 영웅으로 만드는 기본적이고 가장 쉬운 단계를 살펴보자.

준비됐는가?

브랜드 스토리 영웅을 드러내는 단계들

이것은 정말 더 이상 간단할 수가 없을 정도로 쉽다. 당신의 이야기에서 고객을 영웅으로 만드는 첫 단계는……
말 그대로 그들을 당신의 이야기에서 영웅으로 만드는 것이다.

- 당신의 브랜드 미션을 읽어라.
- 그것을 다시 읽어라.
- 그것을 분석하라.
- 고객이 드러나는지 봐라. 드러나기나 한다면 말이다. 그들이 어떻게 드러나는지 봐라. 어디에서 드러나는지 봐라. 그들이 조금이라도 영웅처럼 드러나는가?
- 이야기가 제품의 놀라운 새 기능들에 대한 것인지, 아니면 제품과 서비스들이 어떻게 고객들을 더 나아지게 만들고 승리할 수 있도록 할지에 중점을 두는지 살펴라.

만약 고객의 승리가 브랜드 내러티브의 중심이 아니라면, 당신의 브랜드가 고객에게 긍정적인 영향을 주기 위해 존재한다는 사실이 당신과 주변의 모든 사람에게 유리처럼 투명하게 보일 때까지 몇 번이고 그것을 수정하라.

　브랜드 미션을 다시 쓰는 것은 당신의 회사가 겪을 문화 활성화와 변화 과정의 시작이라는 점을 기억하라. 그러므로 당신이 브랜드 미션을 수정하고 신중하게 이야기를 디자인한 후에 고객 중심의 브랜드 문화를 조성하는 진짜 작업이 시작된다. 브랜드 스토리텔링의 모든 것이 그렇듯 당신의 새로운 영웅을 도입하는 작업은 내부 이해관계자의 공감에 의해 추진되고 전파되는 내부의 노력이다.

　4장에서 언급했던 재구상한 IMC 계획은 당신이 새로 창조한 브랜드 스토리들이 먼저 내부에서 어떻게 공유되고, 이후 어떻게 청중들에게 알릴 것인지에 대한 기본 단계들을 제시했다. 그 과정의 첫 단계에 고객을 브랜드의 영웅으로 드러낼 가장 좋은 기회가 있다. 그다음 다섯 단계는 각각 실제로 실행될 수 있는 브랜드 스토리텔링에 기초한 이상적인 비즈니스 전략을 제시한다. 그러므로 이 단계들은 비유적이면서 동시에 실무적이다.

고객 포함과 공감을 사업의 대들보로 삼아라

스토리텔링 작업 과정에 내가 디자인 씽킹 단계들을 적용하자 사람들은 이야기를 프로토타이핑하는 것에 대해 궁금해하기 시작했고 내게 더 많이 알려 달라고 부탁했다. 내가 전 세계를 돌아다니며 이 과정에 대한 통찰력을 공유하기 시작한 것은 그리 오래되지 않았다. 그러나 스토리텔링과 관련된 똑같은 이야기를 전하며 한두 해를 보낸 후, 나는 그것 말고도 분명 뭔가가 더 있다는 생각이 들었고 그게 무엇인지 알아내야만 했다.

매해 연말에, 즉 12월의 마지막 몇 주 중에, 며칠 동안 나 자신을 평가하는 시간을 갖는다. 나는 지난 365일 동안의 나라는 사람 개인의 브랜드 성과를 평가한다. 그리고 나를 구성하는 모든 부분인 아내, 엄마, 자매, 직원, 친구로서 내가 개선되어야 할 부분을 비판적으로 검토한다. 이것은 엄격하고 봐주기 없는 힘든 과정으로, 지난 몇 년 동안 나를 더 성장하도록 해 주고 내 퍼스널 브랜드뿐만 아니라 브랜드 메시지도 발전하도록 해 주었다. 무엇을 더 잘 말하고 더 잘할 수 있을까? 그것을 어떻게 더 잘 말하고 더 잘할 수 있을까?

2018년 12월에 나는 출장의 연장선에서 생애 처음으로 마추픽추Machu Picchu를 방문하는 뜻밖의 행운을 누렸다. 나는 25년 지기 절친을 이 기발한 버킷리스트 모험에 합류하도록 초대했다. 나흘간 우리는 위험한 고대 잉카 트레일을 등반했는데 몹시 힘든 여정이었다. 페루 시골로 깊숙이 들어가는 40킬로미터에 이르는 가파르고 좁은 길들을 따라 자연의 무자비한 요소들에 그대로 노출되며 안데스산맥으로 높이, 높이 올라가면서…….

농담이다. 우리는 열차를 탔다. 하지만 이 대체 수단을 이용했어도 심장이 멎을 듯 두근거리고 경외심이 우러나오기는 마찬가지였다. 그리고 이 여행은 나의 연말 자기 비판 과정에 완벽한 시간이었다. 나는 정말이지 세계의 불가사의한 경이로운 경관 앞에서 다가올 새해를 위한 개인적인 목표와 브랜드 메시지에 대해 새로운 영감을 얻으리라 기대했다. 나는 늘 마추픽추를 어떤 영적인 미로로 생각해 왔다. 어떻게 그렇지 않을 수 있겠는가? 이 '잉카의 잃어버린 도시'는 세계에서 가장 유명한 신성한 장소 중 하나다. 우리의 여행 가이드는 어느 순간 너무나 영감을 받은 나머지 케추아 말(잉카 문명의 토착어)로 기도문을 읊조리기 시작했다. 석영으로 지어진 고대의 거대한 벽과 테라스들이 보이는 감격스러운 풍경이 배경으로 깔려 있고 거기에 경탄스러울 정도로 조화를 잘 이루는 기도가 그 지역 토박이의 입에서 안데스어로 나오는 모습을 바라본다고 상상해 보라. 정말이지, 내가 열반에 이르도록 온 우주가 염원하고 있었다. 그리고 나는 아주, 아주 근접했다.

하지만 갑작스러운 폭우가 쏟아졌고, 거의 다 도달했던 순간과 희망으로 부푼 내 가슴은 모두 비로 인한 실망감과 어울리지 않는 지역 판초로 덮여 버렸다. 나의 영적인 탐구는 그것으로 끝났다. 나는 이제 피스코 사워(피스코에 과즙을 넣어 먹는 칵테일의 일종으로 남미 페루의 대표 칵테일)나 마시고 싶었다.

물론, 마추픽추는 비할 데 없이 근사했고 그것은 잊지 못할 인생 경험이었다. 그리고 매우 관대한 여행 가이드 덕분에 나는 늘 꿈꿔 왔던 대로 라마 한 마리와 함께 셀카도 찍을 수 있었다(내 버킷리스트는 몹시 정교하다). 그러나 개인적으로는 실망스럽게, 그토록 절실히 찾아 헤매던, 아니면 그렇다고 믿고 있었던, 영적인 깨달음은 얻지 못했다.

12월 31일이 지난 지 불과 며칠밖에 되지 않은 어느 밤에, 그러니까 그 여행에서 돌아온 다음 며칠이 지난 후에, 뇌가 급작스럽게 정보 처리 과정을 가동하는 바람에 불쑥 잠에서 깼다. 마치 아이디어들이 내 머릿속에서 며칠 동안 둥둥 떠나니고 있었는데 체내의 사물 인터넷Internet of Things(사물에 센서와 프로세서를 장착하여 정보를 수집하고 제어·관리할 수 있도록 인터넷으로 연결되어 있는 시스템)이 그것들을 다운로드할 준비를 하기 위해 먼저 아이디어들의 패턴을 찾고 데이터를 정리해야 했던 것 같았다. 쉽게 말하자면, 뇌가 아이디어들을 수집하고 정리하도록 그냥 잠을 좀 자야 했다.

'스토리텔링 2.0'은 그날 밤 휴대폰 메모에 내가 제일 먼저 적은 문구다. 이런 콘셉트들이 머릿속에서 바로 사라져 버릴까 초조해서 미친 듯이 적어 나갔다.

다음의 내용은 2019년 1월 3일 새벽 2시 43분에 내 휴대폰에 간략히 기록한 실제 메모다.

스토리텔링 2.0
사람들이 자신의 이야기를 공유하는 이유는 공감을 촉발하기 위해서다.
공감하게 되는 단계들:
진실성 ⋯▸ 순수 ⋯▸ 정제(금 정제 과정처럼, 유동적?)
공감의 시작은 진실성이 아니라, 진실성 수준을 측정하고 브랜드, 브랜드 속성들, 브랜드 스토리를 가장 순수한 형태가 될 때까지 정제하는 것이다(금 정제 과정).
평화적인Peaceable은, 마음이 평화 쪽으로 기우는 것을 의미하며, 사람들이나 사람들로 이루어진 단체를 묘사하는 쪽에 더 가까움. 반면 평화로운peaceful은, 의견 차이 또는 소란으로 방해받지 않는 상태를 의미하며, 사건이나 상황에 쓰는 경우가 많음.
평화 ⋯▸ 조용 ⋯▸ 입 다물기(경청)
경청으로부터 그들의 언어를 배움.
온화함

우리의 뇌는 많은 사람을 보더라도 공감하기 위해서 단 몇 사람에게 집중한다(예시, 세계 종말 영화들). 교훈: 당신은 가까운 사람들에게 공감하고 도미노 효과를 일으키도록 만들어졌다. 교훈: 당신이 집중하고 싶은 이야기를 찾아라.

실제 연습

윌 스미스Will Smith와 소피아Sophia

왜 스토리텔링이 효과가 있을까: 캐릭터 하나에 초점을 맞추어서

처음에 뇌에 막 떠오른 생각들을 성공적으로 포착한 후, 나는 만족스러운 기분을 느끼며 지쳐서 곧장 다시 잠에 빠져들었다. 그리고 다음 며칠 동안 스토리텔링 2.0이 진짜 무슨 의미인지 완벽하게 이해하기 위해 이 내용을 골똘히 생각했다. 원본 메모가 보여 주듯이, 스토리텔링은 공감과 고객 포함inclusion이 전부다. 내 말은, 당연히 그렇지 않겠는가? 그게 바로 우리가 지금까지 내내 이야기하고 있던 전부니까. 하지만, 여기서 한 단계 더 깊이 들어간다. 단순히 당신의 이야기를 이러한 콘셉트들로 창조하는 것이 아니라, 그 콘셉트들을 당신의 사업 운영의 대들보로 만드는 것이다.

공감과 고객 포함은 브랜드 스토리에서 그저 아름다운 요소가 되어서는 안 되며, 이야기의 핵심 기반이 되어야 한다. 미션을 다시 쓰고 고객을 영웅으로 만들기 위한 브랜드

스토리를 창조하는 일을 시작할 때, 운영상의 현 체제와 정책도 검수해야 한다. 당신의 고객 서비스, 커뮤니케이션, 재무, 운영, 판매, 그리고 마케팅 사업 부서들이 무엇을 기반으로 돌아가는가? 이러한 부서들 각각은 새로운 제품을 디자인할 때, 새로운 시스템을 창조하거나 새로운 고객 반응을 얻을 때마다 매번 '이것이 우리 고객들을 포함하고 그들에게 공감하는가'라고 끊임없이 질문하는 습관이 있는가?

브랜드 스토리는 회사의 핵심 가치관과 미션을 이해관계자들에게 주입하는 역할을 하지만, 내부적으로나 외부적으로 이해관계자들에게 브랜드의 이미지 전환을 꾀하는 역할도 한다. 당신의 브랜드 스토리에서 고객을 영웅으로 만드는 것은 고객 포함과 공감을 회사의 핵심 가치관으로 집어넣는 것이다. 그렇게 고객 포함과 공감을 나열하라. 거창하고 난해하며 까먹기 쉬운 묘사를 할 필요는 없다. 간단히 고객 포함과 공감을 브랜드의 기본 신념의 일부로 더하고, 매일 일상에서 하는 말에 넣어 사용하기 시작하라. 그리고 마술이 일어나는 것을 보아라.

고객 의자를 가져다 놓아라

사티아 나델라는 마이크로소프트의 문화를 고객 중심의, 모두가 배우고, 공감하며, 포함하는 것으로 바꾸는 고된 행군에 동참하라고 직원들에게 요청했다. 그리고 그가 우리에게 지시한 첫 번째 일 중 하나는 우리가 나누는 모든 대화와 회의에 반드시 고객을 포함하라는 것이었다. 일부 직원들이 '고객 의자 놓기' 운동을 시작했는데, 이것은 고객을 대표하기 위해 물리적인 의자 하나를 회의실에 갖다 놓는 것이었다. 진짜 괴짜 직원들은 핵심을 더 부각하기 위해서 아주 창의성을 발휘해 실제로 그 '고객 의자'를 장식까지 했다. 나는 그런 의자 중 하나에 앉고 싶은 마음이 들었었다는 사실을 시인해야겠다. 그 의자들은 진짜 편해 보였다. 이 운동은 당시에는 쓸데없는 짓 같아 보이기도 했지만, 사업 관련 대화를 나눌 때 그것이 얼마나 효과가 있었는지 당신은 믿지 못할 것이다. 고객이 우리 바로 옆자리에 '앉아' 있다는 것을 예리하게 인지하자 대화들이 본질적으로 바뀌었으며, 결국 브랜드 스토리도 바뀌게 되었다.

성공적으로 고객을 브랜드 스토리의 영웅으로 만들기 위해서는 당신의 내부 이해관계자들이 그 고객에 대해 상세히 알아야 한다. 고객 의자를 갖다 놓아라. 고객의 통찰력을 공유하고, 가능할 때마다 고객과 내부 청중들 간의 직접적인 상호작용을 가능하게 하라. 그리고 직원들 각각의 우선순위가 항상 고객을 성공하게 만드는 목표들에 연결되도록 보장하면서 회사의 모든 사람에게 고객의 존재를 알려라. 각 부서에 고객 중심 비즈니스 모델을 반영하는 사업 목표가 최소 한두 개는 있어야 한다. 그렇지 않다면, 고객의 성공이 직원들에게 최우선 순위가 되지 못할 것이며, 직원들은 다른 업무를 보느라 너무 바빠서 고객들에게 직접적인 영향을 전혀 주지 못할 가능성이 크다.

브랜드 스토리에서 고객을 영웅으로 만드는 것은 또한 그 영웅을 당신의 청중들에게 소개하고 그들이 영웅을 면밀히 알게 하는 것이다.

그들에게 초록 달걀과 햄을 주어라

나는 영업 담당이라는 직함이 없으며 아마 당신도 그럴 것이다. 그러나 회사에서 직책이 무엇이든 어떤 부서에 속하든 상관없이, 우리는 모두 매일 브랜드의 가치를 내·외부 청중들에게 팔려고 애쓰는 영업 사원이라 할 수 있다.

이런 이유로, 만약 당신이 한 회사에서 충분히 오래 근

무했거나 아니면 프리랜서나 기업가가 되기 위한 모험을
시도했다면, 커리어의 어느 지점에서 당신은 사람들이 강
력히 권유하는 '영업술' 같은 소프트 스킬Soft Skill(기업 내에
서 커뮤니케이션, 협상, 팀워크, 리더십 등을 활성화할 수 있는
능력) 교육을 접해 보았을 것이다.

　무대 장악력, 자신감, 회복력, 열정, 강력한 커뮤니케이
션 기술, 열성 등은 오늘날 효과적으로 브랜드에 가치를 가
져온다. 그리고 브랜드 스토리를 전하기 위해서 우리가 발
휘하도록 요구받는 몇 가지 역량들이다. 따라서무슨 수를
쓰더라도 당장 이 모든 역량을 갖출 방법에 대한 지식을 얻
어야 한다. 우리의 성패가 그것에 달려 있다.

　나는 들어간 지 얼마 되지 않은 규모가 작은 민간 회사
에서 이런 유의 훈련을 처음으로 접해 보았다. 수상 경력이
있는 업계 최고 수준의 영업 부사장이 직접 교육을 지휘했
다. 그렇다, 그는 전형적인 세일즈맨이었다. 굉장히 매력적
이고 밝은 미소, 엄청난 카리스마와 훤칠한 외모, 180cm가
훌쩍 넘는 키와 맵시 나게 차려입은 세로줄 무늬 정장, 마
치 그 모든 것이 오직 그의 매력을 발산하기 위해서 개발된
것처럼 보였다. 그는 사람들이 그가 세일즈맨이고 곧 자신
에게 뭔가를 팔려고 할 것이라는 사실을 알아도 어쩌지 못
하는, 그런 유형의 세일즈맨이었다. 그가 무엇을 팔든, 상

대방은 그냥 사게 될 것이다. 스페인어로 이런 부류의 사람을 뜻하는 말이 있는데, '떼 벤덴 띠에라 엔 엘 데씨에르또te venden tierra en el desierto'라고 한다. '그들은 사막에서 모래를 팔고…… 당신은 그걸 산다!'라는 뜻이다.

나는 그가 전수해 주려는 교육이 무척 궁금했다. 과거 수 세기 동안 소수 엘리트만을 위해 은밀히 보관되었던 내용이 개인의 발달에 관한 것이든 고대의 지혜든 무엇이든 간에, 그는 기꺼이 그것을 제공할 것이었고, 나는 그것을 전부 받아들이고 마음에 새길 준비가 되어 있었다. 나는 부유하고 유명한 천재가 전수해 주는 그야말로 절대 어디서도 들어 본 적 없는 비법들을 기대했다. 당장에 나를 180cm 키로 자라게 하고 세로줄 무늬 정장을 끝내주게 입을 수 있도록 만들어 줄 베스트셀러 작가 토니로빈스Tony Robbins 타입의 인생 역전 수업 말이다.

하지만 놀랍고 실망스럽게도, 교육이 있던 날 그는 사람들로 가득 찬 방에 느지막이, 별 특징도 없이 알아채지 못할 모습으로 걸어 들어왔다. 그는 앞으로 나가면서, 우리들에게 닥터 수스Dr Seuss의 책『초록 달걀과 햄Green Eggs and Ham』을 한 권씩 돌리기 시작했다.

참석자들은 어리둥절하고 혼란스러워서, 무슨 일이 벌어지고 있는 건지, 그리고 다음에는 무슨 일이 일어날지 단서를 잡아 볼 요량으로 방을 둘러보기 시작했다. 점잖게 참석자들의 관심을 사로잡으려는 듯 작게 숨을 한번 내쉬고, 이 위엄 있는 상업의 대가는 할아버지 같은 다정한 표정을 지으며 그 책을 펼친 뒤 읽기 시작했다.

어떤 사람들은 그가 읽는 것을 따라 읽으며 그가 던진 추상적인 지시들에 재빨리 응답했다. 일부 나 같은 사람들은 이것이 대가의 방식을 터무니없지만 기발하게 소개하는 방법이고, 곧 그가 영업의 신검을 뽑아 들고 어떻게 그것을 휘둘러서 대박을 내는지를 가르쳐 주길 바라며 여전히 주위를 둘러보고 있었다.

이렇게 하면서 뭔가 설명하려는 중일 거야. 나는 생각했다. 계속 잘 들어. 곧 중요한 말이 나올 테니까.

하지만 절대 그렇지 않았다. 몇 분 뒤 그는 읽기를 마치고, 책에서 얼굴을 들고, 청중들이 수긍하는지 조금도 걱정하는 기색 없이 방을 돌아다녔다. 그러고는 무덤덤하게 '이게 여러분에게 앞으로 필요할 가장 훌륭하고 유일한 영업 전략입니다.'라고 결론을 내린 후 걸어서 나가 버렸다.

내가 '그것을 이해하는' 데는 몇 년이 걸렸다. 하지만 마침내 이해했을 때, 나는 그가 얼마나 옳았는지 깨달았다. 닥터 수스의 초록 달걀과 햄 이야기는 끈기에 관한 것이다. 그것은 잠재적 고객 모두가 당신의 제품과 서비스를 사용하게 될 때까지 끊임없이 반복적으로 그 이야기를 전하는 것이다.

브랜드 스토리에서 고객을 영웅으로 만드는 것은 그 이야기를 쓰면서 말 그대로 고객을 영웅으로 명명하고, 고객 포함과 공감을 이야기 안으로 엮으며, 청중들에게 그 영웅을 소개함으로써 그 스토리를 절대 잊지 못하게 만드는 것이다.

브랜드 스토리에서 고객이 영웅이라고 아주 집요하게 외쳐서 청중들이 그것을 접하면 사랑하게 될 수밖에 없도록 만드는 것이 스토리텔러로서 당신의 임무다. 내가 닥터 수스를 사랑하게 된 것처럼!

6

이야기가 마술이라면,
취약성은 마술 지팡이

- 스토리텔링에서 취약성이란 무엇인가?
- 마술 지팡이 흔들기

우리는 진실성을 사랑한다. 그것을 열망하고, 그것을 설파한다. 우리는 인간관계와 리더십 그리고 사업 방식에서도 진실성을 중요한 요소로 여긴다. 그러나 일상에서 사업을 하는 데 진실한 속성을 전략적으로 사용하고, 더 나아가 그것을 브랜드 스토리의 중심축으로 만드는 문제에 관해서, 우리 대부분은 정확히 어디서 또는 어떻게 시작해야 할지 모른다. 왜냐하면 바로 마음속 깊은 곳에서 진실성이 취약성의 직접적인 부산물이라는 사실을 너무나 잘 알고 있고, 취약성은 흠, 우리가 말하지 않는 것이기 때문이다.

언젠가 나는 테크 산업의 한 인플루언서 여성과 함께 히스패닉Hispanic(스페인어를 쓰는 중남미계의 미국 이주민) 회담을 공동 진행해 달라는 요청을 받았다. 우리의 주제는 '퍼스널 브랜딩을 위한 스토리텔링'이었다. 우리는 회담을 나누어서 진행했는데, 내가 먼저 효과적으로 당신의 브랜드를 만들기 위해서 개인적인 이야기를 하는 이유에 대해서 말하고, 상대 진행자가 방법 부분을 담당하기로 했다.

나는 이전에 이런 유의 이야기를 많이 해 본 적이 있었으나, 훌륭한 스토리텔러라면 모두 그렇게 하듯, 나는 이 집단만을 위한 프레젠테이션을 디자인하기 위해서 잠시 내 청중들을 연구하는 시간을 가졌다. 나는 '그렇게 어렵지는 않을 거야.'라고 생각했다. 내가 히스패닉이니까. 나 자신이 바로 그 청중이니까.

사회 문화적 견지에서, 히스패닉 문화는 존엄성과 자부심을 높이 산다. 그리고 인간관계에서는 집단 지향적이고 위계적이며 커뮤니케이션 스타일에서는 굉장히 감정적이다. 한 사람으로서 우리는 즐거운 이야기를 하는 것을 좋아한다. 그리고 아름답고 화려한 방식으로 이야기가 활기를 띠게 하는 격정적인 메커니즘이 우리 안에 내재하고 있다(우리가 이야기할 때 무의식 중에 무섭게 손동작을 하는 것을 말하는 좋은 표현이다). 사실, 그 특정 청중에게 이야기할 때 나는 스토리텔링이 얼마나 감정적이어야 하는지 새삼 강조할 필요가 없다. 감정적인 일은 우리 집단이 타고나게 잘하는 것이기 때문이다.

그러나 연구를 하는 동안, 나는 자신에 대한 '원초적인' 이야기들을 할 때 바로 그 명예와 체면이라는 속성이 우리 히스패닉들을 얼마나 형편없는 스토리텔러로 만들어 버리는지에 대한 쓰라린 사실을 깨우쳤다. 나는 우리 대가족의 가족 구성원 전부를 개인적으로 생각해 보았지만, 내 친척들이 누구이며 그들의 개인적인 이야기들은 무엇에 관한 것인지 전혀 모른다는 슬픈 결론에 도달했다.

베네수엘라에서 자라면서 나는 수도 없이 많은 일요일 오후를 할머니 댁에서 여러 삼촌들, 숙모들, 사촌들에게 둘러싸여 보냈다. 우리는 모두 짙은 체리 색상의 긴 나무 테이블 주위로 짝이 맞지 않는 의자들에 번갈아 둘러 앉아 할머니의 생선 스프를 먹으면서 재미있는 허구 이야기들, 문화적인 전설들과 신화들을 이야기했다. 그러나 가족 구성원 중 그 누구도 자신의 인생 이야기나 성공 스토리 아니면 더 좋게는 자신이 겪은 시련들에 관한 이야기를 한 적이 없었다. 그들은 실제로 환멸을 느꼈던 일이나 절망스러웠던 실패를 경험했던 개인적인 일화를 절대 다음 세대에게 전해 주지 않았다. 나는 증조할머니가 나온 낡은 사진 한 장 말고는, 증조부모님 이전에 나의 조상들이 어떻게 생겼는지 알지 못했다. 그리고 한 사람의 인간으로서 그분들이 어떤 분이셨는지 혹은 무엇이 그들을 한 장소에서 다른 장소로 이주하게 만들었고, 결국 리틀 베네치아라고 불리는 이 작은 라틴 아메리카 국가에 정착하도록 했는지에 대해 아무것도 아는 바가 없다. 유전자 기술의 발달 덕분에, 나는

36퍼센트 포르투갈인, 20퍼센트 아메리카 원주민, 그리고 나머지는 유럽인과 아프리카인이 알 수 없게 섞인 후손이라는 사실을 안다. 그러나 언제 그리고 어떻게 나의 포르투갈 현조 할아버지는 나의 아메리카 원주민 현조 할머니를 만나서 사랑에 빠지셨을까? 그분들이 사회 통념에 어긋나는 포카혼타스식 연애를 하셨을까? 슬프지만 나도 모르고 미래의 내 후손들도 알지 못할 것이다. 왜? 그 이유는 내가 속한 문화에서는 조상들을 성공하고 이상적인 모습이 아닌 다른 모습으로(다른 말로 인간으로) 보이며 노출하는 것이 무례하고 불경한 행위로 간주되기 때문이다.

'이것이 바로 우리가 TV 연속극을 사랑하는 이유입니다.' 나의 퍼스널 브랜드 스토리텔링 부분을 전달하면서 히스패닉 회담 청중들에게 설명했다. '왜냐하면 멜로 드라마의 모든 것이 실제로 우리들의 집에서 일어나고 있는 일이지만, 사실 그런 일에 관해서 이야기하는 것은 우리에게 허용되지 않기 때문이죠.'

나는 당신의 문화나 집단이 취약성에 대해서 어떻게 느끼는지 상세히 알지 못하지만, 우리 모두가 체질적으로 이 단어를 약함과 연관 짓는다는 것을 안다. 아마도 이 단어의 정의 때문일 것이다.

취약성vulnerability이라는 단어는 '상처를 입다'라는 뜻을 지닌 라틴어 vulenrare에서 유래한다. 어떤 공격에 맞서는 데 방어 불능, 무능함이라는 말이 이 개념의 동의어로 머릿속에 떠오른다. 그러니 취약하다고 인식되거나 취약한 부분을 이야기한다는 생각에 우리가 보통 움찔하는 것은 조금도 이상하지 않다. 아무도 방어 불능이나 취약함과 연관되고 싶은 사람은 없다.

하지만 그러한 무방비 상태로 던져진 자유분방한 이야기들에 우리가 쉽게 마음을 빼앗기는 것도 사실이지 않은가? 누군가 용감하게 가장 불확실한 방식으로 자신을 노출할 때 우리는 엄청난 영감을 받지 않던가? 우리는 무대 중앙으로 올라가 감정을 그대로 노출하며 서 있는 사람이 내가 아니어서 다행이라고 생각한다. 그리고 뒤로 물러앉아 구경하면서 공개적으로 판단과 비난을 감수하는 사람들을 칭찬한다. 취약성이라는 상반된 감정은 진정 복잡한 개념이며, 스토리텔링에서 상징하는 바가 크기 때문에 우리가 반드시 더 점검해야 하는 개념이다.

스토리텔러이자 휴스턴 대학교 연구 교수인 브레네 브라운Brené Brown은 저서 『마음 가면, 숨기지 마라, 드러내면 강해진다』에서 이러한 대립하는 감정에 대한 느낌을 예리하게 설명한다. 그리고 감히 말하자면 그녀는 우리 모두의 생각을 정확하게 짚고 있다.

'네 취약성은 경험하고 싶지만 내가 취약해지기는 싫어.'

'네 취약성은 용기고 내 취약성은 약점이야.'

'네 취약성에는 끌리지만 내 취약성은 혐오스러워.'

더 나아가 브라운은 '우리는 취약성을 피하고 싶은 감정들과 연결 짓는데…… 우리는 자주 취약성이 또한 기쁨, 소속감, 독창성, 진실성, 사랑의 발상지라는 사실을 보지 못한다.'라고 설명한다.

그리고 바로 이런 것들 전부가, 우리가 이야기들이 지니기를 바라는 보편적 진리들이 아닌가?

스토리텔링에서의 취약성

브랜드 스토리텔링에 관한 한, 취약성은 무력함과 반대로 감정을 활짝 열고 깨우는 강력한 힘이다. 이야기가 마술이라면, 취약성은 청중들에게 진짜 유대감을 느끼도록 만드는 마술 지팡이다. 스토리텔러로서 당신의 브랜드 스토리를 전할 때 반드시 이 강력한 마술 도구를 붙잡고 용감하게 진실해진다는 개념으로 깊이 늘어가야 한다. 당신의 브랜드의 결점들과 부족한 점들을 숨겨야만 한다는 고정된 사고방식에서 벗어나 브랜드를 현재의 모습까지 이끌어 온 변화의 순간들을 수용하면서 말이다.

마이크로소프트가 그들의 디지털 전환 과정을 감정적인 시각에서 공유하기로 결심했을 때, 취약성은 최고의 도구가 되었다. 나는 베테랑 클라우드 엔지니어를 메인 캐릭터로 출연시켜 클라우드를 운영 가능하게 만든 과정에 관한 이야기를 만드는 임무를 맡았다. 그 엔지니어와 함께 진실한 이야기를 전달하기 위해 깊이 파고들어가자 나는 괴롭게도 그 이야기가 중요한 부분에서 점점 더 취약해지는 것을 알 수 있었다. 하지만 우리의 주인공이 자신의 개인적인 경험들을 아주 용감하고 솔직하게 들려주는 고역을 기꺼이 감수했을 뿐만 아니라 이렇게 드러난 이야기들을 적극적으로 전달하는 책임까지 맡아 주기로 하여 나는 무척 기뻤다.

'클라우드 체제로 향하는 길에서 운영상 배운 점, 어려웠던 점, 타협한 점들'이라는 블로그를 마침내 공개했을 때, 그것은 우리의 IT 전문가 청중들 사이에서 즉시 대박을 쳤다. 마이크로소프트처럼 대기업의 엔지니어들도 디지털 전환 여정을 따라 클라우드 컴퓨팅Cloud Computing(인터넷상의 서버를 통하여 데이터 저장, 네트워크, 콘텐츠 사용 등 IT 관련 서비스를 한번에 사용할 수 있는 컴퓨팅 환경) 과정으로 가는 길이 순조롭지 않았으며, 다른 모든 기업과 마찬가지로 그 과정에서 어려움을 겪고 상처를 받았다는 메시지를 이해했기 때문이었다. 마이크로소프트는 데이터를 사내 설비에서 클라우드 환경으로 이동하는 개척자 역할의 과정에서 겪은 운영상의 난관과 교훈들을 기꺼이 공유했다. 다른 이들이 자신의 실수에서 배울 수 있게 한 결정은 청중들에게 너무나 잘 와닿아서 그 이야기는 여섯 편의 시리즈로 발전했고 회사 웹페이지 방문자 수는 신기록을 세웠다.

스토리텔링에서 취약성은 분명 효과가 있다. 우리에게 인간성을 절절히 상기시켜 주기 때문이다. 그것은 우리에게 연설자 대 청중이라는 시각에서 벗어나라고 독려하며 군중과 눈을 맞추라고 애원한다. 바로 거기서 우리는 서로 공감할 수 있는 가장 좋은 기회를 얻었고, 여러분도 이미 알고 있듯이. 공감은 훌륭한 스토리텔링의 시작이다.

마술 지팡이 흔들기

하지만 당신의 브랜드 내러티브 속에 취약성을 하나의 요소로 포함하는 것은 말처럼 쉽지 않다는 사실을 인지하는 것이 중요하다. 영화 『해리포터』와는 다르게, 이 '마술 지팡이'는 당신을 찾아내지 않는다. 당신이 가서 그것을 찾아야 하며, 바로 이 때문에 나는 당신이 이 에너지 자원을 찾아내고 보다 과감하게 그리고 최대한 진실하게 당신의 이야기를 전달할 수 있도록 유용한 몇 가지 조언과 요령들을 알려 주려고 한다.

당신의 브랜드를 인간으로 생각하라

옛날 옛적에 당신의 브랜드가 탄생했다.
그것은 이름과 미션을 받았고, 바로 그 목적대로 살기 시작했다.
그 브랜드는 규모와 지혜가 커졌다.
그 과정에서 친구와 적들이 생겼다.
언젠가는 목표를 다 이루고 영원히 행복하게 살고 싶다.

당신의 브랜드는 고객에 의해서 인간으로 인식되거나 마케팅 최고 경영자에 의해서 인간의 속성들을 부여받는다. 또한 인격이 있는 독립체로 고려될 수 있으며, 모든 의도와 목적들을 고려하면 사실 그래야만 한다. 브랜드를 하나의 기업이 아니라 인간으로 보면, 그것이 과거에 저지른 실수들과 단점들을 더 잘 용서할 수 있다. 그리고 이런 자연스러운 '인간적인 오류들'을 과거의 불행한 이야기들과 함께 받아들이는 것이 청중들에게 도달하는 가장 혁신적인 방법이 될 수 있음을 인지하면 브랜드의 완벽하지 않은 모습을 더 잘 받아들일 수 있다.

가장 영감을 많이 주는 것은 그러한 실패에 관한 이야기들이다. 그런 이야기들은 겸손, 회복력, 끈기, 어렵게 배운 교훈 등 성공에 이르기까지 겪었던 고된 노력을 호소하기 때문이다. 당신의 고객에게 브랜드는 잠재적 친구라는 사실을 기억하라. 당신의 브랜드 스토리에서 조수 역할을 담당하는 취약성은 용감하게 과거의 가식들을 제거하고 투명성을 받아들이면서 지금까지 회사가 훌륭한 고객 경험을 전달하기 위한 시도로 겪어야 했던 시련과 고난을 보여 준다. 그리고 브랜드 캐릭터가 빛날 귀중한 공간을 창조할 수 있는 풍부한 기회를 선사한다. 이것은 당신의 브랜드를 그 공간에서 강함과 고결함의 상징으로 배치하고 그 브랜드 스토리를 통해 청중들에게 친밀감을 형성하는 데 효과적인 전술이다.

스타벅스와 애플 두 기업 모두 CEO인 하워드 슐츠Howard Schultz와 스티브 잡스Steve Jobs가 한동안 회사를 떠났을 때 엄청난 시련을 겪었다. 그리고 두 CEO는 결국 다시 돌아와서 어려운 상황에 빠진 회사를 일으켜 세우는 것을 도왔다. 이렇게 처참히 몰락했다가 얼마 뒤 대성공을 거둔 이야 기들에서, 브랜드들은 그들의 브랜드 스토리를 발전시키기 위해 약삭빠르게 그들의 자극적인 연대기를 활용하고 그 과정에서 얻은 자명한 이치를 의도적으로 공유했다. 그리 고 확실히 그들은 발전했다.

당신의 브랜드를 인간으로 보는 것은 브랜드에게 취약 한 모습을 드러내도 괜찮다고 허락해 주는 것이다. 그리고 더 나아가 스토리텔러인 당신에게 그 브랜드 스토리를 가 장 진실하고 꾸밈없는 원래 그대로의 모습으로 전달해도 된다고 허락해 주는 것이다.

말 그대로 브랜드를 인간화하는 관행을 받아들여라. 그 리고 당신의 브랜드 스토리가 마음을 완전히 사로잡는 내 용으로 가득 차 그것을 접하는 사람들을 순식간에 마법에 빠뜨리는 것을 보아라.

경계를 정하라

좋다, 당신의 이야기에서 취약한 모습을 보이는 것이 당 신에게는 너무 괴상하고 좀 과하게 낭만적인 소리로 들릴 수도 있다는 것을 안다. 현실에서 그것은 무서운 생각이며 당신은 분명 사업 모델로써 이 개념에 대해 비판적일 것이다. 또한 마케팅 팀이 회사의 페이스북 계정이나 인스타그램 계정을 여는 것을 고려해야 했을 때처럼 겁이 날 것이다. 후훗.

다른 진화된 커뮤니케이션 전략들과 마찬가지로, 스토리텔링 마술 지팡이를 꺼내 들 때 당신은 그 마력을 어느 정도 통제할 수 있도록 예상치 못한 상황에 대비하고 규칙과 가이드라인을 만들어 놓아야 한다. 스토리텔러들은 그들의 청중과 연결될 최고의 이야기들을 찾고 있는 창의적인 저널리스트들이다. 지금까지 우리는 최고의 이야기들은 본래 감정적이고, 영감을 주며, 진실하다는 사실을 배웠다. 그리고 이런 점들은 바로 취약성의 동의어이다. 하지만 분명 그렇게 노출됨으로써 우리가 감당해야 할 위험이 따를 것이며, 다른 모든 사업 위험 부담과 마찬가지로, 이 역시 계산된 위험이어야 한다.

5장에서 언급했던 한밤중에 뇌리를 스친 정보의 홍수를 기억하는가?

진실성 ⋯▸ 순수 ⋯▸ 정제(금 정제 과정처럼, 유동적?)

당신의 브랜드 스토리에 진실해지는 데 성공하려면, 취약성을 정제하는 똑똑한 전략이 필요하다. 당신은 이야기 프로토타입들을 테스트하고 그것을 전달할 때 그 이야기에 대한 청중들의 반응을 분석하는 데 시간을 들일 것이다. 하지만 당신의 이야기에서 취약해질 것을 결심했다면, 시장으로 나가기 전에 취약성이 당신의 브랜드와 브랜드 스토리에 의미하는 바가 무엇인지, 당신이 기꺼이 드러내고자 하는 취약성의 정도와 브랜드 스토리에서 모든 스토리텔러가 전혀 손을 쓸 수 없는 부분은 무엇인지를 규정해야 한다.

이런 경계들을 정하는 일은 시작부터 사업 홍보와 커뮤니케이션 디자인의 일부로 들어가야 하며, 스토리텔링 전담팀의 구성원 모두가 어떻게든 그것에 기여해야 한다. 소셜 미디어의 위험 요소에 대비하는 것처럼, 브랜드 스토리에서 취약성을 드러냄으로써 마음을 얻으려는 의도에는 당신이 브랜드로서 공유하고 싶은 핵심 메시지들을 체계적으로 밝혀내고, 그 이야기의 일부로 별로 밝히고 싶지 않거나 인정하고 싶지 않은 부분들을 깔끔하게 가려내는 작업이 수반되어야 한다. 그에 더해, 마케팅 캠페인을 개시할 때와 마찬가지로, 당신이 취약한 이야기들을 시험해 보려고 할 때 고객의 참여도와 정서 그리고 전반적인 영향을 모니터하는 데 도움을 줄 체제와 과정들을 마련해 놓는 것이 바람직하다.

먼저 더 적은 청중을 대상으로 이런 이야기들을 시험해 보는 것이 좋다. 예를 들어 당신의 고객이 전 세계에 있다면, 더 작은 지역이나 국가가 영향을 측정하는 데 적합한 청중 역할을 할 수 있다. 더 큰 규모에서 실행하기 전에 먼저 내부 청중들에게 브랜드 스토리를 공유할 때 취약성을 적절히 스토리텔링 도구에 집어넣어 보면, 당신의 브랜드 스토리에 취약성을 도입하는 것이 긍정적이고 적극적인 방식으로 실현될 수 있다.

이미 알고 있듯이, 스토리텔링은 이야기를 들려주는 것 이상이다. 그것은 내·외부 청중들과 효과적으로 연결되기 위한 청사진이다. 만약 당신이 취약성을 스토리텔링의 대들보 중 하나로 선택한다면, 당신의 청중은, 특히 내부 청중들은, 이 개념을 받아들이고 각자의 공간에서 마술을 일으키기 위해 활용할 것이다. 엑스펠리아르무스!

병력 증강

공감을 소프트 스킬로 기를 수 있듯이, 회사 직원들을 브랜드 스토리 대사로 지명하는 것만으로도 취약성을 브랜드의 문화적 특성과 리더십 특성으로 주입할 수 있다. 내가 직원들을 지지자라고 부르지 않는 점에 주목하라. 브랜드 스토리 대사가 하는 일은 이야기를 선포하는 것이 아니라 대표하는 것이기 때문이다.

만약 중요한 부분에서 그 이야기에 기여하는 배경 인물들을 핵심 메시지 어디에서도 찾아볼 수 없다면, 브랜드가 아무리 용감하고 솔직해 보이는 이야기를 하더라도 헛된 일일 것이다. 앞서 공유했던, 마이크로소프트에서 혁명의 시기 동안에 자신이 겪은 개인적인 시련들을 솔직하게 고백한 클라우드 엔지니어에 대한 예시는 취약한 행동이 브랜드 스토리텔링 단계에서 어떻게 시행되는지를 보여 주는 훌륭한 사례다.

최전선에서 사람들의 개인적인 이야기를 부각시키고, 임무를 완수하며, 고객 경험을 당신의 회사에 전달하는 것은, 그 이야기로 브랜드의 개방적이고, 솔직하고, 진실한 의지를 강조할 수 있는 가장 좋은 방법이다.

아주 솔직히 말하자면, 홍보 관점에서 기업의 성공 이야기들은 여전히 임원들과 기업 리더들이 브랜드를 대표하여 전달할 수 있다. 하지만 취약한 이야기들을 전달할 때는 뛰어난 브랜드 사절(고객 서비스 담당자, 매장 판매 담당 직원 등)의 관점에서 전하는 것이 가장 마음에 잘 와닿을 것이다.

취약한 행동을 보강하는 것은 의도적으로 그러한 보조 캐릭터들을 도입하여 브랜드가 고객이 승리하도록 돕기 위해서 취하는 조치들을 청중이 더 잘 이해하도록 만드는 것이다. 당신의 고객이 영웅이고 브랜드가 조연이라고 한다면, 조연(브랜드)이 그 이야기 속에서 어떻게 영웅(고객)을 위해 싸우는지를 드러내기 위해서 이런 조연들은 전략적으로 이야기에 엮여 들어간다. 당신의 브랜드 내러티브를 진실하고 개방적으로 보여 주는 문제에서, 직원들은 가장 훌륭한 자산이다. 그들은 고객들이 사랑하는 서비스나 제품을 만들고 전달하기 위해 필요한 것들을 체계적으로 보여 주면서 그들이 매일 마주하는 시련들을 자연스럽게 드러낼 수 있기 때문이다.

효과적으로 병력을 강화하기 위해서, 브랜드는 직원들이 조직 내 어떤 위치에 있든지 상관없이 개인적인 이야기들을 터놓고 편하게 나눌 수 있는 플랫폼을 창조해야 한다. 또한 회사는 직원들에게 소프트 스킬 교육으로 스토리텔링을 제공해야 하며, 다음번 분기별 혹은 월별 사업 검토에서 직원들이 개인적인 이야기를 하는 데 파워포인트 프레젠테이션을 사용하지 않도록 독려해야 한다.

마이크로소프트의 수석 스토리텔러 스티브 클레이튼은 이 일을 진지하게 받아들였다. 벌써 5년째 진행 중으로, 현재 회사는 직원 개인의 진문성 신상을 위해 디지털과 오프라인으로 스토리텔링 코스를 제공한다. 스토리텔러들이 개인적인 이야기들을 나누고 커뮤니티 지원을 찾을 수 있도록 소셜 팀 네트워크를 마련했고, 브랜드 스토리텔링 노력과 관련한 업데이트를 전해 주기 위해 월별 가상 회의도 진행 중이다. 내부 이해관계자들을 교육시키는 문제와 관련해서는 12장에서 더 자세히 다룰 것이다.

브랜드 스토리텔링에서 취약해지는 것은 취약한 이야기를 창조하는 것이 전부가 아니다. 브랜드에 기여하는 이들로부터 지속적으로 다양하고 포괄적인 시각을 얻어 브랜드 스토리에 집어넣는 것이 회사의 경영진들과 스토리텔러들이 바라는 진짜 의도이다.

스캠퍼 기법

나 역시 스토리텔링을 해 오면서 가장 실용적이고 유용한 방법 중 하나는 이야기들을 가장 취약하게 만드는 것이라는 사실을 확인했다. 스캠퍼SCAMPER 기법(그림 6.1)은 고인이 된 광고 전문가 알렉스 페이크니 오스본Alex Faickney Osborn이 제품을 창조하거나 개선하기 위해서 새로운 아이디어들과 해결책을 생각해 내는(브레인스토밍) 색다른 방법들의 하나로 창조한 생산성 도구다.

이 연상 기법은 스토리 아크를 더욱 포괄적이고 진실한 방법으로 개선하거나 개발하는 데 기여하는 '이야기 프롬 프트' 역할을 한다. 나는 스토리텔링에서 내가 처음에 고려하지 못했을 수도 있는 이야기의 새로운 시각들을 발견하기 위해서 이 메커니즘을 효과적으로 사용해 왔다. 이 두문자어 기법의 핵심은 캐릭터, 줄거리, 그리고 초기에 고려하지 못하고 남겨진 결말의 가능성에 대해 다른 스토리텔러들과 브랜드 스토리의 기여자들의 대화를 가능하게 하는 것이다.

물론, 이야기를 창조하는 데 있어 진짜로 디자인 씽킹 접근법을 잘 따라오고 있다면, 당신은 분명 이미 스토리 콘셉트들을 위한 아이디어들을 브레인스토밍하는 데 상당히 많은 시간을 썼을 것이다. 하지만 디자인 씽킹은 끊임없는 순환 과정이고 브랜드 내러티브를 디자인하는 데 지름길은 없다는 사실을 기억하라. 이 지점에서, 만약 당신이 진실하고 취약한 스토리텔링의 가치를 깨닫고 진심으로 그 마술 지팡이를 잡고 싶다면, 이미 짜 놓은 줄거리를 이 취약성의 관념화 공간으로 가지고 와서 다음에 나오는 단계들을 따라 스캠퍼하여 마술을 일으켜 보자.

그림 6.1 스캠퍼SCAMPER 브레인스토밍 모델

대치하기

새로운 시각을 탐색하기 위해서 이야기의 어떤 요소들을 대치할 수 있고 대치해야 할지 자신에게 물어보라. 예를 들어, 만약 이야기 줄거리의 한 부분을 다른 부분으로 대치하려고 한다면, 무슨 일이 일어나겠는가? 그것이 원래 줄거리와 결말을 어떻게 바꿀 것인가? 당신의 스토리텔링에서 취약해지는 것은 의도한 청중들에게 어떤 영향을 줄 수 있을지 더 잘 이해하기 위해서, 그 브랜드가 경험해 온 변형되고 예측하지 못한 줄거리 전환들을 포함하여 브랜드 이야기의 모든 면을 샅샅이 분석하는 것을 의미한다. 잠시 시간을 내어 재미 삼아 이야기의 세 가지 기본 요소들(인물, 줄거리, 결말)을 모두 대치해 보고, 이 활동에서 또 어떤 결과가 나올지 지켜보라.

결합하기

여러 스토리텔링 기법들을 결합하는 것이 '허용되는지' 늘 질문을 받는다. 영웅의 여정 이야기를 마운틴 이야기와 함께 써도 괜찮을까? 누가 괜찮지 않다고 했는가? 여기에서 당신이 스토리텔러이고 청중의 마음을 가장 잘 울리는 것이 무엇인지를 아는 사람도 바로 당신이다. 이 특정 프롬프트를 통해서, 당신은 지금까지 배워 온 스토리텔링 기법들을 자유롭게 섞어 이야기에 어떤 일이 일어날 수 있는지, 어떻게 일어날 수 있는지 알아볼 수 있다. 또 서면 형태와 시각적 형태 모두를 통해 이야기를 전달하는 등 이야기의 전달 형태들도 섞을 수 있다. 스토리텔링에서 취약해지는 것의 미덕은 이렇게 함으로써 이야기를 전하는 당신만의 새로운 기법들과 방식들의 가능성을 발견한다는 것이다.

응용하기

이 단계는 브랜드 스토리의 목적을 다시 검토할 것을 촉구한다. 다시 한번 더.

말도 안 돼! 전부 다시 시작하라고?

아, 이 이름은 브랜드 내러티브가 펼쳐질 수 있는 새로운 가상의 염원을 밝혀내는 초대장과도 같다. 그리고 우리의 이야기는 결코 완벽하게 완성되지 않으며, 언제나 이야기의 모든 면을 되풀이하여 다시 논의할 기회가 있고, 그런 생각을 우리가 받아들일 수 있어야 한다는 매우 중요한 주의를 준다.

이 취약한 제안은 이런 질문을 던진다. 당신의 브랜드 내러티브를 다른 목적을 위해 혹은 또 다른 사업 목표에 부합하도록 어떻게 응용할 수 있는가? 그것이 감정적으로 정보를 전달하고 이해관계자들과 함께 문화를 활성화하는 주된 목적을 넘어서, 다른 산업 목표들을 달성할 가능성이 있는가? 이러한 가능성들을 시간을 들여 고민해보기 전까지는 절대 알지 못할 것이다.

수정하기

그 이야기가 현재 보이고 느껴지는 방식을 어떻게 바꿀 수 있을까? 3장에서 이야기 구조에 시각적인 요소들을 넣어 장식하는 일의 중요성을 이야기했다. 이 단계에서는 이야기가 인지적으로 받아들여질 수 있는 상상이 가능한 모든 방식을 여러가지로 활용해 본다. 브랜드 대사들이 브랜드 내러티브에 혁신적인 구성 요소들을 제공하도록 하고 그것들을 시험해 보라. 그 결과에 놀라고 흐뭇할 것이다.

다른 용도로 사용하기

무언가를 다른 곳에 쓰는 것에 대해 생각해 보자면…. 과거의 브레인스토밍 시간에 사용하지 않고 남은 스토리텔링 아이디어들에는 무슨 일이 일어났을까? 신선한 시각을 얻기 위해 이 지점에서 그것들을 다시 당신의 스토리텔링 여정으로 가지고 와서 사용할 가능성이 있는가? 이 단계에서는 한 걸음 뒤로 물러나 맨 처음에 고려하지 않았을 디자인 콘셉트들을 끼워 넣어 현재 새로운 이야기 이론들을 창조할 가능성을 검토해 본다.

제거하기

만약 그 이야기에서 캐릭터 하나를 완전히 제거한다면, 무슨 일이 일어날까? 어떤 시각적인 요소를 제거해 버리거나 아니면 좀 더 가벼운 버전으로 만들기 위해 전체 이야기를 단순하게 만들어 버리면 무슨 일이 생길까? 결말을 완전

히 없애 버리면 어떻게 될까? 당신의 이야기를 취약하게 만
드는 또 다른 방식은 당신이 제거하기로 결정한 요소들의
부재 덕분에 다른 요소들이 더 밝게 빛나도록 그것을 분해
하거나 '해체'한다는 아이디어를 활용하는 것이다.

재배치하기

마지막으로, 이야기에서 캐릭터들을 교체하면 어떨까?
잠시 동안만 고객이 이제 조연 배우가 되고 회사 직원들이
영웅이 되면 어떨까? 이야기에서 역할이나 사건들의 순서
를 뒤바꾸면 이야기를 전개하는 새로운 방식을 계획할 수
있고 이야기에서 각 요소의 중요성을 더욱 잘 인식할 수
있다.

스토리텔링에서 취약성은 새로운 관점과 시각을 거침없
이 드러내기 위해 이야기를 의도적으로 들쑤신다. 이 방법
을 활용해 보길 바라며, 그것이 브랜드 내러티브를 위해서
당신이 아직 생각해 내지 못한 근사하고 최첨단의 대안들
을 발굴하는 데 도움이 되기를 바란다.

유연성을 유지하라

브랜드 스토리텔링에서 디자인 씽킹 접근법이 결코 실패 가능성이 없는 모델은 아니라는 점을 계속 상기시켜 주어야 할 것 같다. 대신 그것은 브랜드와 이해관계자들에게 이로운 결과를 내기 위해서 감성 지능을 올리고 성장 사고 방식을 기꺼이 받아들일 의지가 있는 이들이 만들어 낸 창의적이고 혁신적인 계획이다.

브랜드 스토리텔링에서 취약해지는 것은 분명 그 브랜드를 여리고 다소 불확실한 위치에 놓기 때문에 그것을 유연하게 채택할 필요가 있다. 일단 운영상 효력을 강화하고 위험 요소를 완화하기 위해 경계를 정하며, 브랜드 대사들이 개인적인 관점에서 이야기를 포괄적으로 공유하도록 한다. 스토리를 전하는 새로운 방식들을 스캠퍼하고 난 뒤에는, 줄거리를 완전히 통제하려는 욕구에서 벗어나야 한다. 그리고 많은 귀중한 자원들을 통해 풍성하게 스스로 흐르게 해야 한다.

현실은, 스토리텔러로서 당신은 왕국의 수호자가 아니라 궁전의 수석 서기와 같다는 것이다. 그러니 그 이야기가 심증을 받고 있을 때 시장에서 브랜드의 명성에 책임을 져야 할 것 같은 심정을 억눌러라. 브랜딩은 시장에서 다른 브랜드들로부터 당신의 브랜드를 차별화하는 독특한 핵심 가치관, 제품들, 서비스들, 속성들, 그리고 상징들을 홍보하는 것이다. 브랜드 스토리텔링은 이야기를 사용하여 청중들과의 지속적이고 신뢰할 수 있는 연결 고리를 만드는 뜻밖의 즐거움으로 똑같은 메시지를 감정적으로 전달하는 것이다. 이것은 나중에 등장할 다른 어떤 외부 요소들과 상관없이, 당신이 끝없이 계속해야 하는 노력이다.

취약한 이야기들에서 유연성을 유지하는 것은 독창적인 전략들을 통하여 장기적으로 브랜드 내러티브의 분위기를 설정하고자 하는 것이다. 또한 시장에서 그 브랜드의 인식에 전반적으로 영향을 주는 다른 상황들과 결정 요인들이 항상 존재한다는 것을 인정하는 것이다. 스토리텔러로서 당신의 임무는 브랜드 스토리를 신중하게 디자인하고, 기능적이고 통합된 마케팅 커뮤니케이션 계획을 창조하여 전달하며, 특정한 방향으로 마술이 펼쳐지도록 약간의 취약성을 더하여 장식하는 것이다. 그 후에는 등을 기대고 앉아 느긋하게 쉬면서 그 이야기가 스스로 형태를 갖추도록 해야 한다.

'퍼스널 브랜딩을 위한 스토리텔링' 회담에서 내가 취약해지는 개념을 제안했을 때 나의 히스패닉 청중들에게 무슨 일이 일어났는지 궁금한가? 처음에 그들은 예상대로 그 제안에 움찔했다. 하지만 나중에는 미래 세대들이 우리의 경험으로부터 배워 훨씬 더 잘 할 수 있도록, 성공과 실패 경험들을 과감하게 전하는 것이 우리 커뮤니티에 특혜일 뿐만 아니라 의무라는 사실을 이해했다. 실제로, 취약한 스토리텔링은 몸소 터득한 경험으로부터 지혜를 전해 줌으로써 우리가 시작했을 때 발견한 것보다 더 나은 방법을 다른 사람들에게 남겨 줄 수 있는 진짜 기회다.

만약 당신이 스토리텔링에서 취약해지리라 결심하게 되면 청중으로부터 받는 즉각적인 반응에 깜짝 놀라고 기쁠 것이다. 그들의 감정적인 반응이 너무도 강렬해서 당신은 '이야기로 조종'하는 힘까지 느낄 것이다. 여기가 바로 당신이 한 걸음 뒤로 물러나 스스로 질문해 봐야 하는 지점이다. '내가 왜 이것을 하고 있을까? 어디에서 선을 그어야 할까?'

내 생각에 다음에 나오는 장은 브랜드 스토리텔링에서 그리고 모든 스토리텔링에서 전반적으로 가장 중요한 부분 중 하나다. 왜냐하면 스토리텔링을 창조하는 것과 관련해서 아직 확립되지 않은 윤리 규범들을 탐구하기 때문이다.

7

스토리텔링의 윤리: 비장의 무기를 사용할 시점

- 스토리텔링에서 윤리의 중요성
- 윤리적 관점 학습

———

　나는 청중이 아니라 서술자로서 스토리텔링의 진짜 힘을 처음 '발견'했을 때를 기억한다. 그 경험은 스토리텔링에 대한 완전히 새로운 깨달음이었다. 나는 모로코의 이프란 Ifrane에서 열린 여성들이 이끄는 사회적 기업 회담의 기조연설을 하도록 초청받았다. 그리고 이 특정 청중들이 아직 탐색하거나 심지어 고려하지 못한 소셜 채널들을 통하여 브랜드 스토리를 공유함으로써 사업의 규모를 효과적으로 확장하는 법을 이야기하려던 참이었다.

　나는 굉장히 겁이 났지만 동시에 몹시 즐거웠다. 지금까지 몇 년 동안 비슷한 강연을 하면서 대중들 앞에 서 왔지만, 이번 기회와 플랫폼은 독특한 조화였고, 그것은 내가 초조함을 느낄 정도로 익숙하지 않은 것이었다. 아마도 그것이 평범한 모임이 아니기 때문일지도 모른다. 이 청중은 중동 지역과 아프리카 출신의 똑똑한 여성 기업가들로 이루어져 있었는데, 그들의 영리 목적 사업들은 주로 그들이 속한 소외된 지역사회를 이롭게 하기 위해 존재했다. 만약 당신의 마음이 조금도 동요하지 않는다면, 위 문장을 다시 읽어 보길 바란다.

아니면 그 초조함은 출신 지역을 대표하는 문화 의상을 뽐내 달라고 요청받은 '친목의 밤' 행사에서 어떤 옷을 입어야 할지 지나치게 걱정한 탓이었는지도 모르겠다. (카우걸 모자를 써야 하나 아니면 베네수엘라 전통 의상 '리퀴리퀴 LiquiLiqui'를 입어야 하나?) 또 어쩌면 가까운 가족 구성원이 당시에 힘든 시기를 겪고 있었기 때문이었을 수도 있다. 나는 엄마와 나 모두 기분 전환이 필요하다는 생각에서, 마지막 순간에 엄마를 데려갈 것을 결심했다. 엄마와 동행하는 것의 결과를 전혀 예측하고 한 행동이 아니었다.

원인이 무엇이었든 간에, 나는 이 출장길에 오르면서 여러 가지 강한 감정에 휩싸였고 우리가 도착한 그날 밤 호텔 창문 밖에서는 무자비한 가면 증후군이 도사리고 있었다. 나는 손닿는 거리에 에스프레소 머신이 없어도 전혀 신경 쓰지 않을 것 같은 이 이타적인 여성 영웅들과 여성이라는 사실 외에는 공통점이 하나도 없는 느낌이었다.

노련한 연설가로서, 나는 '잊을 수 없는 여정으로 청중을 데리고 가는 것'의 근본적인 내면 작동 방식을 알고 있었고, 감성적 관점으로 정보를 전달하는 기본 아이디어를 이해하고 있었다. 이러한 '커뮤니케이션 기술' 덕에 나는 예리한 통찰력과 자신감으로 무장하고 전문가 수백 명 앞에 서서 효과적으로 어떠한 연설도 할 수 있었다. 자랑하기는 싫지만, 나는 점점 이 분야에서 꽤 유능해졌고 인스타그램 스타 비슷하게 되기도 했다. 사실, 모로코에 가기 전 몇 달 동안 나의 해외 강연 일정이 너무 빨리 차버리기 시작했다. 그래서 나는 곧 시차가 다른 공간들을 즐겁게 넘나들었다. 공항 화장실에서 옷을 갈아입고, 다음 강연 시간까지 몇 시간밖에 남지 않아서 행운의 여신에게 아주 촉박한 환승 시간에 비행기를 무사히 갈아탈 수 있게 해 달라고 기도하며 고삐 풀린 망아지처럼 이 나라 저 나라를 쏘다니고 있었다. 다행히도 아직은 행운의 여신이 실패 없이 나를 도와주었다. 뭐 수화물 얘기를 하자면 사정이 전혀 다르지만 말이다.

이 특정 행사의 의뢰를 수락하면서 나는 이야기를 전달하는 데 각별한 주의를 기울여야겠다고 생각했다. 이 특별한 청중들에게 내 메시지는 가슴을 저미는 것 이상이어야 했다. 그리고 그것은 심장을 뒤흔들고, '기분 좋은' 기억들을 심어 주고, 스토리텔링이 할 수 있는 모든 마술을 부려서 그들에게 가르쳐 주려고 하는 것을 효과적으로 기억할 수 있도록 해야 했다. 내가 가르쳐 주려고 하는 것이란……

소셜 미디어로 사업을 디지털화하는 것이었으므로 비장의 무기를 꺼낼 때다. 바로, 우리 엄마!

　나는 한밤중에 훌륭한 아이디어들이 생각나 잠에서 깰 때가 자주 있다. 늘 시차로 피곤해서 그러는 게 아니다. 강연 전날 밤에도 한밤중에 기발한 생각이 떠올라 잠에서 깼다. 나는 원래 계획대로 강연을 진행하려던 참이었다. 하지만, 한창 강연을 하던 중에 말을 잠시 멈추고 믿을 수 없을 정도로 아름답고 재능이 뛰어난 우리 엄마를 무대로 초대하여 엄마가 비즈니스 스토리를 이용하여 이루었던 그녀의 사업 성공 스토리를 직접 전하게 하면 어떨까? 아프리카 문화에서 모성은 우러러 존경받으며, 어머니들을 사회에 신성한 기여자로 여긴다. 여성 가장으로서 어머니들은 현명한 의견과 전달할 지혜를 많이 지녔기 때문에, 누군가의 어머니가 말을 하면 모두가 굉장히 집중한다.

　인터넷 연결이 불안정하거나 아예 안 되는 등 기술적으로 어려움이 많은 지역에서 그들의 사업 규모를 확장하기 위해 디지털 채널들을 공부하고 사용해야 한다고 청중을 설득한다는 것은 거의 불가능할 것 같았다. 하지만 나의 깜짝 게스트가 보이지 않는 비행기를 타고 날아와 보이지 않는 진실의 올기미로 그들의 마음을 동요시키고 나를 위해 길을 터 준다면 얘기가 다르다.

여담으로 좀 매정한 소리지만, 만약 누군가를 당신의 출장길에 데리고 간다면, 당신은 그들에게 신세를 진 것이니 즉시 그들에게 현금으로 보상할 수 있어야 한다. 특히 그 사람이 친척일 경우에는 더욱 그렇다.

그래서 그렇게 했다. 나는 뛰어난 청중 앞에 서서, 브랜드 스토리를 공유하기 위해 소셜 미디어를 활용해야 하는 이유에 대해 내가 준비한 강연의 절반쯤을 전달했다. 그리고 펑! 소리와 함께 슬라이드에는 '잠깐'이라는 단 한 단어가 나타났다. 다음 몇 초 동안 나는 말을 멈추었고 그게 다였다. 이제 곧 원더우먼의 보이지 않는 비행기가 막 착륙할 터였다.

놀란 청중들의 눈이 곧장 커지면서 곧이어 다음에 무슨 일이 벌어질지 예측하기 위해 눈썹을 찡그리는 모습을 나는 즐겁게 바라보았다.

아, 아무리 노력해도 그들은 나의 다음 행보를 예측할 수 없었다! 공항에서 우리를 태워다 준 운전기사 말고는, 아무도 우리 엄마가 이 여행에 동행했다는 사실을 알지 못했다. 비행기를 타기 불과 몇 시간 전에 엄마와 함께 오기로 결정을 내렸기 때문에, 이 행사를 조직한 사람들에게도 엄마가 오는 것을 알려 줄 시간이 없었고, 따라서 이들도 깜짝 놀라기는 마찬가지였다.

'저는, 제가 왜 이 자리에 서서 여러분께 브랜드 스토리를 공유하는 일의 중요성에 관해 이야기해야 하는지 모르겠습니다……' 드디어 엄마가 내 신호를 따라 혼란스러운 청중들 사이에서 일어나 내게 합류하기 위해 재빨리 무대로 다가올 때, 나는 비유적으로 내 무기를 뽑아 들면서 계획적인 침묵을 깨고 말했다. '바로 이 방법이 많은 면에서 자신에게 어떻게 큰 도움이 되었는지 증언할 수 있는 아주 특별한 사람이 있는데 말이죠. 신사 숙녀 여러분, 그 분을 무대로 모시겠습니다. 바로 제 어머니입니다!'

여성들은 열정적으로 의자에서 일어나 용맹한 우리 엄마를 칭송하며 즉시 박수갈채와 함성을 쏟아냈다. 엄마는 뜨거운 열정과 침착함을 유지하며 별로 설득력 없는 내 메시지를 호의적으로 그들의 마음속에 결속시키면서 자신의 이야기를 계속 전달하셨다. 여기에서 내가 할 일은 끝났다. 나는 또 한 번 청중이 그들의 원래 감정과 상관없이 내 스토리텔링 마력의 리듬에 맞추어 춤추도록 만들었다. 그들은 정말로 춤을 추고 있었다. 굉장히 볼만한 광경이었다.

그리고 나머지 이야기는 '그 후로 행복하게 잘 살았습니다.'라는 역사의 한 장면이 되었다.

누대 위에서 솟아난 아드레날린이 사라진 후, 나는 가면 증후군이 호텔 방의 창문 밖으로 재빨리 사라지는 것을 만족스럽게 바라보았다. 하지만 갈라진 틈을 통해서 또 다른 현실 직시의 존재가 살금살금 기어드는 것을 알아챘다. 그것은 스토리텔링의 윤리였다. 내 마음은 갑자기 명확한 답이 없는 질문들로 출렁였다. 내가 청중을 조종하기 위해서 엄마를 이용했던 것일까? 그럴 수 있다. 그게 잘못된 행동이었을까? 잘 모르겠다. 내가 배고픈 걸까 시차로 피곤한 걸까? 아마도 둘 다일 것이다.

스토리텔링에서 윤리의 중요성

나는 당신에 대해 모르지만, 스토리텔링이 주도한 감정 지배의 엄청난 힘을 직접 목격하고, 뒤에서 조종을 하고 있는 사람이 바로 나 '자신'이라는 사실을 깨달았을 때, 나에게 윤리적 심판의 순간이 다가왔다. 이 책의 맨 앞부분에서 내가 다른 분야에 속한 스토리텔러 여러 명에게 '무엇이 스토리텔링이 아닌가?'를 묻는 탐구 과정을 거쳤고 그들 중 한 명이 '스토리텔링은 조종하는 것이 아니다.'라고 주의를 주었다고 언급했던 것을 기억하는가? 그들 역시 심판의 순간을 겪어 보았다는 뜻이다. 그리고 나는 이제 그 순간들이 어디에서 오는지, 그리고 이야기들이 얼마나 영리적 목적으로만 쓰일 수 있는지도 분명히 이해했다.

마케팅 전문가들, 커뮤니케이터들, 또는 그냥 인간으로서 우리는 만약 점검하지 않고 내버려 둘 경우, 스토리텔링의 예술과 과학이 도달할 수 있는 부도덕한 깊이와, 한 서술자의 비밀 무기들이 만약 잘못된 장소에서, 잘못된 시간에, 또는 잘못된 청중들에게 사용될 경우 그것이 일으킬 수 있는 치명적인 결과들을 반드시 인지해야 한다.

이 의도적인 접근법을 사용함으로써 떠오를 수 있는 딜레마들을 꼼꼼하게 점검하려는 목적으로, 마케팅에서처럼 도덕적인 구별, 특정 원칙들, 격언들로 스토리텔링 시도들을 통제해야 한다. 이 때문에 나는 당신이 브랜드 스토리텔링 전략을 세워나갈 때 부딪힐 수 있는 잠재적인 도덕적 문제들을 다루는 데 도움이 될 몇 가지 실용적인 관점들을 공유하려고 한다.

하지만 우리가 처할 수 있는 위태로운 상황들에서 어떻게 그리고 왜 그렇게 행동해야 하는지를 분명히 이해할 수 있도록, 먼저 윤리가 아닌 것이 무엇인지를 이해해야 할 것이다.

윤리가 아닌 것은 다음과 같다.

- **감정.** 감정은 어떤 상황에 대해 '좋다' 또는 '나쁘다'를 느끼게 함으로써 몇몇 윤리적 선택을 유도하는 데 도움을 줄 수 있다. 하지만 감정은 시시각각 변할 수 있으며 순간적이고, 윤리적 선택을 하는 데 기본 근거를 제공하지 않는다.

- **종교적 신념이나 사회의 법.** 종교적 신념과 정부의 법은 일반적으로 높은 윤리 기준을 지지할 수 있으나, 모든 상황을 아우르지 않으며 문화적 규범이나 지리적 위치에 따라 달라질 수 있다.

- **문화에 따른 규범들.** 어떤 문화는 높은 도덕 기준이 있을 수 있고 어떤 문화권은 그렇지 않을 수 있다. 게다가, 문화적 규범들은 이따금 변하기도 하며 일관된 가치관을 제공하지 않는다. 예를 들어, 로마 시대 같은 고대 사회에서 '허용되었던' 것을 지금과 비교해서 생각해 보라. 그들이 서로에게 행동했던 방식이 오늘날의 일부 문화 기준에 비하면 너무 도덕적이지 않았다고 주장할지도 모른다. 『미리엄 웹스터Merriam-Webster』사전에는 윤리란 일련의 도덕적 원칙들이라고 정의되어 있다. 윤리의 핵심은 우리가 개인적으로 그리고 집단적으로 상황에 따라 선택과 반응을 할 수 있도록 하는 지도 철학이다.

윤리적 관점들

브랜드 스토리텔링에서 윤리적 문제들을 고려할 때는 윤리적 문제들이 망라하는 다양한 시각이나 관점을 이해하는 것이 중요하다. 노터데임 대학교University of Notre Dame 마케팅 교수이자 『윤리적 마케팅Ethical Marketing』의 공동 저자인 패트릭 머피Patrick Murphy는 사회적 책임이 있는 마케팅과 관계 마케팅의 윤리적 토대들과 관련하여 마케터들과 커뮤니케이터들에게 설득력 있는 주장을 펼친다. 이 책에서 머피는 마케팅을 위한 윤리적 결정을 내릴 때 개인, 조직, 산업, 사회, 그리고 최근에는 이해관계자까지 다양한 범위에서 고려해야 할 몇 가지 관점이 있다고 지적한다.

스토리텔링 플랫폼에서 나는 이러한 관점들 각각을 더 깊이 탐구해 보았으면 한다. 우리가 배워 온 대로 스토리텔링은 하나의 마케팅 도구로 사용될 수도 있지만, 이해관계자들과의 관계 형성과 커뮤니케이션을 위한 훨씬 더 복잡한 접근법이기 때문이다. 그러므로 스토리텔링을 시행하려고 고려할 때는 더욱 심도 있는 점검이 필요하다. 그 방법을 살펴보자.

조직 또는 브랜드

일반적으로, 브랜드 스토리텔링 내에서 윤리적 결정에 관한 근거는 그 브랜드의 핵심 가치관, 사업 목표, 그리고 임원들의 리더십에 의해 좌우된다. 모든 새로운 사업 성장 기술이나 전환 과정과 마찬가지로, 결국 최고 경영진이 어떤 이야기들을, 무엇에 관하여, 그리고 언제 들려줄지 결정할 것이다. 그리고 이런 것들이 당신의 개인적인 규범이나 행동 수칙과 반드시 일치하지 않을 수도 있다. 당신은 스토리텔러로서 그 브랜드의 핵심을 보여 주는 이야기들을 디자인하고, 내부 및 외부 청중들을 성공적으로 참여시키며, 공감이 가고 마음이 움직이는 유대감을 형성하여 잠재 고객들의 마음을 얻어야 한다. 그러나 성공적으로 이야기를 전달하기 위해서 당신의 브랜드가 이 방법을 얼마만큼이나 사용할 의향이 있는지와 어떤 비밀 무기를 사용할지는 분명 경영진의 기대에 달려 있을 것이다. 그러한 이유로 조직의 대리인 격인 브랜드 스토리텔러들은 반드시 그 과정의 초기에 자신의 스토리 디자인 시도가 이러한 의도들과 기준들에 부합하는지 점검해야 한다. 브랜드 스토리를 창조할 때 윤리적 딜레마를 최소화하기 위한 가장 좋은 방법은 스토리텔링 윤리 가치관을 처음부터 확립하고 스토리텔링

의 구상(관념화) 단계 동안, 가능한 한 많은 내부 고위 관계
자들과의 대화에 능동적으로 참여하는 것이다. 스토리텔
링은 정보의 감정적 전달이라는 점을 기억하라. 그리고 사
람들의 감정을 자아내기 위해 노력하는 과정에서 분명하지
않은 애매한 위치에 처할 수도 있다. 따라서 청중들의 감정
을 일으키는 행동을 평가하기 위한 윤리적 기준을 항상 이
해하려고 노력해야 한다.

　다음에 나오는 질문들은 임원들과 스토리텔링 윤리에
관한 대화를 나누는 데 도움이 되고, 스토리 콘셉트들을 개
발하고 시장에서 테스트하기 전에 지속적으로 점검해야 하
는 사항들이다. (만약 당신이 현재 조직 내에서 경영진급이라
면, 이 질문들을 사업 성장을 위한 현대적이고 혁신적인 콘셉트
들이 얼마나 회사의 윤리 규범과 사업 행동 수칙과 일치하는지를
판단하는 지표로 사용할 수 있다.)

- 이 이야기가 회사의 핵심 가치관을 확고히 하는가?
- 이 이야기가 모든 이해관계자에게 신뢰를 조성하는가?
- 이 이야기가 관계를 구축하는 데 도움이 되는가?
- 이 이야기가 다양하고 포괄적인 행동을 보여 주는가?
- 이 이야기가 고객들에 대한 회사의 책무와 약속을 지
  키는가?

훌륭한 이야기를 전하는 시합에서, 나는 많은 브랜드가 그들의 핵심 가치 플랫폼에서 벗어나 이질적인 이야기들을 하는 모습을 봐 왔다. 그런 이질적인 이야기들은 그 브랜드의 가치관을 반영하지 않는다. 따라서 약하게는 고객들을 답답하고 혼란스럽게 만들고, 심하게는 그 브랜드가 원하는 것과 정반대의 효과를 내면서 진실하지 못하고 믿을 수 없는 것으로 보이게 한다.

스토리텔링 윤리에 대하여 경영진과 대화를 나누는 것은 스토리텔러인 당신과 그 브랜드에 꼭 필요한 과정이다. 이러한 논의들은 분명하지 않은 길을 가더라도 방향을 찾는 데 도움을 줄 것이며, 당신에게 이야기 세상에서 미지의 영역을 계속 탐험할 수 있는 자신감을 줄 것이다.

산업

당신의 회사가 어떤 산업에 속해 있든(내 경우는, IT 산업) 마케팅과 커뮤니케이션 분야도 다른 모든 산업과 마찬가지로 대체로 윤리 규범이 있을 것이다. 그리고 이런 윤리 규범들은 업종, 지리적 위치, 법률상 규정들과 정책에 따라서 크게 달라질 수 있다. 전문가이자 스토리텔러로서 당신에게 요구되는 일련의 기대들과 규범들을 가장 잘 이해하기 위해 시간을 내어 이러한 각각의 규범들을 익히기를 바란다. 이에 대해서는 조금 뒤 행동 규칙 템플릿으로 이러한 기대들과 규범들을 엮어 더 자세히 다루어 보겠다.

사회

조직, 개인, 산업 기준들에 더하여, 머피는 그의 책에서 마케팅 윤리의 역할이 사회 질서와 정의 모두에 대단히 중요한 영향을 줄 수 있다고 지적했다. 나는 이것이 스토리텔링을 포함하여 사업 수행의 모든 면에 적용된다고 생각한다. 청중들은 딱 구매 거래처럼 이야기들이 개방적이고 투명하게 느껴지기를 바라며, 5장에서 언급했던 것처럼 그들은 희생자가 아닌 이야기의 영웅이 되고 싶어 한다. 게다가, 이미 살펴본 대로, 브랜드와 친구가 되고자 하는 새로운 세대들의 바람은 그 브랜드가 사회에 미치는 영향의 직접적인 결과로 생긴다. 그러므로 조직과 개인 모두 그들의 규범이 사회적 측면을 포함하고 있는지 고려해야 한다.

이해관계자

스토리텔링의 윤리는 또한 그 이야기를 들으면서 영향을 받는 모든 집단이나 개인을 고려해야 한다. 우리는 전문가로서 다루는 이해관계자들의 범위가 아주 다양하다는 사실을 안다. 스토리텔링의 맥락 안에서, 우리는 주로 내부와 외부 이해관계자들(내부 이해관계자는 직원들, 파트너들, 투자자들, 판매사들, 주주들, 이사회 등이고, 외부 이해관계자는 기존 고객들과 잠재적 고객들)에 관해서 이야기했다. 하지만 간접 이해관계자들도 있다. 이들은 그 브랜드와 공식적인 관계는 없지만, 그 브랜드 스토리에 의해서 어떤 식으로든 여전히 영향을 받거나 충격을 받는다. 스토리텔링을 위한 윤리 규범에 당신의 이해관계자들을 포함시키는 것에 대해 생각할 때, 당신과 당신의 브랜드는 모든 이해관계자의 관심사에서 균형을 맞추기가 어려울 것이다. 그리고 때로는 최선의 조치가 모두가 '승리'하는 상황이 아니라 오히려 관련된 모든 집단들이 입을 피해를 최소화하는 것일 수도 있다는 사실을 기억하라.

개인

당신은 조직의 일원으로서 조직의 윤리 규범을 이해하고 준수하기를 요구받는다. 개인으로서 그리고 변화무쌍한 디지털 환경에서 전문가로서 자주 마주하게 될 이해할 수 없는 상황들을 다루는 데 도움이 되는 개인적인 지도 원칙들도 세워 놓아야 한다(아직 세우지 않았다면 말이다). 더욱이, 스토리텔러라면 개인적인 행동 수칙을 지니는 것이 특히 더 중요하다. 당신도 이미 알겠지만, 좋은 스토리텔링은 마음속에서 우러나오기 때문이다. 만약 당신이 지금 들려주고 있는 이야기들에 아주 열정이 넘치지 않거나, 그 이야기를 진심으로 믿지 않는다면, 당신은 확신을 가지고 그 이야기를 전할 수 없을 것이며, 청중은 즉시 그 이야기가 가짜라는 것을 눈치챌 것이다.

만약 내가 진작 시간을 들여 개인적인 핵심 가치관 및 나자신과 다른 사람들에 대한 도덕적 의무를 확립해 놓은 문서를 만들어 놓았더라면, 모로코에서 이질적인 곤경에 처했을 때 내 결정과 행동 조치들로 인해 떠오른 질문들에 대답하기 훨씬 더 쉬웠을 것이다. 하지만 우리는 원래 살아가면서 배우시 않던가! 고맙게도 이 경험 덕분에, 그리고 석사 학위 과정에서 들었던 마케팅 윤리학 과목 덕분에, 나는 개인적인 윤리 규범을 세울 수 있었고 현재 일을 하면서 나 침반으로 이용하고 있다. 나는 진심으로 이것이 마케터로서, 그리고 스토리텔러로서 내가 내린 최고의 결정 중 하나였다고 말할 수 있다. 그것으로 인하여 나는 내 일을 매우 진실한 상태로 할 수 있으며, 전반적으로 인생을 어떻게 살아가고 싶은지, 이야기들을 어떻게 들려주고 싶은지에 대한 모호성을 줄일 수 있게 되었기 때문이다.

나는 정말로 이것이 당신에게도 큰 도움이 되리라 믿는다. 그래서 당신만의 규범을 만드는 것을 안내해 줄 템플릿을 만들었다.

개인 윤리 규범

서문

서문은 당신의 개인 윤리 규범의 목표를 알리는 소개 부분이다. 기본적으로 당신은 윤리 규범에 미션을 하나 부여하며 왜 그것이 당신에게 중요한지를 설명한다. 보통 이 부분은 반 쪽에서 한 쪽 정도의 분량이 될 것이며 다음과 같은 질문들에 답한다. '당신은 왜 이 문서를 만들었는가? 당신의 삶에서 가장 중요한 미션은 무엇인가? 당신의 삶과 커

리어에서 그것을 어떻게 사용할 것인가?'

나로서는 특히 이러한 원칙들이 내 사업 수행의 가이드일 뿐만 아니라 전반적으로 내 삶의 행동 가이드이기도 하다는 점을 언급하는 것이 몹시 중요했다. 나는 직업이 많고, 아내, 엄마, 딸, 자매, 친구, 코치, 사고의 리더, 기술 산업에서 스토리텔러이자 마케터 등 많은 역할을 맡고 있으므로 이 가이드라인이 이런 모든 면에서 내가 영향력이 강한 유산을 남기도록 도와줄 것이라는 점을 분명하게 언급했다.

토대

이 부분에서 당신은 "도덕적, 사회적, 직업적"이라는 최소 세 가지 틀을 기반으로 윤리 규범의 토대를 공유하기 시작한다. 이 부분은 보통 작성하기가 가장 어려운 부분이다. 가족, 문화, 사회, 사업 등 당신이 태어난 후로 영향을 받아 왔던 요소들에 최대한 이의를 제기하면서 삶의 지도 원칙들을 철저히 분석해 보아야 하기 때문이다. 나는 이것을 더 쉽게 만들기 위해서 각 부분을 간략하게 분해할 것이지만, 이것이 이 문서의 골자이므로 2~3쪽 분량이 되도록 시간을 늘여 각 부분을 확장하라.

도덕적

여기에서는 당신의 개인적인 신념들과 가치관(사회나 당신이 속한 사업장의 신념과 가치관이 아님)을 공유할 수 있다. 그것들이 유사하거나 뒤얽혀 있는 것처럼 보여도 괜찮다. 일반적인 도덕 가치관들은 보통 다음의 내용을 포함한다.

- 항상 진실을 말하라
- 용기를 지녀라
- 약속을 지켜라
- 부정행위를 하지 마라
- 자신이 대우받고 싶은 대로 다른 사람을 대우하라
- 다른 사람을 멋대로 판단하지 마라
- 신뢰할 수 있는 사람이 되어라
- 도덕성을 갖추자

나는 윤리 규범에서 내 가치관의 기반인 종교적 신념과 이전에 읽었던 독립적인 특정 윤리 이론들을 조금 더 깊이 파고 들었다. 관련 이론들을 찾아 읽고 어떤 이론들을 기반으로 당신의 가치관을 세울 수 있을지를 이해하는 것도 도움이 된다. 이론들과 관련해서는 이 장의 끝부분에 추가로 읽어 볼 목록을 제공하겠다.

사회적

이 부분에서는 사회 계약에 대한 철학적인 아이디어들을 더 탐구할 수 있다. 사회 계약은 당신과 이해관계자들이 기존에 설립된 원칙들을 이해하고 준수하기로 동의한 것이다. 즉 당신이 사회 규칙을 따르고 함께 살아가는 사회 환경에서 번영할 의지가 있다는 것을 의미한다. 이는 단지 당신이 규칙에 부합하게 살기로 선택해서만이 아니라 도덕 부분에서 당신이 제일 먼저 나열한 개인적인 윤리 행동들을 바탕으로 선택을 내리기 때문이기도 하다. 예를 들어, 사회 계약을 따라 당신은 다른 사람에게 신체적으로 해를 가하지 않는다는 것에 동의할 것이다. 사회법이 금지하기 때문이다. 하지만 또한 다른 사람들을 존중하고 자비를 베풀기로 당신 자신에게 동의했기 때문에 이 행동을 선택하는 것이기도 하다.

직업적

도덕적 그리고 사회적 틀에 더하여, 만약 당신이 한 회사에서 일하거나 아니면 직접 사업체를 운영한다면, 회사에는 직원들과 내부 이해관계자들을 위해 별도로 확립해 놓은 행동 강령이 있을 것이다. 그곳의 직원 한 사람으로서, 회사의 행동 강령을 이해하고 그에 부합하는 선택을 내리는 것이 당신의 의무다. 어떤 경우에는 회사의 윤리 원칙들이 당신의 개인적인 원칙들과 맞지 않는다는 사실을 발견할 수 있다. 이때는 한 걸음 뒤로 물러나 당신이 그 회사의 일부가 되고 싶은지를 심사숙고해 보는 것이 매우 중요하다. 게다가, 당신이 인지하고 동의해야 하는 특정한 산업 기준이 있을 수도 있다. 미국에는 마케팅 산업의 기준을 규제하는 데 도움을 주는 마케팅 협회들이 몇 곳 있다. 당신이 속한 곳에서 이런 것들을 찾아보고 그 산업에 확립된 윤리 원칙들에 대해 더 잘 알고 있기를 바란다.

직업적 가치관 진술

여기에서는 산업과 브랜드의 기준을 고려하여 특히 고객들에게 당신의 핵심 가치관을 설명하는 목록을 기호를 달아 추가할 수 있다.

다음은 내가 작성한 것 중 하나의 예시다.

- 모든 커뮤니케이션이나 광고가 고객과 이해관계자들에게 개인적으로 미칠 영향을 고려하여 그들 모두를 예우하고, 모든 상황에서 고객인 그들의 소망을 존중한다.

행동 규정

이 마지막 부분에서는 당신이 하고 싶은 실제 행동들을 기호를 붙여 상세히 나열할 것이다. 앞에서 이미 확고한 가이드라인들을 살펴보았으므로 이 부분에서는 그것들을 어떻게 준수할 계획인지를 꼼꼼하게 작성한다. 내가 사용하는 실제 예시는 다음과 같다.

- 모든 고객과 이해관계자들에게 지속적으로 감사하는 자세. 오만하거나 자기중심적인 태도 지양. 이야기의 '조연'을 자처하고 모든 커뮤니케이션과 마케팅 계획에서 고객이나 이해관계자를 이야기의 영웅으로 치켜세우는 이타적인 접근 방식.

내 모로코 이야기로 되돌아가서 이러한 일련의 가치관들을 적용해 엄마를 무대로 모시기로 결정한 근거를 판단해 보면, 비록 당시에는 이렇게 구체적으로 써 놓은 윤리 강령이 없었지만 나는 언제나 이런 일반적인 윤리 기준들에 어긋나지 않게 자신을 추스르려고 노력해 왔다는 사실을 신심으로 말할 수 있다.

내가 청중을 조종하기 위해서 엄마를 이용했던가? 전혀

아니다. 내 마음은 이 독특한 청중이 내 메시지를 가장 잘 이해하는 방식으로 진실하게 전달하는 데 집중했었다. 우리 엄마는 흠, 원더우먼이라는 뜻밖의 즐거움과 함께, 연령대도 그렇고 기업가로서의 역사도 그렇고, 나보다 이 여성들과 공통점이 훨씬 더 많았다. 말이 나온 김에 알려 주자면, 엄마는 인기를 너무나 독차지하셔서 연설이 끝난 후 청중들과 만나고 엄마를 인터뷰하고 싶어 하는 지역 TV 방송국과 이야기를 나누시느라 나는 몇 시간 동안이나 엄마를 볼 수 없을 정도였다.

개인적인 가치 규범들을 탄탄하게 확립해 놓으면 당신이 브랜드 스토리텔링 근육을 기르는 동안 개인적으로 도움이 될 뿐만 아니라, 가장 진실한 이야기들을 창조하도록 보장하면서 조직에도 큰 보탬이 된다. 최고의 경우에는, 당신의 개인적인 기준들과 조직의 기준들이 일치할 것이다. 최악의 경우는, 당신의 기준과 조직의 기준이 맞지 않는 것이고, 그러면 한 개인으로서 기준에 맞지 않는 가치관을 지닌 회사를 위해 이야기를 전할 것인지 결정할 책임과 권리가 있다.

지금쯤이면 당신은 스토리텔링에서 윤리가 인간의 감정을 여는 열쇠인 공감, 이야기의 마술을 펼치는 마술 지팡이인 취약성, 그리고 몰입형 스토리텔링에 대한 다음 장에서 이야기할 포함에 기반을 둔다는 것을 알아챘을 것이다.

8

몰입형 스토리텔링:
이야기 경험 탐구하기

- 몰입형 스토리텔링이란 무엇인가?
- 몰입형 스토리텔링 트렌드 활용하기

스토리텔링 분야에서 상대적으로 새로운 단어가 탄생했다. 내가 처음으로 그 말을 들은 건 2017년 스토리텔링 기술 연수에 참석하라는 초청을 받았을 때였다. 이것은 굉장히 치열한 고도의 창의적인 수업으로 직원들의 열정적인 프로젝트들을 실제로 탄생시키는 것을 독려하기 위해서 고안된 행사였다.

나를 포함하여 운이 좋은 몇 명의 스토리텔러들은 컬럼비아 대학교Columbia University 미술 대학의 디지털 스토리텔링 연구소 창립 멤버이자 디렉터인 랜스 와일러Lance Weiler와 그의 동료들에게 합류할 수 있었다. 그리고 여기서 우리는 증강 현실이라는 솔루션을 기반으로 이야기들을 탄생시키기 위해서 미디어와 기술을 융합하는 최첨단 기법을 배우고 실행에 옮길 터였다.

영화 제작자이자 기업가인 와일러는 미국과 해외에서 20년이 넘는 기간 동안 엔터테인먼트 산업을 뒤흔들어 놓은 인물이었다. 그리고 며칠 동안 그는 내가 지금까지 참여했던 것 중 가장 눈을 휘둥그레지게 만들었던 스토리텔링 경험이 될 이 응용 과학 기술을 우리에게 가르칠 참이었다.

그는 이 수업 방식을 월드 카페World Café(어떤 질문이나 과제에 대해 여러 사람이 함께 아이디어를 도출하고 공유하는 대화 방식, 구성원들이 테이블을 옮겨가며 서로 교차하여 대화를 이어나감으로써 많은 사람이 내용을 공유하고 발전시켜나간다)라고 불렀다. 그 월드 카페의 첫날, 우리는 기본 주제를 받고 그것을 이해하는 데 시간을 썼다. 시카고 남부 지역의 젊은 조직 폭력배들은 소셜 미디어에서 경쟁 조직원들에게 폭력적이고 때로는 극도로 위험한 싸움을 벌이려 만남을 조장하기 위해 암호문을 사용하고 있었다. 당국은 이런 위험한 상황을 알게 되었지만, 그들만의 비밀 용어들이 지속적으로 진화하는 까닭에 사전에 개입하여 분산시키기 위한 커뮤니케이션 패턴들을 찾아내거나 추적할 수 없었다.

첫 테이블에서 대화들이 구성되었다. 그 방에 모인 집단 지성의 다양성 때문에 모든 참가자들은 곧 우리가 각각 문제 해결에 기여할 수 있도록 의도적으로 선정되었다는 점을 명백히 알아차렸다. 대화들은 세 차례에 걸쳐서 이루어졌는데, 각 대화는 한 질문을 중심으로 짜였으며 그 후에 다음번 대화의 일부로 들어갔다. 우리는 시간이 다해 열정적인 작업의 흐름이 끊기고 다음날을 기약하며 마지못해 연필을 내려놔야 했다.

다음날, 팀원들은 모두 소집 시간보다 저도 모르게 30분이나 일찍 나타났다. 확실히 모두가 배움에 굶주리고 있었다. 전날에는 와일러가 진행했지만, 이번 시간에는 유명한 컴퓨터 게임 전문가인 그의 동료 한 명이 책임을 맡았다. 그는 그날의 미션을 설명하기 시작했고 와일러는 등을 기대고 앉아서 동료의 진행을 지켜보았다. 그날의 미션은 우리가 더 작은 팀으로 나누어져 두 개의 개별 집단(또는 참가자들) 간의 커뮤니케이션 간극을 메워 줄 보드게임 프로토타입을 만들어 내는 것이었다.

이게 시카고 남부의 조직원들과 무슨 관계가 있지? 불현듯 내 안의 부정적인 자아가 슬슬 올라오기 시작했다. 우리 팀원들의 얼굴에 나타난 아리송한 표정들에서, 나는 그들 또한 이 전체 실험 뒤에 숨겨진 추론을 미심쩍어한다는 사실을 감지했다. 하지만 곰곰이 생각해 볼 시간이 없었다. 우리는 고작 몇 분 동안 지시받은 작업에 착수해야 했고, 나는 이게 비록 공식적인 시합은 아니지만, 이번만은 꼭 이기고 싶었다.

다음 활동은 22분에서 45분까지 연속 활동들로 팽팽하게 이어졌다. 우리는 차례마다 구체적인 지시들과 재료들을 받았고 그것으로 게임 프로토타입을 발전시켜야 했다. 마감 시간이 촉박하다는 것 외에는 그렇게 어려운 일이 아닐 것 같다. 그렇지 않은가?

틀렸다. 반전은, 매 차례 후에 각 팀은 회전하여 다른 팀의 프로토타입 위에 내용을 발전시켜 나가야 한다는 것이었다. 다시 말하자면, 우리의 '최종 제작물'은 결코 우리의 원래 아이디어에서 나오지 않을 것이라는 말이다. 대신, 우리는 다른 누군가의 콘셉트를 협력하여 발전시킬 것이다.

'농담이시죠? 공동 작업으로는 절대 우승할 수 없다고요.' 이렇게 부정적인 면이 나를 잠식하고 있었다.

마지막 4번째 차례에, 우리 그룹은 완전히 정신적으로 소진된 상태였다. 다른 사람의 원래 디자인을 토대로 무언가를 창의적으로 발전시키라는 지시는 처음에 예상했던 것보다 훨씬 더 어려웠고, 우리는 정말로 아이디어가 다 떨어진 상태였다. 마지막 45분 중 30분이 이미 이전 과제를 하느라 지나갔고 우리 팀은 거의 아무것도 완수하지 못했다. 어떤 팀원들은 치밀하게 플레이도우를 활용하는 데 집착했고, 다른 팀원들은 갖가지 오후 간식들을 맘껏 즐기고 있었다. 한편 또 다른 이들은 우리 앞에 놓인 이 고된 프로젝트 속에서 발휘할 새로운 통찰력을 얻어 보려는 헛된 시도로 마지막 팀이 남겨 놓은 포스트잇을 반복해서 검토했다. 나는 째깍째깍하는 시곗바늘을 예민하게 의식하면서 초조하게 왔다 갔다 하며 서성거렸다.

우리에게 주어진 과제는 참가자 두 명이 등장하는 간단한 커뮤니케이션 전략을 완성하는 것이었다. 긴 침묵과 쓸모없는 짧은 브레인스토밍 기간 후에, 마침내 좋은 생각이 번쩍 떠올랐다. 우리는 그 게임을 '사랑 대 증오'라는 상호작용 메시지로 승격시켰다. 그 게임의 규칙은 다음과 같다.

게임명: 사랑 대 증오

참가 인원: 6

게임 대상과 역할: 참가자 1(메신저)은 반드시 특정 시간 내에 참가자 2에게 사랑의 메시지를 성공적으로 전달해야 한다. 참가자 2(수집가)는 승리하기 위해서 반드시 모든 사랑 물체들을 수집하여 양동이에 집어넣어야 한다. 참가자 4-6(훼방꾼)은 증오와 방해 물체들로 참가자 1과 참가자 2를 방해하고 혼란스럽게 만들어 그들이 효과적으로 소통하지 못하게 한다.

게임 도구: 플레이도우로 작게 만든 사랑, 증오, 방해 조각들, 수집용 양동이, 모래시계, 눈가리개, 보드판

게임 구성과 준비: 참가자들 사이에 게임 보드. 수집가 쪽에 수집 양동이. 메신저 쪽에 사랑 물체들. 증오와 방해 물체들은 보드의 양편에 골고루 흩어 놓는다.

게임 방식: 참가자 1(메신저)과 참가자 2(수집가)를 정하기 위해 동전을 던진다. 나머지 참가자는 모두 훼방꾼이다. 참가자 1과 참가자 2는 눈가리개로 눈을 가린다.

시간 시작: 1분으로 설정

순서 바꾸기: 1분이 되면 참가자 2가 사랑 물체를 찾는 동안 참가자 1은 사랑 물체를 가지고 그것을 참가자 2가 잡을 수 있도록 보드판에서 참가자 2의 편에 놓는다. 훼방꾼들은 참가자 1과 참가자 2 사이의 연결을 방해하면서 다른 물체들을 놓는다. 1분이 끝나면 새로운 참가자의 순서가 시작된다.

우승: 참가자 1과 참가자 2가 성공적으로 연결되어 사랑 물체들을 참가자 2의 양동이에 모으면 이들이 훼방꾼들을 상대로 승리한다.

짜잔! 우리는 과제를 완성했다.

단 몇 초만을 남겨 둔 채, 우리는 급히 게임 프로토타입으로 돌아가서 이 기발한 모델을 전달할 준비를 했다. 예상했겠지만, 우리는 누가 메신저와 수집가 역할을 할지 같은 구체적인 세부 사항들을 생각해 낼 시간이 없었다. 그래서 게임을 할 시간이 되었을 때, 즉흥적으로 청중들에게 자원을 요청했다. 그리고 곧 이 충동적인 결정이 게임에 특별한 변형을 가한다는 사실을 깨달았다. 참가자 1은 우리 팀원 중 한 명이 맡아서 기본적으로 그 게임 규칙을 이해하고 있던 반면, 참가자 2는 훼방꾼들에게서 무엇을 기대할지에 대해 간략하게 전해 들었을 뿐이었다. 우리의 자원자는 정말로 다음 차례에 무슨 일이 벌어질지 전혀 몰랐다. 그리고 사실은, 그 방 안에 있는 우리 모두 알지 못했다.

훼방꾼들은 총력전을 선포하고 큰 소리를 냈다. 그리고 사랑 물체들과 외관상 유사성을 높이고 참가자들을 혼란스럽게 하기 위해 물체들을 조작했다. (그들은 눈을 가렸기 때문에 보드판 위에 있는 물체들을 만져서 느껴봐야만 했다는 점을 기억하라.) 수집가가 작은 진전을 보이고 메신저에게로 가는 연결 통로를 찾아내고 있는 것이 명확해지자 심지어 일부는 사랑 물체들을 보드판 위에서 제거하기 시작했다. 나는 놀라고 경악한 상태로 지켜보았고 이 제멋대로인 행동을 끝내야 한다는 의무감이 불쑥 솟구쳤다. 하지만 방 안의 청중들이 다음 몇 초 동안 무슨 일이 벌어질지 기대감으로 눈을 반짝이고 있다는 사실을 알아채자 그 생각은 재빨리 수그러들었다. 본능적으로 나는 그 게임이 자연스럽게 흘러가도록 내버려 두었다. 혼돈 속에서, 참가자 1이 뭔가가 이상하다는 사실을 깨달았다. 방해가 너무 심하게 벌어지고 있었고 너무 많은 것들이 통제되지 않는 느낌이었다. 그는 수집가가 소통하려고 애쓰고 있지만 서로에게 닿을 수 없어 괴로워하는 것을 '감지'할 수 있었다. 모래시계의 바닥으로 모래가 빠르게 가라앉고 있을 때, 메신저는 예상치 못한 행동을 했다. 그는 과감하게 팔을 뻗어서 보드판 위로 부드럽게 수집가의 손을 잡고 그녀의 손바닥 가운데에 사랑 물체 하나를 살포시 올려놓았다. 청중은 일제히 '헉' 하고 숨을 내쉬었고 다음 몇 초간 그 방은 엄청난 적막감에 휩싸였다.

친애하는 독자 여러분, 이게 바로 몰입형 스토리텔링이다.

몰입형 스토리텔링이란 무엇인가?

몰입형 스토리텔링은 디지털 전환 풍경에서 아직 자리 잡지 못한 상대적으로 새로운 디지털 시대 용어 중 하나다. 그래서 당신은 책이나 인터넷에서 이 콘셉트의 공식 정의를 발견하지 못했을 수 있다. 하지만 내가 이것의 정의에 기여하자면, 몰입형 스토리텔링의 대부격이라 생각하는 사람, 바로 랜스 와일러의 셀프 브랜딩 표현에서 빌려오고 싶다. 와일러는 자신을 '시간, 수단, 또는 플랫폼 운영으로 자기 일이 제한되지 않는 스토리텔링 불가지론자'라고 묘사한다.

맞는 말이다. 몰입형 스토리텔링은 사람들에게 '거기에 있는' 것 같은 느낌을 주고, 그 느낌을 통해서 이야기에 진정성과 공감을 한층 강화한다. 그리고 성공의 기회를 기하급수적으로 증가시킨다는 목표를 가지고 많은 환경과 이야기 세상들을 탐구하고 실험한다.

내가 방금 소개했던 그 게임 프로토타이핑 경험에서, 당신은 나와 우리 팀에게 어떤 일이 일어났는지에 관해서만 읽었다. 당신이 그 순간에 노출된 것은 단지 그에 대한 나의 주관적인 인내심을 바탕으로 한 단편적인 사건에 의해 유도된 것이다. 만약 당신이 그 방에 있었다면, 비록 이야기의 구성 요소들과 보편적 진리는 동일하지만, 청중, 팀원 혹은 참가자 1이나 참가자 2로서의 당신의 경험은 그 사건과 이야기를 완전히 다르게 이해했을 것이다.

몰입형 스토리텔링은 청중들을 그 어떤 2D나 3D 경험보다도 더 멀리 데려간다. 그리고 추가적인 인간의 감각을 불러일으켜 이야기에 수렴하기 때문에 '이론을 실행에 옮기는' 접근법을 가능하게 한다.

따라서 스토리텔링이 인물, 줄거리, 결말의 도입을 통한 정보의 감정 전환이라면, 몰입형 스토리텔링은 이야기 세상에서 인물의 구현을 통한 정보의 감정 전환이다.

그러나 이것이 브랜드 스토리텔링과 어떤 관련이 있으며 디지털 마케터와 커뮤니케이터로서 우리가 각자의 공간에서 이것을 어떻게 적용할 수 있을까? 물어봐 줘서 기쁘다!

이미 가상 현실 플랫폼과 증강 현실 플랫폼은 기본적으

로 브랜드 스토리에서 활발한 캐릭터가 되고 싶은 고객의 자아도취식 요구에 응하면서 아주 빠르게 고객 경험 속으로 통합되고 있다. 디지털 전환으로 인해 전통적인 이야기 구조는 청중이 청자, 독자, 또는 시청자라는 수동적인 역할을 행복하게 받아들이던 기초적인 디자인을 탈피했다. 그리고 이야기는 360도 비디오나 홀로그램 같은 최신 기술들을 포함해 청중들을 특정 환경에서 이야기를 경험하도록 유도하는 '살아 있는 경험'이 되었다.

일부 브랜드들은 이미 몰입형 스토리텔링의 힘을 이용하면서 고객의 마음을 사로잡고 있다. 2017년 이케아IKEA는 증강 현실 앱인 플레이스Place를 출시했다. 이 앱을 통해 고객들은 편리하게 자신의 스마트폰을 이용하여 특정 평면도의 공간에서 가구들이 어떻게 보일지를 미리 알 수 있다. 이 기술 통합은 가구 소매업계의 디지털 전환 여정에 중대한 이정표를 세웠고, 이것은 시장에서 그 브랜드만의 인기 있는 차별화 요소 역할을 계속하고 있다.

현실은, 이 혁신적인 브랜드 스토리텔링 접근법이 전통적인 서면 형태의 스토리텔링 방법들을 장악하고 표준이 되는 것은 오직 시간문제라는 사실이다. 몰입형 스토리텔링의 등장으로 당신은 아직 구식 방법에서 벗어나 신기술을 따라잡지 못했다는 부담감이 들지도 모르겠다... 하지만 오히려 마음을 편히 가지라고 말해 주고 싶다. 당신은 이제 이 선도 전략을 미래 브랜드 스토리텔링 계획의 일부로 고려할 기회가 있기 때문이다.

3장에서 나는 사용자 경험을 바탕으로 디자인된 이야기들이 서체부터 이야기 무대와 시각 요소들까지 모든 것을 통하여 어떻게 고객들에게 최상의 경험을 제공하는지에 대해 간략하게 언급했다. 그리고 이제 우리는 환경을 추가 요소로 고려해야 한다. 앞서 언급했듯이, 몰입형 스토리텔링은 당신의 청중이 그 브랜드 스토리를 열성적으로 경험하는 호의적인 환경을 의도적으로 창조하는 것이다. 디자인 씽킹 원칙을 적용하는 스토리텔링이 비용이 낮고 수고가 덜 드는 접근법이라는 생각에는 계속 변함이 없다. 하지만 당신의 디지털 전환 여정의 일부로 미래의 커뮤니케이션 기술들에 투자하지 않는 것은 당신과 당신의 브랜드에 큰 타격을 입힐 것이다.

몰입형 스토리텔링 트렌드

브랜드 스토리에 가장 몰입할 수 있는 환경을 만드는 기술의 유형을 결정하기 위해서는 관련 시장의 트렌드를 주의 깊게 분석하는 것이 중요하다. 이를 위해서 나는 기회 차트(도표 8.1)를 만들었다. 이 차트를 이용하여 당신의 개인적인 공간에 존재하는 특정 산업, 맞춤형 청중, 현재 기술들, 심지어 사회 내에서 의미 있는 트렌드들은 물론 '알려지지 않은' 트렌드들까지 채워 넣을 수 있다. 또한 이 차트는 당신의 몰입형 스토리텔링 고려 과정을 위한 아이디어들을 발견하는 데도 도움이 될 수 있을 것이다. 이러한 트렌드들을 찾는 데 시간을 더 많이 들일수록, 당신의 상황에 맞는 더 많은 기회를 발견할 수 있다.

도표 8.1 기회 차트

	현재 트렌드들	알려지지 않은 것들
산업		
맞춤형 청중		
기술들		
사회		

몰입형 스토리텔링을 위한 기회들을 찾기 위해서 내가 IT 업계(마침 이것이 내가 종사하는 분야이므로)에 있는 한 회사를 위해 이 차트를 채워 넣는다고 해 보자. 내 차트는 매우 높은 수준에서 도표 8.2와 유사한 모습일 것이다.

도표 8.2 기회 차트 예시

	현재 트렌드들	알려지지 않은 것들
산업	자율 사물, 증강 분석, 인공지능 개발, 블록체인, 자율권을 가진 에지, 스마트 공간들	인공지능과 사물 인터넷이 어떻게 지능을 계속 발전시킬 것인가? 전통적인 제품들에 자율 사물이 의미하는 바는 무엇인가? 스마트 공간들과 현대적인 일터는 우리가 알고 있는 형태의 근무 환경을 어떻게 변화시킬 것인가?
맞춤형 청중	스마트, 최첨단, 쉽게 싫증을 느낌, 핵심에 빨리 도달하기를 바람, '설명식' 이야기들을 좋아함, 독서를 즐김	가까운 미래에도 이들이 계속 독서를 좋아할 것인가? 혼합 현실에 통합되면 '독서'는 다른 모습을 보일까?
기술들	디지털 채널들, 클라우드 컴퓨팅, 최신 하드웨어, 홀로그램, 구독 모델	이러한 기술들은 얼마나 빨리 진화할 것이며, 우리 조직에서도 이런 기술들을 받아들여야 할 것인가?
사회	혁신, 복지, 사회 정의, 환경 친화적, 유대감, 마음 챙김, 목적 지향성, 감성 충만	가까운 미래에 사회 규범들은 어떤 모습을 띨 것이며 그것들은 사회적 상호 작용에 어떻게 영향을 줄 것인가?

이러한 맥락에서 시장과 청중의 트렌드를 분석함으로써, 어떤 몰입형 경험들이 당신의 브랜드 스토리텔링에 가장 잘 맞는지를 의도적으로 계획할 수 있다. 다음에 소개하

는 것은 현재 존재하는 몰입형 브랜드 스토리텔링 기법의
유형들이다. (어쩌면 당신이 이 책을 다 읽을 때쯤이면 벌써 한
물갔거나, 진화했거나, 아니면 대체되었을 수도 있을 것이다.)

360도 비디오 또는 구형 비디오

이름에서 알 수 있듯이, 이런 비디오 이미지들은 소비자
들에게 360도 뷰를 제공하기 위해 다양한 장소에 설치된
여러 대의 카메라나 파노라마 또는 전방위 카메라를 통해
캡처된다. 몰입형인 다른 모든 것과 마찬가지로, 이 기법을
사용하는 장점은 기존의 접근법보다 정보를 더 많이 제공
한다는 점이다. 그리고 청중에게 더 많은 정보를 제공할수
록, 이해관계자들의 신뢰와 충성심이 높아질 가능성이 더
크다. 이 몰입형 수단은 가능한 모든 시각을 보여 주기 때
문에 진실성을 한 층 더 높여 준다. 그래서 배경에는 가려
졌지만 시청자에게 알려져 있는 '숨겨진 구석'이나 '뒷 이야
기'의 시나리오가 발생하지 않는다. 엔터테인먼트 산업 같
은 전통적인 분야의 스토리텔러들에게 이런 열린 형태는
사실 골칫거리일 수 있다. 스토리텔링에서 전통적인 기법
들 대부분은 이야기를 성공적으로 전달하기 위해서 환상에

의지하기 때문이다. 그러나 브랜드 스토리텔링의 궁극적인 목적은 가능한 한 진실하고 취약한 모습을 드러내는 것이기 때문에, 360도 비디오는 고려해 볼 만한 좋은 이야기 채널이 될 수 있다. 몰입형 시각에서 보면, 이 기법은 가능한 경우 프레임의 움직임이나 링크의 클릭을 통해 스토리 콘텐츠들을 활용하는 선택지를 제공하면서 청중들에게 이야기 세상과의 적절한 수준의 상호작용을 제공한다. 브랜드가 360도 비디오를 브랜드 스토리텔링에 통합할 수 있는 효과적인 방법들은 다음의 용도로 사용하는 것이다.

- 회사 행사들, 기조연설, 제품 발표회
- 간부나 최고 경영진이 고객에게 전하는 특별 메시지
- 광고

이 기법의 한 가지 단점은 이것을 통해서 전달되는 이야기들이 여전히 비디오 그래퍼의 시각을 통해 전달되기 때문에 시야가 영상 제작자의 카메라 움직임에 맞추어 제한적이라는 점이다. 그럼에도 불구하고 사진 한 장이 천 마디 말의 가치가 있다면, 360도 사진의 가치는 얼마나 많은 말의 가치에 해당하겠는가? 이 독창적인 기술을 시도하는 것은 최소한 당신을 디지털 마케팅에서 앞장서게 하고 몰입형 스토리텔링 분야에서 사고의 리더로 만들어 준다. 스토리텔링은 절대 끝이 없으므로, 언제나 청중의 관심을 끄는 새로운 플랫폼들을 시험해야 한다. 360도 비디오도 탐구해야 할 한 가지 방법일 것이다.

게임 또는 창발적 스토리텔링

이 부제(副題)를 읽고 당신의 마음이 곧장 비디오 게임들로 향할지도 모르겠다. 하지만 비디오 게임들은 그저 몰입형 스토리텔링의 한 유형으로 게임의 일부에 지나지 않는다. 그리고 놀랍게도 브랜드 스토리텔링 목적에서 비디오 게임들은 전혀 기법에 해당하지 않는다.

나는 이 장을 시작할 때 마이크로소프트의 스토리텔러들이 시카고 남부에서 실제 벌어지고 있는 사회 문제를 해결하기 위한 목적으로, 진화된 보드게임 프로토타입들의 연속물을 어떻게 만들어 나갔는지에 관한 이야기를 들려주었다. 다시 그 이야기로 돌아가 보자. 참가자 1이 참가자 2의 손에 닿기 위해 팔을 뻗은 그 대단한 순간, 우리는 모두 몰입형 스토리텔링의 의미를 정확하게 이해했다. 거기서 보편적인 감정(또는 이 생중계 이야기를 접할 때 우리 모두

만장일치로 느끼고 활성화된 감정)은 성취감이었다. 이 몹시 기쁜 승리감은 절박한 참가자 두 명이 마침내 (보드판) 틀에 박힌 사고방식에서 벗어나 서로 성공적으로 소통할 수 있게 되었을 때 느낄 수 있었다. 하지만 내가 이 순간을 이 이야기의 절정이 아니라 보편적 진리의 순간이라고 명명한 점에 주목하라. 실제 전환점은 와일러가 김빠지게 그 정적인 분위기를 깼을 때 발생했다. 그는 보편적 진리의 순간을 이용하여 무언가를 정복하려고 노력할 때 우리가 얼마나 예지력을 발휘할 수 있는지 말했다. 그리고 조직원들 사이의 소셜 미디어 커뮤니케이션을 해석할 해독 방식의 고안을 돕는 데 우리가 새로 개발해 낸 원초적 본능과 재능, 그리고 창의적인 작업 흐름과 그룹 간 협업 기법들을 사용할 수 있다고 주장했다. 그 활동에는 실제로 목숨이 걸려 있었기 때문이었다.

나는 게임을 즐기지 않지만, 이 엄격한 해커톤Hackathon (한정된 기간 내에 기획자, 개발자, 디자이너 등 참여자가 팀을 구성해 쉼 없이 아이디어를 도출하고, 이를 토대로 앱, 웹 서비스 또는 비즈니스 모델을 완성하는 방식) 연습을 통하여 비즈니스에서 새로운 스토리텔링을 도입할 때 도움이 되는 게임 디자인에 대한 몇 가지 기본적인 사실들을 빠르게 배웠다.

그것들은 다음과 같다.

- 모든 게임은 디자인으로 분해된다. 어려운 점은 무언가를 고정하는 것이다.
- 게임 디자인은 어떻게 참가자들에게 힘을 부여할 것인지를 고려한다. 창의력, 파괴력, 조종력은 게임에서 승리할 수 있도록 참가자들에게 주어지는 몇 가지 힘의 형태일 뿐이다.
- '게임 방식'은 말이 안 되더라도, 게임 대화의 모든 맥락에 신기하게 들어맞는 포괄적인 문구다. 자세한 내용을 알아내기 위해서는 게임 방식을 계속 읽어라.

최상의 경우에, 게임 스토리텔링에서는 이론적인 이야기들을 버리고, 메인 캐릭터의 승리 욕구를 부추기면서 이야기 세상에서 실제 캐릭터의 구현으로 곧장 뛰어든다. 브랜드 맥락에서 보면, 게임 스토리텔링은 청중을 브랜드 스토리에 깊이 참여시켜서 그 회사를 향한 공감 수준이 거의 자신에 대한 감정처럼 높아지게 한다. 청중은 브랜드 스토리를 1인칭 시점에서 체계적으로 배운다. 그리고 브랜드가 들려주는 것과는 다르게 어떤 의미에서 그들이 브랜드와 밀접하게 연관되는지를 자연스럽게 알게 된다. 브랜드 미션, 핵심 가치관, 보편적 진리의 직접적인 상호작용은 브랜드와 청중 사이에 엄청나게 강력한 유대감을 창조한다.

최악의 경우에는, 내 게임 프로토타입에서처럼, 능동적인 캐릭터가 즉흥적으로 게임 방식의 시퀀스를 방해하고, 브랜드에 대한 보편적 진리를 대체할 스토리보드 storyboard(스토리의 내용을 쉽게 이해할 수 있도록 주요 장면을 그림으로 정리한 계획표)를 만들 수 있다. 개인적으로 이것은 브랜드가 생각하지 못한 새로운 시각을 발견하는 데 도움이 될 수 있어 그리 나쁘지 않은 결과라고 생각한다.

브랜드가 게임 스토리텔링을 그들의 브랜드 스토리텔링으로 통합할 수 있는 효과적인 방법은 그것을 다음의 용도로 사용할 때이다.

- 고객 응대 관련 간단한 내부 실습 훈련: 어려운 상황을 설정하고, 브랜드 스토리의 핵심 가치관, 미션, 보편적 진리로 참가자들에게 힘을 부여하여 이해관계자들이 게임 포맷에서 창의적으로 해결책을 찾아내게 한다.
- 고객들을 위한 게임화 보상 플랫폼: 영업이든, 마케팅이든, 혹은 인센티브 프로그램이든, 브랜드 스토리라인과 요소들을 사용하여 고객을 위한 몰입형 게임화 보상 경험을 창조하라.
- 사회 지지: 내부와 외부 이해관계자들 모두 게임화 방

법으로 스토리텔링 콘텐츠의 사회적 영향력 확장에
참여할 수 있다. 이에 대해서는 다음 장에서 더 자세
히 살펴보겠다.

혼합 현실

이 책의 기본 전제는 최신 디지털 기술을 사업의 모든
측면에 통합하는 것(일명 디지털 변환)이 물리적 세계와 디
지털 세계의 혼합(일명 혼합 현실 또는 MR)을 촉진하고 있다
는 개념에 근거하고 있다. 따라서 브랜드들은 고객과 조직
사이의 전통적인 참여와 마케팅 수단들이 하루가 다르게
구식이 되어 가고 있다는 사실을 인지해야 한다.

디지털 기술들은 매력적인 콘텐츠들이 어떤 모습일 수
있는지에 대한 기준을 크게 높였다. 또한 디지털 마케팅에
서 사고의 리더가 되길 바라는 브랜드들에게 가상 현실VR
과 증강 현실AR을 사용하는 것은 설득력 있고 혁신적인 콘
텐츠를 창조하기 위한 새로운 차원의 기회를 제공한다.

창발적 스토리텔링이나 360도 비디오와 차별화된 이 다
층적 이야기 접근법은 활발한 캐릭터들이 탐험하고 지배하
는 흥미롭고 새로운 이야기 세상을 제공한다. 혼합 현실의

스토리보드는 비선형적이다. 독특한 요소들이 합쳐져서 청중들에게 더욱 역동적이고 감정적인 경험을 선사한다. 그리고 혼합 현실의 살아 있는 스토리 모델에서는 디자인의 경계가 거의 느껴지지 않는다. 초기 단계에서 이 몰입형 스토리텔링 접근법은 캐릭터를 이야기의 무대로 초대하기 위해 지원 장비(투시경 등)를 사용해야 하기 때문에 더 집중적인 인물 구현이 필요했다. 하지만 증강 현실은 콘텐츠를 현실에 덮어씌우기 위해서 소셜 미디어 앱 필터들과 함께 모바일 장비의 카메라 시야를 이용하는 것으로 빠르게 진화했다.

고객들이 제품과 서비스가 있는 곳으로 오기를 기대하지 않고, 제품과 서비스를 고객들이 있는 곳으로 가져가기 위해서 다양한 업계의 많은 브랜드는 이미 몰입형 기법을 받아들이고 있다. 증강 현실과 모바일 기술들을 이용해 브랜드들은 고객들이 특정 제품이나 서비스를 이용하는 자신의 모습을 그려 보도록 돕고 있다. 이것은 매우 수익성이 좋은 마케팅 전략으로 증명되었다. 2018년에만 증강 현실 광고는 4억 2830만 달러의 수익을 안겨 주었으며, 2022년까지 수익은 최고 20억 달러가 예상된다.

그러나 우리는 스토리텔링이 마케팅 전략이나 도구 이상이라는 사실을 배웠다. 그것은 우리의 이해관계자들과 깊고 감정적인 수준에서 연결되기 위한 의도적인 접근법이다. 그렇다면 어떻게 하면 상술을 넘어 이 몰입형 기법을 오래 지속되는 브랜드 스토리텔링 전략으로 통합할 수 있을까? 브랜드가 혼합 현실 스토리텔링을 브랜드 스토리텔링으로 통합할 수 있는 효과적인 방법은 다음과 같다.

- 브랜드 내러티브의 세상에 새로운 차원을 제공하기: 브랜드 스토리 배경, 인물, 줄거리를 규정하고 디자인할 때, 이런 환경들이 고객의 모바일 장비에서 창의적으로 튀어나올 수 있는 방법들을 생각해 보라. 예를 들면 홀로그램 콘텐츠를 통해서도 그렇게 할 수 있다.
- 제품과 서비스로 사용자가 경험한 감각 체험들을 마케팅 캠페인이 아니라 브랜드 스토리에 엮어 넣어라.

라이브 스트리밍

실시간 생중계 방송은 360도 비디오, 창발적 스토리텔링, 혼합 현실보다 조금 더 오래되었지만, 다른 방법들과 비교해 가장 매력적이고 선도적인 몰입형 스토리텔링 기법으로 계속 사랑받고 있다. 그 이유는, 흠, 그것이 실시간이기 때문이다.

'진실한'이라는 단어는 라이브 스트리밍이 플랫폼으로 사용될 때 자주 마음속에 떠오르는 말이다. 청중과 스토리텔러가 함께 다소 불분명한 스토리 라인을 탐색할 때 무슨 일이든 일어날 수 있다는 생각은 청중들이 스토리텔러에게 동지애를 느끼게 한다. 소셜 미디어 인플루언서들은 이 몰입형 기법을 바탕으로 그들만의 제국을 건설했다. 이것은 단순히 격식에 얽매이지 않는 직접적인 상호작용과 생생한 모습처럼 고도로 몰입하게 만드는 특징들 덕분이다. 무엇보다도 좋은 점은, 상대적으로 비용이 저렴하고, 대부분의 소셜 채널들이 청중에게 콘텐츠를 전달할 수 있는 라이브 스트리밍 수단을 제공하여 스토리텔러들이 자신이 있는 곳에서 고객을 만날 수 있다. 라이브 스트리밍의 또 다른 이점은 시청자들이 다른 사람들도 그 재미에 합류하도록 초대하면서 당신의 콘텐츠가 타깃 대상을 훨씬 넘어 다른 청중들에게까지 전달될 가능성이 크다는 점이다. 청중과 관계를 구축하고 브랜드 인지도를 높이는 것이 당신의 주목적이라면, 이 몰입형 스토리텔링 기법은 시장에서 당신의 브랜드의 중요한 차별화 요소가 될 수 있다.

마케팅 외에도 다양한 방식의 라이브 스트리밍으로 당신의 브랜드 스토리텔링을 강화할 수 있다. 브랜드가 라이브 스트리밍을 그들의 브랜드 스토리텔링으로 통합할 수 있는 효과적인 방법들은 다음과 같다.

- 브랜드 스토리에 긴박감 조성하기: 청중에게 소개하고 싶은 새로운 캐릭터나 제품 또는 줄거리 변화가 있는가? 청중에게 특별 행사를 발표하고 라이브로 전하라. 브랜드와 브랜드 스토리를 고객의 요구에 맞게 계속 발전시킬 때, 당신의 여정을 청중과 취약하게 공유하기 위해서 이 방법을 사용하면 신뢰와 충성심 부문에서 가산점을 얻을 수 있을 것이다. 예를 들어, 오늘날 사회적 입장을 취하기로 결정한 아주 많은 브랜드가 그들의 청중에게 진실된 모습을 드러내는 데 실패하고 있다. 설령 그들이 진심으로 의도했다 하더라도 그들의 지지 행보가 생뚱맞고 맥락에 맞지 않기 때문이다. 이 책 앞부분에서 언급한 자극적이고 전반적으로 불쾌한 느낌을 주는 질레트의 '유해한 남성성' 광고를 내놓기 전에, 프록터 앤드 갬블Procter & Gamble 사의 스토리텔러가 전략적으로 2분짜리 라이브 스트리밍을 시도해서 이 브랜드가 핵심 가치관을 바꾸고 미투 운동을 지지하게 된 이유와 배경을 소개했더라면, 대중들의 반응은 완전히 달랐을 것이다. 라이브 스트

리밍은 다양한 시각에서 청중들을 사로잡기 위해 새로운 기술을 사용할 수 있는 브랜드의 능력을 보여 준다. 그리고 즉흥적인 상황(더 취약하고 진실하게 보이는 경우가 많다)과 이미 제작해 놓은 콘텐츠를 연결하는 기회를 제공한다.

- 청중들에게 브랜드의 내면을 보여 주기: 이제 신보적인 회사들 다수가 애플사로부터 힌트를 얻어 주력 제품 공개 행사를 라이브 스트리밍으로 진행하고 있다. 하지만 소규모로 보다 평범하게 청중들로 하여금 일상적인 운영 방식이나 경영진들과의 질의응답 대화를 경험하게 할 수도 있다. 그리고 경영진들의 대화에서는 경영진들 역시 그 이야기에 참여하고 몰입할 수 있다. 마이크로소프트의 기술 부서는 제품이나 서비스 관련 질문들에 답하는 것을 돕기 위해 매월 웨비나 webinar(인터넷상의 세미나)를 제공한다. 이것은 역량 강화라는 브랜드의 보편적 진리에 맞으면서 매우 인기 있고 성공적인 스토리텔링의 실행이 되었다. 그것은 고객들과 브랜드를 연결하는 새로운 문을 열어 줄 뿐만 아니라, 고객들이 그 기술의 중심에 있는 사람들에게서 직접 배울 수 있기 때문이다.

이런 것들은 브랜드 스토리를 창조할 때 당신이 연구해 볼 수 있는 몰입형 스토리텔링 기법들의 몇 가지 사례와 아이디어일 뿐이다. 스토리텔러들은 브랜드 스토리를 창의적이고 의미 있는 방식으로 진화시키기 위한 절대 끝이 없는 탐구 과정에 있다는 사실을 기억하라. 더 많은 기술이 탄생할수록, 우리가 이야기를 공유하고 게임 방식을 바꿀 새로운 방법을 발견할 기회들도 더 많이 생길 것이다. 모든 것이 예측 불가능한 이 디지털 시대에 브랜드 스토리텔링의 선두주자가 되는 것을 진짜 특권으로 생각하라. 당신의 브랜드를 위해 당신은 그 길을 개척할 것이다.

최고!

9

최고의 브랜드
스토리텔러들:
직원과 인플루언서

- 스토리텔링 부대 형성하기
- 스토리 페르소나 디자인하기
- 직원들과 인플루언서들: 좋은 점, 나쁜 점, 추한 점

직원 홍보와 사회적 인플루언서는 브랜드의 효과적인 홍보 수단으로, 조직이 공식적으로 선출하지 않았더라도 어떤 형태로든 늘 존재해 왔다. 사람들은 선천적으로 스토리텔러이며, 사회적 존재로서 우리는 이야기의 교환을 통해서 친구나 지인들과 자연스럽게 연결된다. 그 이야기들이란 보통 우리의 평범한 일상 활동들에 관한 것인데, 이것은 확실히 우리를 직장이나 선호하는 식료품점(우리가 자주 접하는 브랜드들)으로 데리고 간다. 또한 유명 인사들과 기자들, 그리고 업계 전문가들이 무심코 자신이 선택한 패션 브랜드나 패스트푸드점을 공유하면서 끊임없이 우리의 구매 결정에 영향을 미치고 있다는 사실은 잘 알려져 있다. 그러나 전통적인 마케팅의 쇠퇴와 빠른 기술의 발전으로 이 두 가지 구술가의 힘은 전례 없는 방식으로 부상하여, 오늘날 최고의 디지털 마케팅과 스토리텔링 채널인 소

셜 미디어가 되었다.

2000년대 초에, 소셜 미디어는 한 때 요새화되었던 전통적인 마케팅과 홍보의 벽 밖에서 개인 사용자들이 특정 청중들과 신뢰를 구축할 수 있도록 힘을 부여하기 시작했다. 여전히 브랜드들은 투자 수익률ROI을 추적할 방법이 없어 페이스북이나 트위터 계정 등에 투자하는 것으로 씨름하고 있었다. 그때 진정성이라는 장점으로 요령 있는 사회적 기업가들(또는 소셜 미디어 얼리어답터들)은 간단히 자신들의 전문 지식을 공유하거나 잘 다듬어진 카메라의 '뒷모습'을 보여 주었다. 그리고 이러한 각각의 채널들을 탐구하며 틈새 청중들 사이에서 명성을 쌓기 시작했다. 유명 인사들은 물론이고 '평범한 사람들'도 마찬가지로, 이런 흐름에 올라타기로 한 사람들은 누구나 그들의 청중에게 다가가고 연결될 수 있는 새롭고 직접적인 수단을 누리기 시작했다. 이것이 현재 인플루언서 마케팅이라고 알려진, 100억 달러 규모 산업의 시작이었다. 이것은 브랜드 마케팅에서 선두를 달리고 있는 방법이며, 따라서 스토리텔링에서도 마찬가지다.

이 산업에는 여러 가지 유형과 수준의 브랜드 후원자들이 있지만, 브랜드 스토리를 창소하기 위한 목적으로 나는 인플루언서와 직원들을 '스토리 페르소나'라는 하나의 카테고리 안으로 함께 집어넣으려고 한다.

3장에서, 브랜드 스토리가 청중에게 최적의 경험을 선사할 수 있도록 신중하게 창조해야 하는 중요성을 강조하기 위해 사용자 경험ux 디자인 원칙들을 간략하게 다루었다. 바로 그 단어, '경험'이 핵심이다. '정보의 감정적 전달'은 경험이다. 공감은 경험이다. 취약성은 경험이다. 이야기는 경험이다. 그리고 우리가 스토리를 얼마나 잘 디자인했는지 생각하는 것과 상관없이, 결국 그것이 얼마나 효과적으로 도달할지를 결정하는 것은 사용자가 어떻게 경험하느냐이다.

UX 디자인에서 가장 진실한 부분은 디자인 페르소나를 규정하는 일이다. 타깃 청중의 가상 모습이 될 사용자 페르소나라고 하지 않은 점에 주목하라.

사용자 페르소나 또는 마케팅 페르소나와 상당히 다르게, UX에서 디자인 페르소나는 고안된 제품과 사용자의 관계(또는 경험)를 가장 잘 이해하기 위해서 제작된다. 다른 말로, 디자인 페르소나는 그 제품에 가상의 인격을 부여하는 것이다.

이야기는 최종 '제품'인 반면, 그 이야기에 생기를 붙어

넣고 청중을 위해 이야기 경험을 드러내는 것은 스토리텔러이다. 따라서 나는 브랜드 스토리텔링을 다루기 위해서 이 UX 콘셉트를 빌려 수정하고 싶다.

아이폰의 기가 막힌 탄생 스토리를 스티브 잡스가 아닌 다른 누군가가 전했다면 현재 아이폰의 위상은 어땠을까?

최고 유명 인사들의 지지가 없었다면 국제 조직으로서 세계 자연보전 기금의 영향력은 얼마나 강했을까?

임무 수행 중 '무대 뒤'를 경험하는 이들이 가공하지 않은 개인적인 탐사 보도들을 포스팅하지 않는다면, 『내셔널 지오그래픽National Geographic』은 인스타그램에서 그렇게 크게 성공하고 영향력을 발휘할 수 있을까?

스토리텔링 부대 형성하기

이야기와 스토리텔러 간의 의존성이 얼마나 중요한지에 대한 내 요점을 당신이 이해했으리라고 생각한다. 하지만, 그렇지 않아도 당신은 이미 이 사실을 잘 안다. 최근에 브랜드들은 인플루언서 마케팅 하나에만 전체 마케팅 예산의 40피센드까지 투사하면서, 인플루언서 마케팅과 직원 홍보 노력들에 쓰는 비용을 상당히 늘렸다. 브랜드들은 조직 전체가 아닌 브랜드의 사람들에게 스토리텔러 의무를 부여하는 일이 무엇보다 중요하다는 것을 인식하고 있다. 그리고 이는 엄청난 이익을 가져다 주고 있다.

나는 어도비Adobe 같은 세계적 기업들이 직원 홍보 프로그램을 진화시키는 과정을 직접 목격했다. 이들은 직원들이 공유할 수 있도록 브랜드 콘텐츠를 준비하여 제공했다. 또한 의도적으로 직원들을 브랜드 스토리 대사로 선정하여 활성화하고 직원들이 브랜드 스토리를 구현하여 그들의 개인적인 이야기에 엮어 넣도록 철저하게 준비시키는 등 다양한 시도를 했다. 그리고 그 결과는 흥미로웠다.

다른 저자들이라면 이런 경우를 사례 연구 형식으로 제시하겠지만, 나는 진짜 스토리텔링 방식으로 어도비의 소셜 미디어와 직원 홍보 프로그램의 책임자이자 나의 친구 호세 카마초Jose Camacho에게 세계에서 가장 유명한 다국적 소프트웨어 기업에서 직원 스토리텔링이 어떻게 발전했는지 우리 독자들만을 위한 설명을 부탁했다.

───────────────────────────

어도비의 소셜 앰배서더 프로그램은 스토리텔링을 이용하여 어떻게 업무용 직원 콘텐츠 사업에서 브랜드 챔피언들로 구성된 강력한 커뮤니티로 진화했는가.

제 이름은 호세 안드레스 카마쵸Jose-Andres Camacho입니다. 저는 어도비의 소셜 미디어 지원 전략가로, 브랜드의 소셜 앰배서더 프로그램의 규모를 확장하고 사람들을 동원하며 이끄는 책임을 맡고 있습니다. 직원들이 어도비의 브랜드 스토리를 배우고 전할 수 있도록 준비시키고, 그것을 열정적으로 소셜 채널들에서 공유하며, 조직적으로 우리의 제품을 사용합니다. 그리고 열성적으로 우리 회사가 사회적 영향을 미치려는 노력들에 참여하면서 그것을 전파하도록 만들기 위해 글로벌 팀들과 협업합니다.

2018년에 이 임무를 맡았을 때 저는 직원 홍보나 스토리텔링에 대해서 아는 바가 거의 없었습니다. 오늘날 다양한 산업에서 경쟁 우위를 차지하기 위해 기업들이 어떻게 그 두 가지를 활용하고 있는지도 몰랐습니다. 전반적인 직원 홍보 전략들에 대해서는 알고 있었지만, 어도비에서 제가 새로 맡은 팀이 인정받는 규모로 이용되는 것은 결코 본 적이 없었습니다.

즉시 우리는 기업 전체적으로 2만 명이 넘는 직원 중 최소 50퍼센트가 우리의 브랜드 스토리를 알게 하는 것뿐만 아니라, 우리의 브랜드를 너무나 사랑하게 되어서 스스로 자신의 청중들에게 브랜드 스토리를 정기석으로 아낌없이 공유하도록 유도하는 것을 목표로 잡았습니다. 솔직히 고백하겠습니다. 저는 이 목표가 얼마나 허무맹랑한 것이었는지 알지 못했습니다. 당시에 우리의 직원 홍보 프로그램 사용자는 700명 정도 있었습니다. 그들 중 일부는 심지어 활성화된 사용자도 아니었습니다. 하지만 목표를 높게 잡아야 그 근처에라도 떨어지지 않겠습니까? 그렇죠? 배울 게 너무 많았습니다. 그것도 아주 빨리 배워야 했죠.

조사를 시작했을 때, 직원 홍보부장과 저는 즉시 건전한 방식으로 이 프로그램의 규모를 확대하기 위해서 더욱 폭넓은 전략의 일환으로 실행 가능한 혁신적인 기회들을 대거 밝혀내기 시작했습니다(이게 무슨 말인지는 나중에 더 설명하겠습니다).

우리가 취한 첫 단계는 규모 조정을 위해 적절한 도구들을 준비하는 것이었습니다. 처음부터 우리의 직원 홍보를 위한 핵심 파트너는 우리의 기술 파트너이기도 한 에브리원소셜EveryoneSocial이었습니다. 에브리원소셜은 직원 홍보 및 소셜 셀링 플랫폼으로, 기업들이 직원 교육과 공유를 위해 브랜드 스토리와 뉴스, 기사들, 비디오, 문서들을 비롯한 이야기 자산을 전달하는 것을 돕습니다.

우리는 벤치마킹을 위한 기준치로 실제 사용자 수를 측정해야 했습니다. 그래서 실제 사용자를 지난 30일 동안 적어도 한 번은 그 플랫폼에 로그인했던 사람이라고 정의했고 그다음 목표들을 세웠습니다.

당연히 에브리원소셜 같은 도구에는 성공을 추적하기 위해 사용할 수 있는 지표들이 다양하게 있습니다. 어도비에서 우리의 주목적은 실력 있는 스토리텔러들을 늘리는 것이었습니다. 따라서 가장 큰 두 가지 핵심 성과 지표Key Performance Indicator, KPI는 전체 사용자 수와 실제 사용자 수의 비율이었습니다. 거기에 더해서 우리는 이 프로그램의 효과를 전체적으로 이해하는 데 도움이 될 두 번째 성과 지표를 사용하기도 했습니다. 우리의 핵심 성과 지표들은 다음과 같습니다.

- **실제 사용자 비율**
  - 지난 30일 내에 로그인한 사용자
  - 목표
    - 직원의 50퍼센트
    - 에브리원소셜 도구의 기준마다 최고 등급에 도달하는 사용자의 30~35퍼센트

- **소셜 채널 지표**
  - 두 달
  - 참여

- 리드 제너레이션Lead generation(마케터가 수집한 잠재 고객의 연락처 정보인 리드를 생성하는 것)

또한 사용자들을 계속 활성화하기 위한 전략으로 '제거' 계획을 실행하여 휴면 고객의 수도 추적했습니다. 이 제거 계획은 반년마다 비활성화된 사용자들에게 연락하여 영업일 기준 10일 이내에 다시 플랫폼에 로그인하여 계정을 유지하겠다는 의사를 표현하도록 했습니다. 그렇지 않고 10일이 지나게되면 그들의 자격을 다른 사용자에게 이양할 것이었습니다.

다음으로 우리는 스토리텔링 전략을 짰습니다.

우리 프로그램의 가장 큰 장점 중 하나는 직원들이 개인적인 소셜 미디어 콘텐츠 수집 도구로 에브리원소셜을 사용하는 능력이 뛰어나다는 점이었습니다. 우리는 새로운 스토리텔러들이 이야기를 공유하려는 개인적인 동기가 있으며, 전반적인 브랜드 스토리가 동일하더라도 그것은 작은 이야기들로 나눠질 수 있고(언제나 우리의 보편적 진리로 돌아옴), 개인화된 공유를 위해 다양한 줄거리를 통해서 카테고리에 따라 배포될 수 있다는 점을 이해했습니다. 그래서 우리는 '어도비 뉴스'부터 '디지털 경험', '독창성', '리더십'에 이르기까지 다양한 주제들로 여덟 가지 스토리텔링 흐름을 만들었습니다. 매일 사용자들은 에브리원소셜에 로그인하여 최신 기사들, 블로그들, 비디오들, 트위터 메시지들을 찾고 각자의 소셜 네트워크에 공유했습니다. 그들은 링크드인과 트위터 같은 특정 채널에서 가장 좋은 시간에 청중에게 이런 이야기들을 공유하기 위해 계획을 짤 수도 있었습니다. 페이스북, 씽Xing, 위챗WeChat 등을 포함하여 사용자들이 선택할 소셜 채널들은 다양했습니다. 그리고 스토리 아크에 그들만의 '의견'을 덧붙이기 어려운 경우를 대비하여 트윗 거리를 생각해 내는 부담을 덜어 주기 위해서 포괄적인 내용으로 소셜 문구를 미리 준비해 놓기도 했습니다.

중요한 점은 사용자들이 이런 이야기들을 전형적인 브랜드 마케팅 콘텐츠로 보지 않고 감정적으로 그 이야기들에 연결되는 것이었습니다. 그래서 우리는 콘텐츠 각각을 아주 세심하게 준비하고 그들 모두가 어도비 브랜드의 가치관과 미션을 가능한 한 최고의 방법으로 보여 주도록 하는 데 엄청난 공을 들였습니다. 매번 그랬습니다.

그다음, 드디어 규모를 확장할 때가 왔습니다.

처음에 우리는 실행 모델을 관찰하고 그에 대한 통찰력을 얻기 위해 얼리어답터들로 이루어진 소규모의 그룹으로 시작했습니다. 그 프로그램이 호응을 얻게 되자, 우리는 소셜 미디어에서 활기를 띠고 화제가 되는 것 뿐만이 아니라 적절한 곳에서 더 큰 조직의 목표를 향해 발전하기를 원했습니다. 그래서 전략적으로 어도비의 내부 팀들에게 접근하여 우리 프로그램의 파트너가 되어 그들의 부서에서 우리 프로그램을 시험 사용해 달라고 부탁했습니다.

예를 들어, 우리는 16명 정도로 이루어진 인재영입 팀에게 다음의 사항들을 포함하여 다양한 목표들을 시행해 보았습니다.

- 인재영입 팀은 최소 한 주에 한 개씩 소셜 미디어에 포스팅한다
- 링크드인, 인스타그램, 트위터 채널에서 어도비 해시태그 사용이 매년 최소 15퍼센트 증가
- 어도비 소셜 계정의 팔로워 수가 매년 15퍼센트 성장

다섯 달 만에, 이 템플릿 프로그램은 매우 효과가 좋은 것으로 판명되어 우리 팀은 이것을 조직의 전체 직원 경험으로 확장하라는 지시를 받았습니다.

유용한 팁: 만약 당신의 회사에 지역 콘서트홀, 경기장, 공연장 등과 제휴하는 '스포츠 마케팅 프로그램'이나 유사한 기능이 있다면, 직원 홍보 프로그램이 그들과 제휴할 방

법이 있을지 물어보십시오. 이 파트너십으로 지역의 운동 경기, 행사, 콘서트 등의 미사용 티켓이 있을 때 지원받아 프로그램 인센티브로 활용할 수 있어 무척 유용합니다. 우리는 스포츠 마케팅 프로그램 매니저들과 합의하여 좋은 행사 티켓이 남을 경우, 홍보 프로그램 팀에 우선 제공해 주도록 하고 뛰어난 소셜 앰배서더 챔피언들에게 수여할 수 있도록 했습니다. 이것은 특히 영향력을 더 높이기 위해서 우리가 고도로 창의력을 발휘하는 게임화 기능을 이용해 보기로 했을 때 더 훌륭한 결정이었던 것으로 드러났습니다.

우리는 에브리원소셜의 게임화 기능과 순위표를 한 가지 방법으로 활용해 동료들 사이에 선의의 경쟁을 독려했습니다.

이러한 성과 순위표들은 공유와 참여 지표들에 대한 팀의 동기를 부여하는 데 핵심적인 역할을 합니다. 예를 들어, 사용자들에게 더욱 매력적인 콘텐츠를 포스팅하도록 독려하고 싶다면, 우리는 실제 콘텐츠 자체의 수 대신, 청중들의 참여를 특정 수치까지 올린 콘텐츠들에 더 많은 점수를 줄 겁니다.

순위표들은 또한 특정 지역을 겨냥한 캠페인들을 개최하는 데도 도움이 되었습니다. 예를 들어, 2019년 여름에 우리는 오라클 아레나Oracle Arena에서 열릴 예정인 칼리드 Khalid의 콘서트 티켓 넉 장을 무료로 받았습니다. 그즈음 약 350명의 인턴이 우리 프로그램에 합류했고, 대부분 베이 에리어Bay Area 출신이었습니다. 그래서 우리는 모든 베이 에리어 인턴들과 즉흥적인 경합을 벌이기로 했습니다. 그 경합은 5일 동안 진행되고 가장 많은 이야기를 공유한 최우수 인턴 네 명이 칼리드 콘서트 티켓을 거머쥘 것이었습니다.

결과는 엄청났습니다. 5일짜리 시합에서 다음과 같은 결과가 나왔습니다.

- 우리 플랫폼에 신규 사용자 13퍼센트 증가(전부 새로 합류한 인턴들)
- 이 집단 단독으로 소셜 미디어에 공유한 어도비 이야기 593퍼센트 증가
- 5일 동안 참여도 14퍼센트 증가

최근에는, 한 소셜 앰배서더 그룹에 샌프란시스코 자이언츠팀과 시카고 컵스팀의 야구 경기 티켓 스무 장을 나누어 줄 기회가 있었습니다. 에브리원소셜의 보고 분석 기능을 이용하여 데이터를 산출해서 이전 달에 '참여' 면에서 가

장 훌륭한 성과를 냈던 베이 에리어 소셜 앰배서더들을 찾았습니다. 그리고 예고 없이 연락하여 그들이 우승했다는 사실을 알렸습니다.

이러한 '깜짝 기쁨' 경험들은 사용자들이 게임화 과정의 이미 목표로 삼고 기대했던 보상보다 소셜 앰배서더 프로그램 안팎에서 에너지와 긍정적인 관계들을 형성하는 데 굉장히 귀중한 요소가 되었습니다. 이 실험을 통해 우리는 디지털 세계 밖에서 브랜드 스토리를 전달하는 것의 중요성도 인지하기 시작했습니다.

우리 프로그램이 어도비 전체에 걸쳐 사업과 조직들 사이에서 수요를 창출하기 시작하자, 더 크게 생각할 기회가 생겼습니다. 그래서 우리 팀은 소셜 앰배서더 프로그램에서 브랜드 스토리텔링 기술을 높이는 데 중점을 두는 쪽으로 방향을 바꾸기 시작했습니다. 우리는 몇 가지 방식으로 이렇게 했습니다. 먼저, 2019년 1월에 '2019 직원 홍보 학습 웨비나 시리즈'를 시작했습니다. 이 교육용 웨비나 시리즈는 다음과 같은 주제들을 담았습니다.

- 소셜 미디어에서의 존재social media presence를 최적화하기: 어떻게 시간을 절약하고 당신이 사랑하는 콘텐츠들을 결합할 수 있을까. 이 주제는 RSS 피드, 구글

키워드, 해시태그, 트위터 이름 등의 소스에서 사용자가 콘텐츠를 자동으로 가져와 피드를 만들 수 있는 개인적 스트림을 에브리원소셜에 생성하는 것처럼 가치가 큰 행동들을 실행하는 것에 초점을 맞춥니다.

- 어떻게 당신의 링크드인 프로필을(그리고 무엇을 포스팅할지를) 최적화하는가. 이 주제는 게시 빈도, 팁, 어도비 브랜드의 커버 이미지와 다른 훌륭한 실행 사례들을 어디에서 찾을 수 있을지에 대한 방향을 제시합니다. 그리고 사용자들이 링크드인에 최선을 다할 수 있도록 도움을 줍니다.

이 웨비나 시리즈의 목적은 두 가지로 나누어집니다.

- 우리의 사용자들에게(그리고 더 넓은 범위의 직원들에게) 가치 높은 행동들을 교육합니다. 개인 계정을 생성한 사용자들은 그렇지 않은 이들에 비해 콘텐츠를 여섯 배나 더 많이 공유했다는 사실을 알게 되었기 때문입니다.
- 어도비 소셜 앰배서더 프로그램Adobe Social Ambassador Program에 대한 인지도를 높이고 우리의 사용 가능 자원들을 계속 최우선 순위로 생각하게 합니다.

학습 계획들과 함께 우리는 또한 공동체 의식을 더 강하게 심고 호감도를 높이기 위해 재미있고 의미 있는 네트워킹 이벤트들을 도입했습니다.

현재, 어도비의 소셜 앰배서더 프로그램은 단순히 직원들을 위한 업무용 콘텐츠 제작 방식이었던 것에서 브랜드 스토리텔러들의 건전한 커뮤니티로 발전했으며, 숫자가 그 사실을 분명히 보여 줍니다.

브랜드는 주기적으로 센스 있게 어도비 스토리를 공유하고, 뚜렷한 사회의식을 지니며, 정기적으로 우리의 제품을 사용합니다. 그로 인해서 브랜드는 사회적 영향력을 발휘하는 데 참여하는 준비된 직원들이 증가하는 기쁨을 누리고 있습니다.

제가 처음 어도비에 들어왔을 때, 우리의 원래 미션은 어도비 직원들과 파트너들이 온라인에서 어도비를 지지하는 모습을 보이고, 동료 직원들이 적절한 콘텐츠를 공유하는 모습을 발견하며, 산업 뉴스에서 최신 정보를 계속 얻을 수 있도록 돕는 것이었습니다. 그것이 당시 우리 팀의 적절한 임무였습니다. 하지만 이후 우리는 조직의 사일로 효과(조직 부서들이 서로 다른 부서와 담을 쌓고 내부 이익만을 추구하는 현상)를 없애고 전세계의 다른 팀늘과 교차 협업을 하는 활기 넘치는 브랜드 스토리텔링 부서로 진화했습니다.

직원 홍보와 브랜드 스토리텔링의 미래를 생각하면, 내부 인플루언서들과 회사의 임원들은 단순히 준비된 콘텐츠들을 되풀이하는 것에서 벗어나야 합니다. 직원들이 디지털 채널에서 진짜 독특하고 강력한 영향력을 발휘하도록 지지하고, 브랜드에 의해 활성화된 사용자 제작 콘텐츠 user-generated content, UGC(일반 사용자들이 만들어 유통하는 콘텐츠)와 다른 형태의 디지털 표현을 통해 진정한 사고의 리더십을 발휘할 수 있도록 해야 합니다. 그 결과 디지털 및 물리적으로 브랜드 스토리텔러들 간의 진정한 공동체 의식과 문화 참여를 이끌어 낼 수 있습니다.

⁂

바로 이것이다! 인간화된 브랜드 스토리를 인간이 전하는 것이 효과가 크다는 데는 의문의 여지가 없다. 그러나 만약 모든 브랜드가 직원 홍보와 인플루언서 마케팅 방법을 사용하기 시작한다면, 결국 브랜드 스토리텔링도 시시해지고 모든 것이 그러하듯 쓸모가 없어지지 않을까? 나는 직원 홍보와 인플루언서 마케팅은 이런 마케팅 '기법'들에 공식 타이틀이 없던 시절에조차 언제나 존재했었다는 사실을 인정하면서 이 장을 시작했다. 인간으로서 우리는 선천적으로 다른 사람들과 진실하게 관계를 맺고 싶어 하기 때문에 이것들은 언제나 유기적으로 존재해 왔고, 바로 그런 이유로 앞으로도 계속 존재할 것이다.

참고로, 직원 홍보와 인플루언서 마케팅을 명확히 구분하지 않고 스토리 페르소나에 포함했다면 나는 후회했을 것이다. 그래서 각 기법의 가장 중요한 특성들, 형태들, 트렌드, 통계들을 보여 주는 간단한 표를 그려 보았다(도표 9.1).

도표 9.1(a) 직원 홍보와 인플루언서 마케팅 분석

	정의	유형	트렌드 및 통계
직원 홍보	브랜드에 대한 지지를 공유하도록 직원을 모집하고 장려하며 브랜드 제품 및 문화에 대한 브랜드의 긍정적인 인지도를 높일 수 있도록 지원하는 것	얼리어답터, 후원자, 내부 브랜드 인플루언서	• 브랜드의 공식 소셜 채널들과 직원들이 똑같은 메시지를 공유했을 때 직원들이 공유한 브랜드 메시지들이 561퍼센트까지 더 멀리 도달했음 • 최소 1천 명의 적극적인 참가자들로 이루어진 직원 홍보 프로그램은 광고 가치로 190만 달러에 상응하는 효과를 창출할 수 있음 • 브랜드들의 65퍼센트가 직원 홍보 프로그램을 시행한 후 브랜드 인지도가 높아졌다고 보고함 • 직원들이 소셜 마케팅 활동으로 발굴한 관심 고객들이 다른 관심 고객보다 일곱 배 더 많이 실제 고객으로 전환됨

	정의	유형	트렌드 및 통계
인플루언서 마케팅	어떤 주제와 관련해 특별한 재능이나 전문성으로 명성을 쌓았고 그로 인해 팔로워가 많은 사람들을 고용하고 장려하는 것	유명 인사들, 업계 전문가들, 콘텐츠 크리에이터, 마이크로 및 나노 인플루언서	• 2019년에 인플루언서 마케팅을 중심으로 하는 새로운 플랫폼들과 에이전시들이 320개나 시장에 진입했음 • 인플루언서 마케팅을 이해한 기업늘은 그들이 지출하는 달러 당 언드 미디어earned media(소비자, 언론 등이 생산하는 자발적 매체)의 가치로 최대 18달러의 수익을 낼 수 있음 • 69.4퍼센트의 인플루언서가 돈을 벌기 위해 인플루언서가 되기로 결심함 • 10대 유튜브 구독자의 70퍼센트가 전통적인 유명 인사들보다 유튜브 크리에이터들에게 더욱 공감한다고 밝힘

두 가지 기법의 뚜렷한 차이점들이 있다. 하지만 브랜드 스토리텔링 관점에서는 두 가지 모두 청중들에게 가장 진실하고 공감을 일으킬 수 있는 방식으로 브랜드 스토리를 효과적으로 전달한다. 어떤 스토리텔러가 당신의 특정 브랜드와 브랜드 전략에 가장 잘 맞을지 조사하는 것이 바람직하지만, 나는 나노 및 마이크로 인플루언서(유명 연예인

보다 인지도는 덜 하지만 자신의 분야에 전문성을 갖추고 소비자와 가깝게 소통하는 영향력 있는 개인 인플루언서. 보유 팔로워 수가 1천 명에서 십만 명 사이는 마이크로 인플루언서, 1천 명 미만은 나노 인플루언서라고 부른다)들이 인플루언서 세계에서 점점 더 중요해지고 있다는 사실을 알려 주고 싶다. 이들은 자신이 개인적으로 노력하여 조직적으로 축적한 틈새 청중들에게 훨씬 더 열성적인 경향을 보이기 때문이다. 그런 이유로, 누가 내게 묻는다면, 나는 당신의 가장 훌륭한 브랜드 스토리텔러들은 직원들과 마이크로 인플루언서들이라고 말할 것이다. 둘 다 브랜드 스토리에 진실하고 감정으로 연결되어 있으며, 자신의 청중에게 '홍보하는 일'에 크게 관심이 없기 때문이다.

하지만 이야기의 모든 것이 동화처럼 아름답지는 않다. 어떤 브랜드들은 여전히 인플루언서 마케팅이나 직원 홍보 캠페인으로 최고의 투자 수익을 올리기 위해서 고군분투하고 있다. 뭐, 하고 있기나 하다면 말이다. 따라서 신중하게 창조한 브랜드 스토리를 전하도록 최고의 스토리텔러들을 선정할 때, 투자한 자원들을 어떻게 극대화할 수 있을까? 당연히 스토리 페르소나를 신중하게 규정하면서 그렇게 할 수 있다. 그리고 이것은 이어서 소개할 다섯 가지의 간단한 단계들을 통해 실행한다.

스토리 페르소나 디자인하기

1단계. 당신의 브랜드 스토리 특성들을 평가하라

2장과 3장에서, 우리는 보편적 진리, 구조, 색감, 서체, 그리고 이야기에 활기를 띠게 하는 여러 특성을 비롯하여 다양한 브랜드 스토리 구성 요소들에 대하여 배웠다. 당신이 이러한 특성들을 스토리 페르소나(또는 선정된 스토리텔러)에 맞출 준비가 되면, 최고 수준으로 적합성을 판단하기 위해서 이러한 특성들을 한 번 더 검토하고 경쟁 구술자 유형 각각에 맞추어 교차 비교하는 것이 현명하다. 이 평가 과정 중에 고려해야 할 몇 가지 질문들은 다음과 같다.

- 이 [인플루언서 또는 직원]이 그 브랜드 스토리를 가장 잘 반영하고 대표하는가?
- 그 브랜드 스토리에서 하나의 캐릭터로 이 [인플루언서 또는 직원]은 누구인가?
- 이 [인플루언서 또는 직원]이 그 브랜드 스토리에 불청객에 더 가까운 것 같은가 아니면 자연스러운 추가에 가까운가?

브랜드 페르소나를 선택하고 만드는 일은 당신이 브랜드 스토리에 신중하게 부여한 특성들을 어떤 인물들이 가장 잘 보완할 수 있는지 평가하는 것으로 시작한다. 브랜드가 자신의 브랜드 스토리를 꼼꼼하게 디자인하는 데 엄청난 노력을 쏟아 부었지만 스토리 페르소나를 만드는 일에 시간을 투자하지 않아서 처절하게 실패하는 모습만큼 안타까운 것도 없다.

2단계. 청중의 동기를 목록으로 나열하라

당신이 이미 청중을 규정했으며 브랜드 스토리를 통해 그들로부터 유도하고 싶은 감정을 반영했다는 사실을 잘 안다. 그러나 이 책 내내 나는 청중은 끊임없이 변화 상태에 있다는 점을 계속 반복해서 말하고 있다. 당신이 이 장을 읽을 때 즈음이면, 몇 달 전이나 몇 주 전에 당신의 청중이 지녔던 동기들이 완전히 달라져 있을 수도 있다. 그러므로 당신의 스토리 페르소나들이 청중에게 어떻게 보이고, 들리고, 접근할지 결정할 때, 페르소나 특성들을 규정하는 데 도움을 받기 위해서 당신의 청중에게 계속 영감을 주고 몰입하게 하는 요소들의 목록을 다시 살펴보는 것이 일리가 있다. 청중들의 동기 목록을 나열할 때, 다음의 사항을 고려하라.

- 당신의 청중이 혼합되어 있다면, 스토리 페르소나 하나로 충분할까, 아니면 하나 이상이 필요할까? 마이크로소프트의 경우, 청중이 아주 많은 산업계와 집단에 걸쳐 방대하게 분포되어 있다고 앞서 언급했다. 그 때문에 우리는 브랜드 미션과 보편적 진리에 고정된 다양한 이야기들을 만들며, 각양각색의 청중들에게 호소하기 위해 여러 가지 스토리 페르소나들을 디자인한다.
- 스토리 페르소나가 청중들의 마음을 끄는가? 잠시 등식에서 브랜드 스토리를 제거해 보자. 만약 그 스토리 페르소나 혼자 당신의 청중들 앞에 나타난다면, 그들은 스토리 페르소나에 끌리겠는가? 스토리 페르소나 때문에 청중들이 그 브랜드에 대해서 더 알고 싶어지겠는가?

인플루언서든 직원이든, 당신의 브랜드 스토리를 전하기로 한 모든 스토리텔러는 세심하게 디자인하여 부여한 스토리 페르소나의 특성과 개성을 잘 관찰해야 한다. 그것이 청중들의 동기와 소망을 반영하기 때문이다. 다시 말해서, 그것은 본질적으로 고객 중심적이며, 고객(스토리텔러가 아니라)을 그 이야기의 중심으로 유지한다.

3단계. 스토리 페르소나 어포던스를 탐구하라

사용자 경험UX에는 제품에 대한 사용자의 인식을 바탕으로, 제품이 사용자에게 제공하는 기능과 가치를 묘사하는 용어가 있다. 이것을 어포던스affordance('행동 유도성')라고 부른다. 렉스 하트슨Rex Hartson은 저서『사용자 경험 책 The UX Book』에서 어포던스는 사용자가 사용하는 제품과 맺는 물리적 관계로 볼 수 있다고 설명한다.

디자인에는 네 가지 유형의 어포던스가 있는데, 인지적, 물리적, 감각적, 기능적 어포던스이다. 최고의 스토리 페르소나를 디자인할 수 있도록 이 개념을 브랜드 스토리텔링에 맞추어 설명하겠다(도표 9.2).

어포던스 유형	설명	예시
인지적 어포던스	청중이 브랜드 스토리에 관한 구체적인 무언가를 밝혀내고 예측하는 데 도움을 주는 스토리 페르소나 행동	인플루언서나 직원이 그들의 청중에게 브랜드 스토리의 일부나 전부를 소개하기 전에 항상 언급하는 캐치프레이즈
물리적 어포던스	물리적으로 청중을 사로잡기 위해서 스토리 페르소나가 활용하는 이야기 요소	행동조치, 무대 소품, 스토리텔링 중에 사용하는 시각 요소
감각적 어포던스	청중의 감각을 사로잡기 위해서 스토리 페르소나가 사용하는 요소들	페르소나의 어조는 충분히 잘 들리는가? 그들의 존재감이 충분히 두드러지는가?
기능적 어포던스	브랜드 스토리 미션을 성공적으로 유도하기 위해서 스토리 페르소나가 지니는 속성들	스토리 페르소나는 청중들에게 어떻게 효과적으로 감정을 불러일으키는가?

이 점을 염두에 두고, 당신의 스토리 페르소나가 지니고 있다고 생각한 특성들이 이러한 어포던스들을 감안하는지, 그리고 어떻게 감안하는지를 생각해 보라.

4단계. 스토리 페르소나가 전달하는 감정적인 임무를 탐구하라

감정이라는 단어를 모든 장에서 반복하여 언급하지 않는다면 스토리텔링 책이라 할 수 없을 것이다.

스토리 페르소나는 결국 브랜드 스토리의 얼굴이다. 인플루언서의 형태든 직원의 형태든, 스토리 페르소나를 접하는 사람은 모두 그 스토리 페르소나가 얼마나 암시적으로 브랜드 스토리를 전달하는지를 바탕으로 그 브랜드를 판단할 것이다. 이런 이유로, 스토리 페르소나가 지니고 이용하는 감정적인 요소들을 밝히고 이러한 것들이 어떻게 브랜드 스토리를 해석하고 있는지를 알아내는 것이 몹시 중요하다. 스토리 페르소나의 감정적 임무를 탐구할 때 고려해야 할 몇 가지는 다음과 같다.

- 페르소나는 브랜드 스토리가 일으키는 것과 동일한 감정을 청중들에게 불러일으키는가? 예를 들어, 당신의 브랜드 스토리의 미션은 자애로운 감정을 불러일으키는 것이다. 그런데 말투와 화법이 굉장히 냉소적인 것으로 유명한 소셜 인플루언서를 고용한다면, 당신의 청중들은 모순되는 인상을 받을 수 있다. 브랜드 페르소나를 디자인할 때, 그것이 단독으로도 자신의 중요한 특성들을 통하여 브랜드의 보편적 진리를 전달하는지 확인하라.
- 페르소나가 브랜드 스토리에 이로운 분위기를 조성하는가? 감정, 분위기, 느낌들은 모두 브랜드 스토리텔

링 경험의 일부이며, 당신의 스토리 페르소나가 어떻게 나타나는지가 이야기 배경을 창조할 것이다. 따라서 이 배경이 얼마나 효과적인지 고려해야 한다.

5단계. 당신의 페르소나에 정체성을 부여하라

아아! 이것은 스토리 페르소나를 제작하는 과정의 하이라이트이자 가장 재미있는 부분이다. 브랜드 스토리의 특성들, 청중의 동기들, 어포던스, 그리고 감정적 가치를 신중하게 재검토했다면, 이제는 마케팅 페르소나나 다른 형태의 허구적인 대표 캐릭터들을 제작하듯이 당신의 스토리 페르소나를 창조하기 시작할 시간이다. 나는 마케터로서 당신이 페르소나를 창조하는 데 전문가라는 점을 알지만, 이 틈새 캐릭터의 경우를 고려하여 당신에게 유용할 몇 가지 팁을 제공하고자 한다.

○ 당신의 스토리 페르소나에 다양한 인격을 가능한 한 많이 부여하라.
  • 예시: 내 스토리 페르소나는 모든 XYZ 회사 이해관계자들에게 이웃이자 친구이자 영웅이다. 그녀

는 현대적이고 첨단 기술에 빠삭한 한편, 그녀의 물리적 속성들은 XYZ 회사의 수수한 시작과 잘 어울린다. 따라서 그 브랜드의 설립 이야기는 청중들에게 자부심과 향수를 불러일으키는 매력과 경험을 제공한다. 그 스토리 페르소나는 사려 깊고 위안을 주며 빠져들게 하는 감각 경험과 신체적 경험들을 통해 감정 경험까지 제공한다. 그녀는 청중들의 동기를 잘 알고 매번 그것에 부합하려고 노력한다. 내 스토리 페르소나는 항상 미소를 띠고 있으며 따뜻하고 반갑고 진실한 모습으로 언제나 청중들을 기쁘게 만든다.

○ 당신의 잠재적 스토리텔러들과 이 특성의 의미를 공유하라.

• 인플루언서, 조직 내 최고 경영진, 정직원, 유명 인사, 그리고 당신의 브랜드 스토리를 위해 공식적인 스토리텔러 임무를 부여받은 사람은 누구든, 당신의 스토리 페르소나가 지닌 핵심 속성들을 인지하고 각자의 자리에서 그것들을 구현해야 한다. 하지만 오해하지 마시라. 스토리 페르소나는 스토리텔링에 사용하는 강제적이고 융통성 없는 접근법이

아니라, 어떻게 그 이야기를 가장 잘 전달할 수 있을지를 알려 주는 등대 역할을 할 뿐이다. 스토리 페르소나가 브랜드 스토리와 청중 간의 관계를 형성할 수 있다는 점을 기억하라. 모든 스토리텔러는 분명 자신의 맥락에서 가능한 한 최고로 브랜드 스토리를 잘 드러낼 것이다. 그렇지만, 브랜딩의 모든 것이 그러하듯 브랜드 스토리가 최고의 방향으로 향하도록 규범과 지침을 잘 확립해 놓는 것이 중요하다.

○ 주기적으로 스토리 페르소나 속성들을 다시 논의하라.

• 만약 당신이 이 책에서 배운 것이 전혀 없다면, 부디 내가 제일 처음부터 계속 강조해 온 한 가지, 스토리텔링은 동사라는 사실을 기억하라. 프로토타이핑과 콘셉트들을 테스트하는 것은 지속적인 디자인 씽킹 프로세스의 일부이며, 여기에는 당신의 스토리 페르소나와 그 속성들도 포함된다. 브랜드, 브랜드 스토리 및 브랜드 이해관계자들은 모두 계속 진화하는 중이며, 따라서 당신이 스토리 페르소나에 부여한 속성들도 곧 부적합해질 수 있다. 다

행히도, 당신의 청중은 이야기가 전달될 때 스토리 페르소나가 여전히 적절한 감정을 일으키고 있는지 드러낼 만큼 정직할 것이다. 이야기가 다양한 형태와 채널들에서 많은 스토리텔러들을 통해서 전달될 때, 청중의 소리에 계속 귀를 기울이고, 무엇이 그들의 마음을 훈훈하게 하는지 관찰하고 알아내라.

직원들과 인플루언서들: 좋은 점, 나쁜 점, 추한 점

이제 잠재적 스토리텔러들을 위한 나침반이 있으니, 당신 이야기의 성공을 극대화할 수 있도록, 브랜드 스토리텔링에서 각 스토리텔러의 장점과 위험 요소들뿐만 아니라 각각의 역할들을 살펴보자.

직원들

인플루언서들과 다르게 직원들은 이미 브랜드 스토리의 필수 부분이므로, 당신이 재구상한 IMC 기법들을 사용해서 새로 창조한 스토리를 공유하기만 하면 그들은 한결같이 그것을 받아들이고, 따르고, 전할 것이다. 그렇지 않나? 그건 우리의 희망 사항이다.

4장에서 나는 브랜드 스토리텔링이 어떻게 문화 활성제 역할을 하는지, 그리고 통합 마케팅과 커뮤니케이션 접근법이 어떻게 핵심 스토리텔러 그룹이 브랜드 스토리를 살아 숨쉬도록 하는 데 도움이 되는 전략적인 자원을 제공할 수 있는지를 강조했다. 하지만 스토리 페르소나의 콘셉트를 적용할 때, 이 전략이 고위 간부들부터 고객 서비스 담당자들까지 모든 내부 스토리텔러들을 어떻게 각자의 청중들에게 브랜드 내러티브를 가장 마술같은 놀라운 방식으로 전파하도록 만들 수 있을까? 바로 가능성들을 탐색하면서 그렇게 할 수 있다.

내가 접했던 기업들 대부분은 브랜드 스토리를 디자인하는 일의 중요성은 이해한다(이것이 바로 당신이 이 책을 읽고 있는 이유다). 하지만 조직의 다양한 분야와 위치에 있는 모든 직원들이 브랜드 스토리에서 오는 차이를 줄이는 데 유난히 힘든 시간을 겪는다. 그로 인해 안타깝게도 그들은 브랜드 스토리텔링에서 가장 중요한 부분인 '스토리 의인화' 부분을 제쳐 놓는다. 그리고 결국 어떤 제삼의 도구가 제공하는 안전하고, 독창적이지 못하고, 보통 결실을 맺지 못하는 콘텐츠 큐레이션 직원 홍보 모델에 굴복하고 만다.

브랜드 스토리를 실패하게 두지 마라. 당신과 당신의 팀은 이해관계자들에게 들려줄 너무나 멋진 이야기를 디자인하기 위해서 굉장히 열심히 달려 왔다. 그리고 이제 마지막 전략 단계로, 주요 스토리텔러들과 그들이 조직에서 수행하는 역할을 살펴보는것이 중요하다. 그래야 이야기를 전달할 수 있는 힘을 가장 잘 부여할 수 있다.

도표 9.3에서 보여 주는 차트는 조직의 직원들이 스토리 페르소나를 맡을 때 각각의 할 수 있는 역할의 차이와 스토리텔링 전략에 영향을 줄 수 있는 관련 장점들과 단점들을 보여 준다. 이 시나리오는 당신의 브랜드가 사업 성장을 위한 청사진으로 스토리텔링을 사용하기로 결정했으며, 임원들은 지원을 아끼지 않을 뿐 아니라, 그 전략을 추진하는 데 기꺼이 도움을 준다고 가정한다.

이 차트는 당신이 더욱 적합한 직원 홍보 접근법을 택하고 내부적으로 브랜드 스토리를 성공적으로 전달할 가능성을 높일 수 있도록, 직원들이 스토리 페르소나를 맡을 때 어떻게 일조할 수 있을지에 대한 일반적인 생각만을 보여 준다는 사실을 기억하라. 절대로 이것은 확정된 생각이 아니다. 그리고 다시 한번 강조하지만, 디자인 씽킹의 정신에서 보아도 스토리텔링 전략들을 통합할 때 유연한 자세를 유지하는 것이 필수이다. 이 차트를 템플릿으로 사용하여 조직에서 경영진의 역할과 현재 스토리텔링 전략에서 어떻게 작용하고 있는지 확인해 보기를 권한다.

도표 9.3(a) 직원 스토리텔러 역할의 장점과 단점

직원 유형	스토리텔러 역할	스토리 페르소나 장점	스토리 페르소나 단점
최고 경영진 (대표급)	• 상의하달식으로 내부 이해관계자들에게 브랜드 스토리를 전달 • 스토리텔링 전략들에 자금 조달 • 중간 관리자들이 그들의 분야에서 스토리텔링 전략들을 추진할 책임을 맡도록 준비시킴	• 이미 브랜드 스토리를 믿으며 지속적으로 강화함 • 조직 내 인플루언서이자 사고의 리더 • 스토리 페르소나 속성들을 구현함 • 이야기의 감정적 기능에 효율적으로 기여함 • 높은 수준으로 청중의 동기를 이해함	• 원래 예전부터 소셜 채널들에 열성적으로 또는 진지하게 참여하지 않음 • 어떤 디자인 어포던스에는 연결되지 않을 수 있음 • ROI 지표들이 분명하게 규정되지 않으면 브랜드 스토리텔링 시도들을 연기하려고 할 수 있음
중간 관리직 (부서장, 지역 책임자)	• 브랜드 스토리가 부서들로 전파되도록 도움 • 스토리텔링 실행에 전용 예산 할당 • 청중 기반에 중점을 두고 독특한 이야기들을 결정하고 창조함 • 관리자들이 각자의 부서에서 브랜드 스토리의 일관성을 적절히 실행하는 데 책임을 지도록 준비시킴	• 브랜드 스토리를 전하는 중요성을 받아들이고 스토리 페르소나 속성들을 이해함 • 조직 내 마이크로 인플루언서임 • 혼합된 청중을 규정함 • 소셜 미디어 참여에 더 잘 호응할 수 있음	• 스토리텔링 디자인과 끊임없는 진화 접근법의 복잡한 사항들을 이해하지 못할 수 있음 • 최종 결과와 관련하여 스토리의 감정적 효과를 덜 신경 쓰고 기능적인 어포던스를 더 많이 신경 씀

직원 스토리텔러 역할의 장점과 단점

직원 유형	스토리텔러 역할	스토리 페르소나 장점	스토리 페르소나 단점
감독(관리자, 프로그램 책임자)	• 브랜드 전략의 일환으로 매일 브랜드 스토리텔링을 직원들에게 주입 • 각자의 특정 부서에서 정해진 스토리텔링 기법들을 수행 • 직원들이 브랜드 스토리를 이해하고 개인적으로 전하는 데 책임을 지도록 준비시킴	• 지속적으로 브랜드 스토리를 전함 • 조직 내 나노 인플루언서임 • 소셜 미디어에서 활발하게 활동하고 디지털 세계에서 존재감을 지니고 있을 수 있음 • 직원들에게 영향을 미치는 이야기를 아주 잘 알고 있음 • 스토리텔링 디자인 진화의 고충을 이해함	• 최종 결과와 관련하여 이야기의 감정적 결과에 더욱 관심을 가지고 기능적 어포던스에는 신경을 덜 쓸 수 있음 • 직원들을 빛나게 하려는 시도로 '뒷이야기'를 드러내고 스토리텔러 접근법을 덜 신경 쓸 수 있음
일반 직원	• 각자의 특정 역할 내에서 이해관계자들에게 브랜드 스토리를 전하고 의인화함 • 끊임없이 새롭고 진화된 브랜드 스토리텔링 기법들을 배움 • 고객들로부터 브랜드 스토리에 대한 생생한 피드백을 포착함	• 소셜 채널 얼리어답터이자 소비자 • 청중의 동기를 이해함 • 고객 피드백을 바탕으로 스토리텔링 진화에 영향을 줄 수 있음 • 교육을 잘 받으면, 스토리 페르소나 정체성을 훌륭히 보여 줄 수 있음	• 모든 디자인 어포던스들을 제공하기에는 완벽히 준비되어 있지 않을 수 있음 • 기능적 또는 감정적인 스토리 페르소나 효과들을 걱정하지는 않음 • 예산 지출에 발언권이 없음
계약직 근로자	• 브랜드 스토리를 의인화할 때 직원의 연장선상에서 기여 • 노동력의 일부로 브랜드 스토리 전략에 기여 • 마찬가지로 고객들로부터 피드백 포착 가능	• 브랜드 페르소나를 확장하는 데 기여함 • 감정적이고 기능적인 이야기의 결과들이 얼마나 효과적인지에 대한 '외부 시각'을 가져올 수 있음	• 자신을 그 브랜드 스토리의 일부로 여기지 않을 수 있음 • 디자인 어포던스를 걱정하지 않음

인플루언서들

    인플루언서들이 잠재적으로 당신의 브랜드 스토리에서 할 수 있는 역할은 이미 당신도 잘 알고 있을 테니 그것을 설명하는 데 시간을 많이 들이지 않겠다. 하지만, 당신은 청중들에게 브랜드 스토리를 전파하는 가장 좋은 방법들을 찾으며 계속 전략을 짤 터이니, 이 스토리텔러 집단을 활용하는 것의 일반적인 장점들과 단점들 몇 가지를 상기시켜 주고 싶다.

○ **장점**
- 브랜드 스토리를 널리 전파하고 외부 청중들과 신뢰를 형성하는 데 상당히 도움이 된다.
- 타깃 청중 범위가 방대하다.
- 모든 스토리 페르소나 어포던스를 전달할 수 있다.

○ **단점**
- 그 브랜드 스토리를 진심으로 좋아하지 않을 수 있으며 그 경우에는 진실하지 못한 모습으로 나타나는 위험을 무릅쓸 수 있다.
- 비용이 매우 많이 들 것이다.

• 오래가지 못한다.

스토리 페르소나를 만들어 의도적으로 특정 그룹에게 브랜드 스토리텔러의 힘을 부여하는 것은 이야기를 창조하기 위한 지칠 줄 모르는 노력들이 가장 마술 같은 방식으로 결실을 맺는 확실한 방법이다. 해피 디자인!

10

브랜드 스토리 마케팅
(사실은 테스팅!)

- 핵심 가정들 규정하기
- 당신의 이야기를 테스트하기 위한 기본 규칙들

여기까지 온 것을 축하한다! 당신은 충실하게 고객들을 스토리의 중심에 놓고, 시각적 요소들과 몰입감을 주는 기법들로 섬세하게 스토리를 꾸미고, 상상할 수 있는 가장 매력적인 방식으로 스토리가 전달되도록 주의 깊게 스토리 페르소나를 디자인했다. 마법처럼 황홀한 브랜드 스토리를 창조하느라 지치는 줄 모르고 애썼다. 이제 당신은 브랜드 스토리를 시장에 내놓을 준비가 되었다.

전통적인 제품 마케팅 계획들은 다음과 같은 규칙들을 따른다.

- 상황 분석을 철저히 하라 (스왓SWOT 분석과 현 시장 상황)
- 목표들을 규정하라
- 핵심 성과 지표들을 정하라
- 타깃 고객을 찾아라
- 콘텐츠와 채널 전략들을 정하라

- 마케팅 예산을 세워라
- 다기능 팀의 책임 업무들을 규정하라(RACI 모델·프로젝트의 역할과 책임을 나누고 구별하기 위해 사용하는 효과적인 방식으로 RACI는 관련자들이 프로젝트에서 담당할 수 있는 4가지 역할, 책임Responsible, 책무Accountable, 조언Consulted, 정보Informed를 나타낸다.)

하지만 이와 다르게 브랜드 스토리를 시장에 내놓는 일은 마케팅이라기보다는 프로토타이핑 단계에서 당신이 창조해 낸 브랜드 스토리 콘셉트들을 테스팅하는 것에 가깝다. 만약 스토리텔링에 디자인 씽킹 접근법을 잘 따라왔다면, 당신은 이미 감정을 이입하여 맞춤형 청중들을 조사하고, 브랜드 미션과 보편적 진리에 묶여 있는 다양한 스토리 콘셉트들을 규정하고, 관념화하고, 프로토타이핑했을 것이다. 그리고 이제는 그것들을 가지고 와서 청중이 어떻게 반응할지 확인할 시간이다.

2장에서 나는 테스트 단계가 가벼운 출시 프로젝트와 어떻게 같은지 간단히 언급했다. 그 단계에서는 디자인한 스토리 콘셉트들이 당신이 의도한 대로 청중들에게 전달되는지 그리고 어떻게 전달되는지를 관찰하고 평가할 수 있다.

사실 약간 완성되지 않은 느낌의 스토리 콘셉트들을 시장에 내놓는 일이 조금 불안할 수 있다. 당신의 불안감을 줄여 주기 위해서, 출시하기 전에 각 디자인 콘셉트의 탁월한 요소들을 측정할 수 있는 사전 검사 도구를 제공하고 싶다. 바로 핵심 가정표Key Assumptions table이다(도표 10.1 참조). 각 디자인 콘셉트의 가치, 실행, 규모, 방어 능력을 비판적으로 평가하기 위해 디자인 씽킹에서 사용되는 이 기법은 프로토타입이 허둥댈 수 있는 모든 상황을 탐구하는 데 있어 아무것도 상상 속에 남겨 두지 않는다.

핵심 가정들 규정하기

콘셉트들을 디자인한 후, 핵심 가정표는 각각의 기능(아이러니하게, '테스트'라고도 부른다)과 세 가지 주요 실험, 즉 사고 실험 2D/3D, 4D에 대해 특정 기준을 벤치마킹하면서 득점표 역할을 한다.

이러한 실험들 각각은 다음과 같은 간단한 연습을 통하여 포착한 신속한 관찰들로 이루어진다.

사고 실험: 기존의 데이터 분석을 통해 알게 됨(초반에 시

행한 리서치)

2D/3D: 시장과 빠른 대화를 통해 알게 됨(이해관계자들과의 대화들)

4D: 몸소 체득한 경험들을 통해 알게 됨(통제된 집단으로 실황 테스트 실시)

당신이 무슨 생각을 하고 있을지 안다. 당신이 그 이야기를 테스트하기 전에 내가 먼저 그것을 테스트해 달라고?

좋다. 나는 이 가정표를 시장에서 디자인 콘셉트들의 적합성을 판단하는 데 유용한 빠른 체온 측정쯤으로 여긴다. 이 과정이 실제 디자인 콘셉트를 테스트하는 단계를 절대 대체하지 않는다는 사실을 명심하라. 테스팅 단계 동안 당신과 당신의 팀은 브랜드 스토리를 개선하기 위해서 이해관계자들로부터 꼭 필요한 피드백을 모으고 관찰하는 데 아주 많은 시간을 쓸 것이라는 점을 이 장 뒷부분에서 배울 것이다. 따라서 어떤 형태로도 디자인 씽킹 과정에서 이 부분을 건너뛰는 것은 권하지 않는다.

그럼에도 불구하고, 나는 개인적으로 스토리 콘셉트들을 시장에 출시하기 전에 그것들을 점검하기 위해서 핵심 가정 모델을 사용하는 것의 가치를 발견했다. 그리고 내가 과거에 이 콘셉트를 어떻게 사용했는지 당신과 공유하고 싫다. 이를 위해서 내가 참여했던 도시 홍보 프로젝트의 실제 사례를 예시로 설명할 것이다. 이 특정 도시는 스토리텔링 시도들을 통해서 그 도시만의 독특한 관광 요소들을 뽐내고 싶어 했다. 나는 총 네 가지 스토리 콘셉트들을 개발했는데, 그중 한 가지를 '신화'라고 불렀다.

이 특정 콘셉트는 그 지역의 풍요로운 발전, 역사, 신화, 문화에 초점을 맞추었다. 실제 스토리 콘셉트를 보호하기 위해서 내용을 살짝 변경했지만, 당신은 여전히 그 과정의 흐름을 포착할 수 있을 것이다.

나는 핵심 가정 프로세스에 그 신화 스토리 콘셉트를 적용할 때 가치, 실행, 규모, 방어성 테스트 항목의 각 기준에 이 콘셉트들이 어떻게 부합하는지를 분석하며 시작했다. 기준마다, 각각의 테스트 항목 아래 나는 그 신화가 어떻게 특정 기준에 부합할 수 있는지를 설명하는 새로운 줄을 더했다. 그리고 벤치마킹을 하기 시작했다. 검증을 위해 간단한 실험을 할 기회가 있던 시간들 동안 나는 가치, 실행, 규모, 방어 능력 아래에서 그 설명이 기준에 부합할 때마다 적절한 칸에 X를 표시했다. 더 많은 칸이 표시될수록, 스토리 콘셉트들의 탁월한 요소들이 더 많아졌다.

도표 10.1은 그 신화를 주제로 한 콘셉트에서 핵심 가정들의 결과를 보여 준다. 이 표에서 4D 칸이 하나도 체크되

지 않았다는 것을 알 수 있을 텐데, 내가 아직 이 프로젝트에서 거기까지 가지 못했기 때문이다.

당신도 알 수 있듯이, 이 특정 스토리 콘셉트는 탁월한 요소와 관련해 별로 두드러지지 않았다. 그래도 내가 이것을 시장에 내놓기로 했을까? 그럴 수도 있다. 다만 몇 가지 규칙들을 따를 경우에만 그럴 것이다.

도표 10.1(a) 핵심 가정들

스토리 콘셉트명: 신화		사고 실험 (기존 데이터의 분석을 통해 알게 됨)	2D/3D (시장과의 대화를 통해 알게 됨)	4D (체험을 통해 알게 됨)
가치 테스트 • 고객들이 그것을 원함 • 고객들이 그것을 위해 돈을 지불할 의사가 있음 • 파트너들이 그것을 원함	최신 관광 트렌드에 호소: 생태 관광, 지속 가능성, 역사 탐험, 단독 체험, 작은 마을 여행	×	×	
	고객들이 몰입하고, 영감을 받고, 기분 전환이 되고, 희망적이고, 신나는 느낌을 들게 만드는 맞춤형 목표에 부합	×		
	이것이 기본적으로 그 지역의 이야기라는 데 이해관계자들이 동의함	×	×	

스토리 콘셉트명: 신화		사고 실험 (기존 데이터의 분석을 통해 알게 됨)	2D/3D (시장과의 대화를 통해 알게 됨)	4D (체험을 통해 알게 됨)
시행 테스트 • 기술적인 경험을 창조할 수 있음 • 고객들을 확보할 수 있음 • 사업이 성장하면서 계속 운영할 수 있음	기술적 경험이 디지털 채널들을 통해 실행됨	×	×	
	사업은 이미 운영 중이고, 이야기를 통일하는 것이 문제	×		
	고객 확보는 스토리 출시일에 달려 있음			
규모 테스트 • 다룰 수 있는 시장이 충분히 큼 • 감당할 수 있는 수준으로 고객을 얻을 수 있음 • 규모에 맞춰 수익이 비용을 넘어섬	세계 시장 공략을 목표로 함	×		
	매년 지속적으로 규모가 조정될 수 있음	×		
	최종 수익 목표에 기여함			
방어성 테스트 • 장점을 계속 지킬 수 있음 • 사업이 발전할수록 장점이 증가함	장점에 따른 위험 요소: 다른 지역들의 모방 가능성			
	이야기가 더 널리 전파될수록 사업도 더 많이 성장할 것임			

스토리 콘셉트 테스트의 기본 규칙들

이 장에서는 브랜드 스토리 콘셉트들을 현명하고 흥미진진한 방법으로 가장 잘 테스트할 수 있도록 스토리 콘셉트 테스트의 기본 규칙을 제공하고자 한다.

규칙 1. 일관성이 탁월함이다

브랜드 전략가 토니 스톤Taughnee Stone은 『브랜드 일관성이 대단히 중요한 심리학적 이유The psychological reason why brand consistency is so important』라는 글을 통해 브랜드 일관성은 다른 무엇보다 신뢰에 관한 것이라고 말한다. 나는 이 말에 전적으로 동의한다. 앞에서 나는 질레트와 그들의 '유해한 남성성' 광고가 어떻게 이질적인 브랜드 스토리텔링 전략으로 나타났고, 그 결과 타깃 청중들로부터 돌이킬 수 없는 반발을 불러일으켰는지에 관한 사례를 제시했다. 그들의 역사적인 브랜드 가치관과 상반되는 이 스토리텔링 메시지 시도는 시장 정위화market positioning(목표 시장 고객들의 심중에 특정한 위치를 차지하도록 하는 제품 서비스 및 마케팅 믹스의 개발)의 측면에서 회사에 상당한 손실을 입혔다. 이 불운한 마케팅 계획을 시도한 지 몇 달 후 그 브랜드는 면도용 제품들의 가격을 무려 20퍼센트나 낮추어야 했다. 반대로, 연구 조사들은 브랜드 일관성이 브랜드의 수익을 23퍼센트나 더 많이 올릴 수 있다는 사실을 보여 준다.

스토리 콘셉트들을 출시하는 일과 관련해서 일관성은 무엇보다 가장 중요한 자질이다. 브랜드 미션부터 로고, 소셜 미디어 채널들, 마케팅 자산들까지 모든 것은 브랜드 스토리의 보편적 진리에 똑같이 공명해야 한다. 또한 디자인 단계 초기에 청중을 위해 당신이 규정한 핵심 감정들을 공동으로 불러일으켜야 한다. 만약 스토리 콘셉트들이 전반적으로 브랜드 리프레시를 요구하면, 그것을 장기적인 브랜드 스토리 마케팅 계획의 일부로 고려하는 편이 좋을 것이다. 하지만 대부분의 경우에, 당신의 스토리 콘셉트들은 이미 브랜드 미션과 핵심 가치관으로 안내를 받아 왔으므로 브랜드에서 너무 멀리 떨어지지 않도록 해야 한다.

브랜드 스토리 콘셉트들이 그 브랜드의 정체성과 개성에 의해 형성되도록 하는 것 외에도, 당신의 스토리 콘셉트들을 가장 일관되고 이로운 방식으로 테스트하는 것은 브랜드의 보편적 진리를 궁극적인 마케팅 목표로 삼는 것이다. 시장에 내놓기로 결정할 때, 당신의 스토리가 청중의 마음을 사로잡고 있다는 것을 알려 주는 최고의 지표는 청중들이 그 이야기에 자연스럽게 보이는 감정 반응이 처음부터 그들에게 불러일으키고 싶어 했던 바로 그 감정인 경우이다. 스토리는 행동을 유발한다. 청중들이 그 스토리 콘셉트를 '깨닫자마자' 열정적으로 당신의 브랜드와 스토리텔러들과 관계를 맺고 싶어 하기를 기대하라.

또한, 브랜드의 보편적 진리를 당신의 검색 엔진 최적화 search engine optimization, SEO(검색 엔진에서 검색을 했을 때, 웹페이지가 상위에 나타나도록 하는 것) 키워드로 만드는 것도 고려하라. 마이크로소프트의 보편적 진리는 역량 강화다. 그리고 브랜드 미션은 '전 세계 모든 사람과 조직이 더 많이 성취할 수 있도록 역량을 강화한다.'이다. 이 기업이 고객들(내부 고객과 외부 고객 모두)에게 주고 싶은 감정은 역량이 강화되는 느낌이다. 분명 당신은 역량 강화라는 단어가 마이크로소프트에서 나오는 모든 미니 스토리에, 전반적인 메시지에, 그리고 내·외부적 브랜드 커뮤니케이션과 광고들에서 나타나는 것을 볼 수 있을 것이다. 심지어 직원 배지 뒷면에도 새겨져 있다. 당신의 브랜드가 이것으로 알려졌으면 하고 바라는 한 가지를 청중들이 브랜드와 동의어로 인식하고 있을 때, 효과적으로 브랜드 스토리 콘셉트를 마케팅하고 있다는 사실을 알 수 있다.

규칙 2. 말하지 말고, 보여 주어라

　당신의 브랜드 스토리 콘셉트들을 가장 잘 홍보하기 위해, 지금까지 알고 있던 마케팅 기법들 대부분은 잊어라. 목표를 세운다든지 유연한 지표들을 정한다든지 등의 일부 종합적인 마케팅 계획 전략들은 브랜드 스토리를 광범위하게 광고하는 데 여전히 유용하다. 하지만, 전반적인 검색 엔진 최적화와 리드 제너레이션 중심 전략들은 브랜드 스토리의 목적이 아니다. 브랜드 스토리는 제품이 아니며, 실제로 그 브랜드 자체가 이야기의 형태로 나타나는 것임을 기억하라. 그러므로 브랜드 스토리를 위한 마케팅 목적은 그 브랜드의 핵심 가치관과 미션이 가장 잘 나타나도록 하는 것이다.

　공감과 취약성을 최우선 순위로 마음속에 품어라. 디자인 씽킹은 공감으로 시작하고 공감으로 끝난다는 점을 잊지 마라. 즉각적인 피드백을 포착하기 위해 피드백 루프 시스템을 창조함으로써 출시 과정 내내 당신의 맞춤형(타깃) 청중과 스토리 페르소나들(스토리텔러들)에게 계속 공감하는 마음을 유지하라. (이에 관하여 조금 뒤에 더 다루겠다.)

　또한, 최고의 이야기들은 가장 취약한 이야기들임을 기억하라. 스토리 콘셉트들을 과도하게 정화하거나 다듬고 싶은 욕구를 억눌러라. 프로토타입들은 원래 가공하지 않은 것이며 그래서 아름다운 것이다.

열린 커뮤니케이션 흐름을 창조하기 위해 재구상한 IMC 계획을 사용하여 스토리 콘셉트들의 윤곽을 잡고 내부 이해관계자들 및 스토리 페르소나들과 자유롭게 공유하라.

- 제일 먼저 어떤 스토리 콘셉트들을 가지고 시장에 진출할 것인가?
- 어떤 마케팅 채널들을 사용할 것인가?
- 이러한 이야기들을 누가 전달할 것인가?
- 당신의 브랜드와 관계를 맺을 청중은 누구이며, 어떻게 그러한 청중과 관계를 맺을 것인가?

빨리 실패할 준비를 하고 비상 대책을 세워라. 만약 그 스토리 콘셉트가 실패하면, 브랜드는 어떻게 반응하고 회복할 것인가? 대기 중인 다른 스토리 콘셉트들이 있는가? 아니면 그것을 수정하고 재출시할 준비가 되어 있는가? 상황을 쉽게 만들기 위해서, 이 계획은 이미 존재하는 소셜 미디어 위기 계획의 대부분을 반영할 수 있다.

규칙 3. 오랫동안 스토리텔링을 계속할 것이다

스토리텔링은 오늘날 활성화되기를 원하는 미래지향적인 브랜드 전략이다. 프로토타이핑과 테스팅의 주기는 소요시간이 짧다. 하지만 한 가지가 '히트 칠' 때까지 스토리를 디자인하고 출시하기 위한 실제 경과 시간은 구체적인 일정이 없는 장기 전략이다. 즉 당신은 오랫동안 스토리텔링을 계속할 것이다. 게다가, 당신의 브랜드 스토리 또한 문화 활성제이자 내부와 외부 이해관계자들에게 신뢰를 구축하는 촉매로 작용한다는 사실을 염두에 두는 것이 중요하다. 이런 것 중 어느 것도 하룻밤 새 형성되는 것은 없다. 그러나 당신의 스토리 콘셉트들이 시장에서 테스트받는 동안, 필요한 경우 당신은 다음번 프로토타입을 향상하기 위해 데이터를 관찰하고 수집하며 계속 생산적인 상태를 유지할 수 있다. 디자인 주기는 정말로 결코 끝이 없으니, 디자인 씽킹 모델에 충실하고, 개선을 위해 꾸준히 연구하는 습관을 들이면 브랜드 스토리 발전 과정 내내 큰 도움이 될 것이다.

역동적인 관찰 시스템을 창조하기 위한 훌륭한 방법은 내부와 외부 이해관계자들로 구성된 출시 관리 전담팀을 꾸리는 것이다. 이들은 일단 이야기들이 시장으로 출시되면 정직한 피드백을 기꺼이 제공하며 완전히 다른 시각을 제시할 것이다. 이 활동에 믿을 만한 파트너들, 직원들, 판매처들이 얼마나 많은 참여할 의지가 있는지에 당신은 깜짝 놀랄 것이다. 당신은 그냥 요청만 하면 된다. 마이크로소프트에서 우리는 스토리 콘셉트들이 시장에 출시되기 전에 또는 출시 직후에, 파트너들과 고객들에게 스토리 콘셉트들에 대하여 우리에게 건설적인 비판을 해 줄 기회를 제공했다. 그리고 그들은 자신의 의견을 기꺼이 제공하는 것 이상으로 기여했다. 이들은 진심으로 마이크로소프트라는 브랜드를 좋아하고 이 브랜드의 성공을 바라기 때문이다. 그럼에도 불구하고, 이 과정은 열심히 경청하는 도구들이 준비된 경우에만 효과를 낼 수 있다. 경청 프로그램들을 실행할 때 가장 중요한 자원은 도구들이 아니라, 피드백을 주기 위해 자신의 시간을 투자하고 이해관계자들과 인간적으로 관계를 맺는 사람들이다. 먼저 시험 삼아 제한적인 소셜 네트워크 그룹으로 시도해 보라. 그리고 거기서부터 그것이 어디로 가는지, 그리고 규모 조정이 가능할지를 알아보라. 당신의 관찰 방식이 더 인간적일수록, 더 나은 평가를 수집할 수 있고 더 많은 개선의 가능성을 찾을 수 있을 것이나.

규칙 4. 캐릭터의 흐름을 따라라

일단 스토리 콘셉트가 출시되면, 어떠한 일도 일어날 수 있다. 입소문이 날 수도 있고 폭삭 망할 수도 있다. 의도하지 않고 목표로 삼지 않았던 청중 그룹에 영향을 줄 수도 있다. 또한 당신이 이것을 고투마켓go-to-market, GTM 채널로 선택할 때 소셜 미디어상에서 오해가 생기거나 맥락에 어긋날 수도 있다. 다행히도, 당신은 이미 이렇게 달갑지 않지만 일어날 수 있을 법한 상황에 대비하여 비상 대책 계획을 준비해 놓았다. 따라서 실제로 긍정적인 방식으로 그 이야기에 기여할 수 있는 또 다른 가능성의 경우에 집중하자. 바로 캐릭터의 흐름이다.

훌륭한 스토리텔러들은 접근 방식이 유연하다. 절대 한 아이디어에 너무 집착하지 않으며, 그 이야기 자체나 이야기 캐릭터가 스스로 살아 움직이고 새로운 이야기의 방향을 구축할 가능성에 열린 자세를 취한다. 당신의 브랜드 스토리에서 고객을 중심 캐릭터로 만들었기 때문에, 어느 순간 고객이 이야기를 이끌어 갈 가능성이 크다. 이야기 줄거리의 이러한 변화를 어떻게 다루는지가 당신이 고객층을 진정한 중심 캐릭터로 여기는지를 보여 줄 것이다.

이 책의 초반에 나는 한 브랜드의 예시로 디즈니를 선택했는데, 그 이유는 내가 진짜로 디즈니의 열렬한 팬이기 때문이다. 나를 아는 사람은 월트 디즈니 컴퍼니를 향한 내 집착이 비정상적이고 현기증이 날 정도로 심하다는 것을 안다. 그 쥐를 향한 열병은 나의 모국인 베네수엘라에서부터 시작되었던 것 같다. 미국이 아닌 다른 곳에 사는 모든 아이가 그렇겠지만, 그곳에서는 미키를 만나러 미국 여행을 간다는 순수한 생각은 너무나 원대하고 터무니없었다. 그러나 훨씬 후에 결혼을 하여 아이들을 키우고 여전히 그 브랜드를 굉장히 사랑하고 있을 때, 나의 부끄러운 줄 모르는 열정은 최고조에 달했다.

편리하게도 나는 플로리다에 살았고 우리 가족은 당연히 디즈니의 자랑스러운 연간 회원이 되었다(뼈 빠지게 일해서 번 거액의 돈을 놀이공원 연간 입장권을 위해 갖다 바쳤다는 뜻이다). 28년에 걸쳐서 내가 그 공원을 얼마나 많이 방문했는지는 헤아릴 수 없을 정도다. 대충 계산해 봐도 최소 150번 이상은 되지만(그렇다, 자랑 중이다), 매번 방문할 때마다 그곳에서의 경험은 너무나 즐겁고 놀라울 정도로 다른 경험이었다고 말할 수 있다.

그것은 디즈니가 자신의 일, 즉 마술을 하고 있기 때문일 것이다. 또 방문할 때마다 내가 새로운 경험들(캐릭터와 함께 식사하기, 다양한 행사 참여, 무대 뒤 투어 등)을 찾아보기 위해서 힘껏 노력했기 때문일 것이다.

언젠가 한 번은 마르셀린 투 매직 킹덤 투어Marceline to Magic Kingdom Tour에 우리 가족을 예약했다. 이 매력적인 세 시간짜리 워킹 투어에서는 가이드가 월트 디즈니의 시각과 역사를 통해서 자랑스러운 비밀들을 알려 준다. 그리고 그가 디자인한 세 가지 고전 놀이기구들, 캐리비안의 해적 Pirates of the Caribbean, 잇츠 어 스몰 월드It's A Small World, 헌티드 맨션Haunted Mansion의 무대 뒤를 보여 주며, 매직 킹덤의 거리를 가이드해 준다. 당신이 언젠가 이 심층적인 경험에 참여하고 싶을 경우를 대비해서 전부 이야기하지는 않겠다(적극 추천함). 하지만 우리가 헌티드 맨션의 악명 높은 정원 출입구에서 VIP 라인을 통해(여전히 자랑 중이다) 군중들을 지나쳐 걸어가던 순간을 되돌아보고 싶다. 우리가 맨션으로 막 들어가려 할 때, 투어 가이드는 갑자기 걸음을 멈추더니 바닥을 가리켰다.

'저게 뭔지 아시는 분 있으신가요?' 진짜 디즈니의 마법에 걸린 어투로 그녀가 물었다.

우리는 가이드가 가리키는 방향으로 눈을 돌렸고 시멘트 바닥에 반지 하나가 박혀 있는 것을 알아차렸다.

'반지요!' 투어 일행에서 가장 어린아이가 소리쳤다.

'그렇답니다!' 여행 가이드가 확인해 주었다.

그다음 그녀는 땅에 박혀 있는 그 기이한 보석 뒤에 숨겨진 역사를 설명하기 시작했다.

몇 년 전, 우리는 헌티드 맨션 입구를 리모델링했답니다. 반지가 있는 자리에는 실제로 땅에 구멍이 있었는데 오래된 담장이 박혀 있어서 생긴 구멍이었죠. 그 담장을(그리고 자물쇠를) 제거한 후에, 우리는 '반지'가 어디 갔는지 묻는 공원 이용객들의 말을 우연히 들었습니다. 고객들은 이야기 하나를 지어냈는데, 한 신부가 죽은 뒤 방문객들을 따라다니며 괴롭히기 위해 그 맨션으로 돌아왔다는 이야기였습니다. 그 이야기는 헌티드 맨션의 원래 줄거리와 전혀 달랐습니다. 하지만 디즈니는 고객들이 듣고 싶어 하는 이야기들을 계속 창조하고 또 창조합니다. 그래서 우리는 헌티드 맨션 이야기에 팬들이 지어낸 이 캐릭터를 포함할 것을 결정했습니다. 그 결과 그 이야기의 증거가 되도록 바닥에 진짜 반지를 갖다 놓게 되었답니다.

자, 이게 바로 진짜 캐릭터의 흐름이다. 내가(그리고 아마도 나머지 전 세계가) 디즈니를 그렇게 사랑하는 이유를 알겠는가?
디즈니를 비롯해 다른 잘 나가는 브랜드들은 브랜드 스

토리와 스토리 캐릭터들이 자연스럽게 발전해 가는 것을 환영할 만큼 아주 재빠르고 유연하다. 당신의 스토리 콘셉트가 시장에서 펼쳐질 때, 고객이 줄거리에서 좋아하는 아이디어를 살려서 완전히 새로운 스토리 콘셉트를 만드는 것도 고려하라. 그 이야기들이 브랜드의 보편적 진리와 미션에 충실하다면 말이다.

규칙 5. 공유 가능하게, 확장 가능하게, 이용 가능하게 만들어라

당신의 스토리 콘셉트들은 다양한 모양, 유형, 형태를 띨 것이며, 그래야만 한다. 그리고 당신은 장편 비디오, 몰입형 스토리텔링, 마운틴 구조 또는 영웅의 여정을 테스트할 수 있다. 어쩌면 시각 요소에서 다양한 색조나 새로운 서체를 테스트할 수도 있다. 스토리 콘셉트들을 디자인하기 위해 어떤 방식을 선택했든지 간에 그것은 모두 브랜드 스토리에 불어넣는 혁신의 일부분이다. 하지만 스토리 콘셉트들을 시장에 내놓을 때 청중이 쉽게 이용 가능하고, 빠르게 확장되고, 모두에 의해 공유될 수 있도록 제작해야 한다는 사실을 명심하라.

이용 가능성

청중이 당신에게 오게 하지 말고 청중이 있는 곳으로 가라. 그들 앞에 이야기를 가져가 선물처럼 건네라. 그것은 정말 선물이니까. 오늘날 콘텐츠 포화 상태의 세상에서, 브랜드가 저지를 수 있는 최악의 실수는, 소비자가 브랜드의 웹사이트나 디지털 계정에 찾아와 곧장 콘텐츠를 소비하기를 바라는 것이다. 구애 역시 스토리텔링 접근법의 일부다. 스토리텔링 여정에서 당신에게 합류하도록 청중을 초대해야 한다. 따라서 청중이 있는 곳에 모습을 드러내는 배려를 하라. 예를 들어, 당신의 맞춤형 청중 다수가 인스타그램으로 옮겨간다면, 당신의 브랜드 스토리도 거기로 가야 한다.

참고: 2019년 기준으로, 인스타그램은 인플루언서 마케팅을 위한 선두 디지털 채널이다.

확장성

물론, 이러한 스토리 콘셉트들은 프로토타입들이다. 하지만 당신이 실패 가능성에 대해 계획을 세워 놓았듯이, 예상치 못한 대박 행진에 대한 계획도 세워 놓았는가? 예를 들어, 만약 프로토타입으로 만든 비디오 스토리가 인기를 끈다면, 당신은 어떻게 이 콘셉트를 브랜드 스토리의 영구적인 부분으로 조정하겠는가? 그것을 발전시키기 위한 적절한 도구들과 자원들을 갖추고 있는가? 세계화하기에는 어떤가? 현지화하기에는?

공유 가능성

당신의 고객들이 활동하는 채널들에서 스토리 콘셉트들을 이용 가능하게 만드는 것 외에도, 또한 그 콘셉트들을 공유하기 쉽게 해야 한다. 글로 쓴 콘텐츠에 트위터로 보내기 적절한 문구를 집어넣고, 장편 비디오를 공유하기 쉽도록 짧고 재미있게 제작하고, 인스타그램 스토리 같은 소셜 미디어 기능들을 사용할 수 있도록 콘텐츠를 나누어라. 그리고 줄거리에 다른 시각을 제공하기 위하여 이모지, 밈 meme(인터넷 상에 유행하는 콘텐츠를 재창조해 확산시키는 것), GIF 이미지와 같은 디지털 심볼들을 통합하라. 현대의 초연결 세상에는 프로토타입 콘텐츠를 빨리 진화시키기 위해 이용 가능한 저비용 자원들이 많다. 당신의 창의력이 계속 샘솟게 하라!

규칙 6. 당신의 청중에 대해 계속 궁금해하라

공감은 브랜드 스토리텔링의 모든 면을 지배하며 테스팅 단계 동안에 더욱더 깊이 스며들 수 있다. 이러한 이야기들을 시장에 출시해야 한다는 생각에 사로잡혀서, 당신은 그 이야기의 중심에 있는 이들에게 공감하는 마음이 줄이들 수 있나. 그렇다, 당신은 경청 도구들과 시스템들을 준비해 놓았고, 심지어 일부 고객들을 피드백 전담팀의 일부로 초대했을 수도 있다. 또한 고객이 어떤 방식으로든 이야기 구조를 바꿀 것을 결정했다면 융통성 있게 따르기로 마음먹었을지도 모른다. 그리고 디자인 콘셉트들이 쉽게 이용 가능하고 배포 가능하도록 보장하기 위해서 엄청난 노력도 했을 것이다. 하지만 당신의 스토리 콘셉트들에 대한 맞춤형 청중들의 생각과 느낌을 정확히 이해할 수 있는 열린 공간도 만들었는가?

경청 도구들 외에도, 이야기를 출시하면 고객의 시각에서 그 이야기를 보기 위해 노력하라. 고객이 그럴 것처럼 비판적으로 보라. 그리고 피드백을 받으면 그 이야기를 고객이 특정한 방향으로 느끼는 이유에 대해 더 많은 통찰력을 얻을 기회들을 찾아라.

한때 나는 스토리 콘셉트에 대한 고객 피드백을 받은 후

'왜'라는 질문을 일곱 번씩 하곤 했다.

왜 당신은 그 이야기에 대해 이런 느낌을 받습니까?

왜?

왜?

왜?

왜?

왜?

왜?

그 결과들은 나에게 많은 면에서 매혹적이고 큰 깨달음을 주었다. 나는 고객의 이야기에 대한 경험을 이해하기 위해서 추가로 시간을 더 들였기 때문에 새로운 방향 감각을 가지고 계획을 다시 짤 수 있었다. 제발, 미치도록 바쁜 일상 중에 잠시 멈춰 서서, 당신의 고객을 고객이 아니라 인간으로 생각해 보는 것을 매일의 의식으로 만들어라. 그들역시 애쓰고, 두려워하고, 지친다는 사실을 기억하라. 이것은 테스팅 단계 동안에, 그리고 그 후에도 쭉, 당신에게(그리고 고객들에게) 큰 도움이 될 것이다.

규칙 7. 연결, 연결, 연결

대중 연설가나 사고의 리더처럼, 엄청나게 카리스마가 넘치고 영감을 주는 인물을 만나 본 적이 있는가? 그 후 당신은 소셜 채널들에서 그들과 연결되어 보고자 노력했을 것이다. 그렇지만 절대 오지 않는 그들을 대신해 누군가가 보내는 응답이나 감사의 말 같은 것을 기다리느라 사이버 공간에서 취약한 상태로 헤매고 있지 않았던가? 이것만큼 실망스러운 일도 없지만, 이것만큼 잘못된 일도 많지 않다. 하지만 그건 다른 시간에 이야기를 나눌 또 다른 주제다. 내가 말하고자 하는 요점은 고객 참여 전략이 준비되어 있지 않은 브랜드들은 청중들에게 이와 같은 불쾌한 경험을 일으키고 있다는 것이다. 굉장히 마음을 울리는 이야기가 고객을 사로잡은 직후 그 브랜드에 연결되려던 시도가 실패하면 이런 혼란스러운 감정은 엄청난 짜증을 유발한다. 이 얼마나 뼈저린 실책인가!

스토리텔링이 감정 경험인 까닭에, 잘 전달되면 최소한 청중이 당신의 브랜드와 친밀한 관계를 맺고 싶어 하는 것을 기대할 수 있다. 그게 바로 스토리텔링의 의도이기 때문이나. 훌륭한 이야기늘은 온갖 종류의 아름다운 방식들로 뇌를 깨우며 청중이 행동에 나서게 한다. 기억하는가?

나는 어떻게 10대 아들들을 기꺼이 엄마와의 데이트에 동참하게 만들었는지에 관한 이야기를 자주 한다. 집안의 유일한 여성으로서(심지어 우리 집 애완견 디노, 하늘나라로 떠난 애완용 게르빌루스쥐 닌자, 금붕어 버블스도 남자다), 나는 주기적으로 액션과 모험이 넘치는 오락물, 영화, TV쇼에 노출된다. 그래서 가끔 아들들이 나와 함께 극장에 가서 '로맨스 영화'를 보는 '고통'을 겪어 주는 것도 타당하다고 생각한다. 그리고 이런 데이트들은 자주...... 당신도 예상하겠지만, 디즈니 영화들을 보는 것이다. 사실은 아들들도 은근히 그런 영화들을 좋아한다는 걸 안다.

한번은, 첫째 아들 알렉스가 나와 데이트에 나설 차례였다. 우리는 굉장한 기대작인 디즈니 픽사 영화 『코코』를 보러 갔다. 대략, 이 영화는 직업으로 기타를 치고 음악을 하는 것이 자신의 소명이자 꿈이라고 믿지만, 집안에서 내려오는 엄격한 규칙 때문에 어떤 음악도 연주해서는 안 되는 한 멕시코 소년에 관한 이야기다.

그 이야기는 진정한 디즈니의 방식으로 따뜻하게 펼쳐지며, 마지막에 10대인 내 아들을 포함하여 극장에 앉아 있는 모든 사람을 눈물 흘리게 한다(비록 아들은 알레르기 때문에 눈물이 났다고 하겠지만...). 극장에서 나올 때, 나는 알렉스가 속으로(좀 수줍은 아이다) 영화의 줄거리를 되짚어보고

있는 것을 알 수 있었다. 그러더니 갑자기 내 팔을 열정적
으로 잡고 '엄마! 기타가 갖고 싶어요!'라고 외치며 눈을 반
짝였고 한때 침울했던 표정에 미소가 번졌다.

기타는 이제 아들의 옷장에 놓여 있다. 그러나 그게 핵
심이 아니다. 핵심은 『코코』의 스토리가 내 아들에게 무언
가를, 어떤 것을, 하고 싶다는 강렬한 욕망을 불러일으켰다
는 점이다. 그 이야기는 너무나 많은 근사한 방식으로 내면
에 불을 지펴서 격렬하게 반응하는 수밖에는 별다른 도리
가 없었다.

당신의 스토리 콘셉트들도 당연히 그것의 맥락 안에서,
청중에게 이와 같이 성공적으로 반응을 일으키는 것이 바
람이자 목적이다. 그리고 그렇게 된다면, 당신의 브랜드는
어떻게 다시 청중에게 연결될 것인가? 알렉스처럼 영감을
받은 많은 사람이 감정적으로 반응하며 당신의 소셜 채널
들에 쇄도하는 것에 대한 준비가 되어 있는가?

고객 참여 과정에 메커니즘을 생성하고 자원을 투자하
는 것은 스토리텔링에서 있으면 좋은 것이 아니라, 반드시
있어야 하는 것이다. 이것은 최고의 고객 경험이다. 당신은
스토리텔링 전략에서 여기까지 왔다. 열정적인 이야기 경
험을 창조하고 전달하는 모든 노력을 해 놓고 나서 당신의
브랜드가 궁극적인 목적인, 청중과 연결되는 것에 실패한

다면 너무나 어처구니없는 상황이 아니겠는가! 청중이 언제나 당신의 브랜드에 지속적으로 연결되게 하는 간단하고 실현 가능한 방법들을 창조하라.

또한, 젊은 청중들은 브랜드와 더 관계를 맺고 싶어 한다는 점도 기억하라. 그들은 빠르고, 편리하고, 비인격적인 커뮤니케이션에 관심이 없다. 그리고 브랜드가 연결된 경험을 통해 신뢰를 쌓으면서 많은 시간을 투자하기를 기대한다. 따라서 연결 작업을 시작할 때 당신의 청중에게 훌륭하게 연결될 방법들을 미리 계획하여 그들이 속수무책으로 시간을 허비하지 않게 하라.

규칙 8. 재활용과 새활용

자, 어떤 이유에서인지 그 콘셉트가 실패했다면 조바심 내지 마라. 좋은 소식은 프로토타입은 분명히 비용과 노력이 적게 들어가는 해결책이라는 사실이다. 따라서 당신이 이전에 생산했던 많은 마케팅 콘텐츠들과 다르게, 이 콘텐츠는 유연하고 다른 용도로 사용하기에도 아주 수월하다.

먼저, 시장에서 프로토타입의 성능에 영향을 미칠 가능성이 있는 외부 요인들이 많다는 점을 고려해야 한다. 시간, 채널, 시장, 방해물, 트렌드, 산업 뉴스들, 그리고 그 외에도 많은 것들이 주범이 될 수 있다. 따라서 완전히 용도를 변경할 것을 결정하기 전에, 당신이 디자인 씽킹의 테스트 단계에 있다는 사실을 기억하라. 그리고 위에 제시한 기본 규칙들 모두를 또는 일부를 따르기로 했다면 당신에게는 샅샅이 찾아볼 데이터들과 그 콘셉트가 어디에서 잘못되었는지를 더 심도 있게 이해하는 데 도움이 될 귀중한 데이터들이 많다는 사실을 기억하라. 거기서 가능성들을 분석하는 데 시간을 할애하라. 내 생각으로는 지금쯤 당신은 틀림없이 스토리텔러이자 데이터 분석 전문가가 되어 있을 것이다(미소). 우리는 자주 청중을 위해서가 아니라, 콘텐츠 자체를 위해서 성급히 콘텐츠를 출시하는 우를 범한다. 스토리텔링을 혁신적인 커뮤니케이션 기법으로 만드는 것은, 고객들이 원한다고 생각되는 이야기들이 아니라, 고객들이 진짜 원하는 이야기들을 창조하고 출시하는 데 당신이 들이는 헌신이다. 이 말을 기억하고, 만약 당신이 데이터를 조사하는 데 어마어마한 시간을 들였는데 거기서 어떤 패턴이나 지표들을 발견하지 못했다면, 이제 재활용과 새활용을 할 때다.

즉시 성공으로 이어지지 못한 콘셉트들이 지닌 가능성은 훌륭한 것 이상이다. 그 콘셉트가 애초에 하나의 콘셉트가 되었던 이유는 그것이 디자인 씽킹 단계에서 모든 기준에 부합했기 때문이라는 사실을 잊지 마라. 그것은 브레인스토밍 관념화 시간에 탄생했으며, 프로토타이핑 단계도 통과했다. 그러므로 이러한 콘셉트들은 여전히 양질의 콘텐츠이며, 작가 세스 고딘Seth Godin이 일전에 언급했듯이, 콘텐츠는 이제 '남아 있는 유일한 마케팅'이다.

새활용

그 프로토타입의 핵심은 좋을 테니, 아마도 신선한 시각이 필요할 것이다. 그것을 브레인스토밍 시간으로 다시 가지고 가서 그것으로부터 그 밖에 어떤 아이디어가 나올 수 있는지 보아라. 그것을 스캠퍼하거나, 여섯 색깔 사고 모자 기법Six Thinking Hats(각각 중립적, 감정적, 부정적, 낙관적, 창의적, 이성적 사고를 뜻하는 여섯 가지 색깔의 모자를 차례대로 바꾸어 쓰면서 모자 색깔이 뜻하는 유형대로 생각해 보는 창의적 사고 기법)을 적용해 보거나, 아니면 새로운 시각에서 볼 수 있는 다양한 형태의 접근법을 적용해 보아라. 이것만으로도 테스트해 볼 만한 새롭고 개선된 프로토타입의 가능성들이 굉장히 많이 생길 것이다.

재활용

여기까지 절대 오지 않을 수도 있지만, 가능성들을 새롭게 활용하는 데 지치면, 다른 모든 콘셉트에서처럼 그 스토리 콘셉트의 용도를 완전히 다르게 변경할 수도 있다. 그것이 줄거리를 넘어 새로운 모양이나 형태를 갖출 방법들을 탐구하라. 회사의 빠르고 효율적인 프레젠테이션에서 화두로 사용할 수 있을까? 내부 팟캐스트나 뉴스레터로 변신시킬 수 있을까? 당신의 콘셉트에 새 생명을 불어넣는 일에 창의성을 발휘하라. 지금쯤이면, 당신은 창의적인 천재일 테니까!

스토리 콘셉트들을 테스트하는 것이 지루하거나 장황한 과정일 필요는 없다. 반대로, 시간을 들여서 올바른 기준 척도들과 과정을 준비해 놓는다면 그것은 당신의 스토리텔링 디자인에서 매우 즐겁고 통찰력이 넘치는 단계일 수 있다. 그런 다음, 당신의 이야기들은 시장에서 적절한 제자리를 찾을 것이며, 당신은 규모 조정을 위해 벤치마킹을 할 수도 있다.

11

브랜드 스토리 벤치마킹

- 이야기를 벤치마킹하기 위한 주요 지표들
- 기존 척도들 활용하기

싱가포르의 정치 활동가이자 지도자인 치아 타이 포Chia Thye Poh가 한 말은 스토리텔링을 위한 벤치마킹을 시적으로 잘 포착했다. 그는 이렇게 말했다. '우리는 모두 감정에 휘둘리며 살아간다. 감정은 우리의 욕망, 생각, 행동, 그리고 무엇보다 우리의 운명을 결정하고 영향을 준다.'

우리는 이 책의 대부분을 스토리텔링의 예술에 대해 배우는 데 할애했다. 하지만 이야기는 과학이자 예술이라고 하지 않았던가? 이제 과학 차례다.

훌륭한 이야기들은 감각을 자극하고, 감정을 활성화하고, 당당하게 청중이 무언가를, 어떤 것이든 하도록 유도한다. 그러나 잠시 멈추고 이야기의 실제 가능성들에 대해, 즉 실제로 청중들에게 무엇을 할 수 있을지에 대해 곰곰이 생각해 보면, 나는 당신을 모르지만 실제로 성패가 달려 있을 수 있는 것에 대해 불안하고 걱정스러운 기분이 든다. 이걸 이야기의 '깜짝 요소'라고 부를까?

언젠가 나는 스톡홀름에서 열린 기술 회의에서 스토리텔링의 힘에 대해 강연을 하도록 초대받았다. 진짜 스토리텔러로서, 내가 걸어 들어갔던 상황을 재빨리 그려 보겠다.

청중은 업계 최고의 IT 전문가들, 개발자들, 의사 결정자들로 이루어져 있었다. 이들은 디지털 전환 여정에서 사업 규모를 확장하기 위한 혁신적인 해결법을 배움으로써 그들의 사업을 최적화하고 싶어 했다. 두말할 필요도 없이, 이 그룹은 새로운 통찰력을 배우기 위해 자신의 시간을 어디에, 어떻게 쓸지 선택하는 데 극도로 신중했다.

실제로 청중의 98퍼센트가 남성이었다(그리고 당신이 이 글을 읽을 때 즈음이면, 그 수치가 기술 산업에서 더 많은 여성 대표들이 등장한 쪽으로 바뀌었기를 진심으로 바란다. 하지만 이건 또 다른 이야기다). 분위기는 다소 딱딱했다. 아니, 몹시 딱딱했다. 일반적으로 '기술 전문가'들이 이런 경향이 있어서만이 아니라, 또한 전날 밤 강연가와의 저녁 식사 시간에 내가 빨리 알아차린 바에 따르면, 북유럽 국가들의 문화는 특히 스웨덴 사람들은 '라곰Lagom'으로 삶에 접근한다. 이 것은 '적당한 양'으로 해석되며, 신뢰할 수 있는 정도의 절제를 의미한다. 그건, 이 라틴아메리카 혈통 여성의 생각으로는 '감정적으로 절제된'이라고 말하는 좋은 표현이다. 그런데 내 강연의 주제는 이야기가 당신의 모든 감정을 활짝 깨우게 하는 것이었으니......

물론 나는 도착하기 전에 내 청중에 대해 어느 정도 조사를 했다. 하지만 솔직히 말하자면, 나는 분석을 하는 동안 이 사람들은 기본적으로 바이킹의 후손이라는 신화적인 생각과 함께 자꾸 옆길로 새고(그리고 매혹되고) 말았다. 내가 보기에, 항해하는 전사들, 탐험가들, 침입자들은 결코라곰이 아니다! 분명 나는 무대에 걸어 올라가서, 이것저것 떠들어댄 다음, '스콜!'이라고 외치면서 승리를 거둔 것처럼 한 손을 번쩍 들어 올리며 마무리할 것이고, 그러면 이 떠들썩한 군중은 소란스럽게 의자를 박차고 일어나 활기차게 나를 환호할 것이었다. 하지만 강연가의 저녁 식사에서 나는 그런 일은 절대 일어나지 않을 것을 알았다. 이 청중은 너무나 침착했고, 전반적으로 다소 회의적이었다.

그날 아침 강연장은 추웠다. 진짜로도 추웠고 비유적으로도 그랬다. 내가 그들을 피하기 위해서 초조하게 강연 노트를 검토하는 척하는 동안, 그들의 눈이 차분하고 태평스럽게 자신만만한 태도로 나를 훑어보고 있는 걸 느낄 수 있었다. 가면 증후군이 다시 내 오른쪽 어깨 위에 자리 잡고 속삭였다. '그냥 빨리 해치워 버리고 집에 가, 사람들은 금방 프레젠테이션도 잊고 너도 잊을 거야.'

나는 이전에 열 번도 넘게 했던 똑같은 강연을 했고, 평소처럼 감정을 자극하는 비디오로 대미를 장식했다. 이 비디오는 보통 청중들을 눈물 젖게 했지만, 이번에는 그런 반응을 일으킬 것이라는 희망을 접었다. 나는 이 비디오가 과거에 청중들에게 어떤 영향을 미쳤는지를 알고 있었다. 그래서 느긋하게 앉아 이야기가 시각적으로 펼쳐지고 청중들의 감정이 깨어나기 시작할 때 그들의 신체적 반응이 뚜렷해지는 것을 구경하기를 즐겼다. 그러나 이번에는, 무대 뒤에 수줍게 숨어서 내가 왜 그들의 귀중한 시간을 낭비하고 있는지를 깐깐하게 따지며 마지막에 뚱한 시선으로 나를 바라볼 그들을 생각하면서 '내 노트'를 다시 점검했다. 나는 그들의 생각까지도 들을 수 있었다.

비디오가 끝나자, 나는 늘 하던 대로 청중이 마지막 생각을 하도록 시간을 주며 강연장의 가운데로 걸어갔다. 드디어 나의 스칸디나비아안 청중들을 대면했을 때 수십 명이 발작적으로 울고 있는 모습을 발견하고 내가 얼마나 놀랐을지 상상해 보라. 격한 감정이 그 방을 휩쓸아쳤고, 라곰은 어디에서도 찾아볼 수 없었다. 그리고 라곰은 내 가면 증후군도 함께 가져가 버린 것 같았다.

정말 그것은 아름다운 경험이었지만 너무나 예상치 못했던 일이리, 실제로 무슨 일이 일어났던 건지 내가 가늠해 보고 벤치마킹하는 데는 며칠이나 걸렸다.

스토리텔링의 영향을 측정하는 것은 쉬운 일이 아니다. 우선 첫째로, 스토리의 주요 목적은 감정을 일으키는 것이다. 내가 그 기술 회의에서 스웨덴 남성들을 울게 만들었던 것처럼 당신의 청중이 우는 모습을 보는 자랑거리를 얻을 수 없다면, 당신이 브랜드 스토리를 전하는 매시간 성공의 정도를 가늠하기가 무척 어려울 것이다. 하지만 불가능하지는 않다. 그저 조금만 더 창의력을 발휘하면 된다.

이야기를 벤치마킹하기 위한 주요 지표들

이야기가 감정에 뿌리를 두고 있기 때문에, 정확한 척도나 핵심 성과 지표를 판단하는 데 도움이 되는 현존하는 메커니즘은 없다(비록 내 북유럽 친구들 일부는 논쟁을 벌이겠지만, AI 덕분에 감정들은 곧 데이터로 집계될지도 모르며 이것은 하나의 가능성이 될 것이다. 13장에서 기술과 인공지능에 대한 예측들에 대하여 더 이야기할 것이므로 계속 집중하기 바란다). 그러나 당신의 브랜드 스토리가 올바른 방향으로 향하고 있으며, 궁극적으로 전반적인 사업 목표들에 기여하는 결과를 낼 것이라고 확신하는 데 도움을 줄 수 있는 세 가지 주요 지표들이 있다. 그 지표들은 다음과 같다.

- 감정
- 반응
- 지속적인 행동

이상적으로, 벤치마킹을 위해서 당신은 브랜드 인지도를 높이는 노력의 일부로 스토리텔링을 포함할 것이다. 이것은 보통 확고한 측정 계획이 없고 대신 전반적인 사업 목표들에 대한 기여를 인정하는 것에 가깝다. 예를 들어, 고객들의 구매 결정 요인을 추적하거나 확실히 알려 줄 수 있는 정확한 척도가 없어도, 고객들이 한 회사를 향해 지니는 의식과 감정 반응 정도가 직접 그들의 구매 결정에 연관된다고 이해하는 것이다. '브랜딩'의 정의를 찾아보면, '한 기업의 홍보 활동'부터 로고, 기호처럼 브랜드를 알아볼 수 있게 만드는 요소들, 그리고 『브랜딩 저널The Branding Journal』에 실린 내가 가장 좋아하는 설명인 '고객들의 마음속에 어떤 브랜드를 창조하고 형성함으로써 특정한 조직, 회사, 제품, 또는 서비스에 의미를 부여하는 과정'까지 다양한 정의가 나올 것이다.

마케터들은 보통 언드 미디어, 웹사이트 트래픽website traffic, 사회적 참여도 같은 특정한 종합 마케팅 척도들에 브랜딩 시도들을 연결해서 브랜드 입소문을 측정할 것이다.

논리는 단순하다. 사람들이 그 브랜드에 대해 더 신이 날수록, 브랜드에 고객 참여가 더 많아진다. 스토리텔링에도 똑같은 논리가 적용될 수 있다. 스토리는 브랜드 인지도를 높이는 가장 큰 촉매 중 하나이기 때문이다.

기존 척도 활용하기

이 정도에서, 이미 존재하는 당신의 브랜드 척도들을 위에서 내가 언급했던 지표들로 분류하고 그것들을 순서대로 배열하면서 당신의 벤치마킹 과정을 단순하게 만들어 보자. 즉 감정 척도들이 반응 척도들을 이끌고, 그렇게 계속 진행된다.

감정

당신은 이미 성과를 잘 내는 이야기의 첫 번째 지표가 성공적으로 청중들의 마음을 사로잡고 그들의 감정을 불러 일으킬 때라는 것을 알았을 것이다. 그러나 그냥 아무 감정들이 아니라, 당신이 세심하게 디자인한 이야기를 통하여 깨우려고 하는 감정들이어야 한다. 1장으로 다시 돌아가 보면, 이 지표는 당신의 브랜드 스토리의 기능을 측정하는 역할을 한다. 그리고 다음과 같은 기본적인 질문에 답한다. 내 청중이 _____ 느꼈는가?

그러나 어떤 척도들이 이것을 알려 줄까? 바로 '접근'과 '언급'이라고 쉽게 답할 수 있다. 여기서 가설은 브랜드 스토리가 이해관계자들의 마음으로 들어가기 시작하면, 그들의 감정이 가장 만족스러운 방식으로 이야기가 전파되는 것을 도우며, 그 이야기가 울려 퍼지게 이끌 것이라는 점이다. 이것이 잠재적으로 어떻게 펼쳐질 수 있는지를 한번 살펴보자.

브랜드 스토리에는 언제나 주요 이해관계자 두 그룹(내부 이해관계자 및 외부 이해관계자)이 있다. 각 이해관계자 그룹에는 맞춤형 청중이 하나씩 있고, 각 그룹 내에서 이러한 두 가지 척도들은 완전히 다르게 보일 수 있다는 사실을 기억해야 한다. 이러한 이유로, 나는 이야기가 성공적으로 전달될 때 각각의 이해관계자 그룹에서 접근과 언급이 어떤 양상을 띠는지를 비교표를 통해서 담아내고 싶다.

도표 11.1(a) 이해관계자들을 위한 감정 척도

청중	브랜드 언급
내부 이해관계자: 소유주, 직원, 파트너, 판매처, 주주, 투자자	전반적으로 브랜드 언급이 증가하고 브랜드의 보편적 진리가 지속적으로 그 브랜드를 연상시킨다. 브랜드의 보편적 진리를 '소속감' 또는 청중이 '소속된 기분을 느끼게' 만드는 것으로 정했다고 하자. 이해관계자들이 그 브랜드의 연장선이나 설명으로, 소속 또는 소속감이라는 단어를 꾸준히 언급할 때 당신의 브랜드 스토리가 이해관계자들의 마음속에서 최우선 순위가 되었다는 사실을 알 것이다. 예를 들어, 당신은 이해관계자들이 다음과 같이 말하는 것을 듣기 시작할 것이다. • XYZ는 소속감이 전부야. • XYZ의 제품은 내가 소속된 기분이 들게 해. • XYZ는 언제나 소속감과 동일한 느낌이야. 이해관계자들이 자유롭게 그리고 자연스럽게 핵심 브랜드 메시지의 일부로 브랜드의 보편적 진리를 공유하기 시작하면서 내부적으로 그리고 외부적으로 언급이 계속 흘러나온다.
외부 이해관계자: 소비자, 사회, 정부	미디어와 업계 보도가 증가하고, 내부 이해관계자들이 공유한 브랜드의 보편적 진리와 핵심 메시지를 디지털 채널들이 알아차린다. 이 때문에, 그들 또한 그 메시지를 따라서 반복한다. 예를 들어, 언론 매체들이 그 브랜드가 고객들에게 주려고 하는 감정을 인식한다. • XYZ의 제품들은 사람들에게 소속된 것 같은 기분을 들게 하고 있음 • XYZ는 소속감을 대표함

도표 11.1(b) 이해관계자들을 위한 감정 척도

청중	콘텐츠 접근
내부 이해관계자: 소유주, 직원, 파트너, 판매처, 주주, 투자자	내부 채널들(이메일, 기업 소셜 도구, 프레젠테이션 강단)에서 당신의 브랜드 스토리 콘텐츠를 보는 사람들의 수가 증가한다. 내부 이해관계자 그룹에 있는 사람들이 브랜드에 대해 언급할 때 그들의 전반적인 메시지 속으로 브랜드 스토리를 일치시키고 있기 때문이다.
외부 이해관계자: 소비자, 사회, 정부	브랜드가 공유하고 있는 핵심 메시지에 의해 시장에서 브랜드의 인지도가 쌓이면서 외부 채널들(뉴스 기사, 소셜 포스팅, 인쇄 매체, 전동적인 매체)에서 당신의 브랜드 스토리 콘텐츠를 보는 사람들의 수가 증가한다.

일단 당신의 브랜드 스토리가 이해관계자들, 그리고 가장 중요하게는 디자인 페르소나들의 마음속에서 울려 퍼지기 시작하면, 또한 그들의 머릿속에도 울려 퍼질 것이며, 궁극적으로 그들로부터 감정적인 반응을 이끌어낼 것이다. 전 심리학 교수이자 스위스 제네바에 위치한 스위스 정서 과학 센터the Swiss Center for Affective Sciences 소장인 클라우스 쉬허Klaus R. Scherer는 '감정의 역동적 구성: 컴포넌트 프로세스 모델의 증거The dynamic architecture of emotion: Evidence for the component process model'라는 글을 통해 우리의 생각이 감정을 일으킨다고 말한다. 나는 당신이 브랜드 인지도와 감정 반응 간의 과학적 연관성을 알아보기 시작했기를 바란다. 당신이 더욱 지속적으로 브랜드 스토리를 말하면, 청중은 그것에 더 많이 노출될 것이다. 그러면 그들이 브랜드

스토리에 대해 생각할 가능성이 더 높아지고, 당신의 이야기가 청중들에게 감정을 불러일으킬 가능성도 더 커진다. 이것은 간단한 수학 게임이며, 브랜드 마케팅의 기본이다.

내가 스토리텔링 기법들을 이용해 퍼스널 브랜드를 구축하기 시작했을 때, 나는 직업적인 면뿐만 아니라, 한 사람으로서 내가 누구인지를 다양한 측면에서 보여 주고, 나를 독특하게 만드는 수많은 요소를 강조하고 싶었다. 그때 나는 아직 스토리텔러라는 공식 직함이 없었지만, 단어를 영리하게 사용하여 청중들의 관심을 사로잡는 방식의 매력적인 본질을 본능으로 이해했다. 나는 말에 힘이 있다는 사실을 알았다. 단지 그 힘이 얼마나 큰지를 몰랐을 뿐이었다.

나는 새로 만든 내 브랜드를 디지털 채널들에서 알리기로 결심했을 때, 대부분의 사람들이 자신의 현재 직함만 써 놓은 링크드인의 프로필 헤드라인 부분이나 현재 자신의 역할 내에서 맡은 직무들을 단순히 기재해 놓고 홀대하는 '자기소개' 부분처럼, 대부분 낭비하고 있는 귀중한 영역들을 활용하기로 했다.

제일 처음에 써 놓았던 프로필 내용이 잘 기억나지는 않지만, 수년에 걸쳐 여러 차례 진화했어도 핵심 메시지와 키워드는 현재까지 동일하게 남아있다. 아래의 문구는 현재 나의 링크드인 '자기소개' 부분에 써 놓은 내용이다.

하이 스탠더드 + 하이힐, 언제나 혼란을 일으키는 다음 모험에 착수.

몽상가. 전략가. 베네수엘라 출신. #스토리텔러. #포용 지지자. 신앙인.

세계적인 기조연설자. 브랜드 스토리텔링 저자. 이따금 불면증. 아이스크림 = 슈퍼 푸드

아이스크림 사랑이라든가 하이힐 집착 같은 나에 대한 매우 사적인 설명들 일부를 공개적으로 알리고 난 후 얼마 지나지 않아 나는 내 브랜딩과 관련하여 주위 사람들로부터 예상하지 못했던 메시지들과 언급들(이것들을 '깜짝 반응'이라고 부를까?)을 받기 시작했다.

'신발 가게를 막 지나가다가 이걸 보고 당신 생각이 났어요.' 한 동료가 화려한 색상의 아름다운 스틸레토 힐 한 켤레의 사진 한 장과 함께 이렇게 메시지를 보내왔다.

'벤앤제리가 방금 새 아이스크림 맛을 발표했는데, 벤앤제리 트위터 보셨어요?' 내 트위터 인맥 중 누군가는 내가 이 아이스크림을 맛 볼 기회를 놓치지 않게 하려고 태그를 했다.

사람들은 내가 자신을 브랜딩하기 위해 의도적으로 사용했던 핵심 단어들로 나를 떠올리고 있었고, 나는 곧 브랜

딩의 심리학이 활성화되었다는 것을 분명히 알 수 있었다. 내 네트워크에 있는 사람들이 일상에서 이따금 신발과 아이스크림을 접할 때, 그들의 마음속에 내가(또는 내 브랜드가) 자동으로 떠오를 것이었다. 나는 내 청중에게 나와 연관될 더 많은 '일상'을 주었고, 자연스럽게 소셜 채널들에서 언급도 증가하기 시작했다. 우연의 일치라고?

접근과 언급은 청중이 당신의 브랜드에 대해 얼마나 감정적인지 뿐만 아니라 그들이 그 브랜드와 브랜드의 보편적 진리에 대해서 얼마나 많이 알고 있는지를 측정하기 위해 사용할 수 있는 두 가지 척도들이다. 언급들은 긍정적일 수도 있고 부정적일 수도 있다는 점을 지적해야겠다. 비록 우리는 긍정적인 언급을 바라겠지만 말이다. 하지만 나는 당신의 브랜드를 언급하기 위해 조금이라도 시간을 낸 사람은 누구나 그 브랜드가 아주 작게라도 영향을 미쳤다는 확실한 지표라고 믿는다. 당신의 임무는 그 언급이 좋은 쪽이 되도록 만드는 것이다.

내가 마이크로소프트에서 소셜 미디어 지원 채널들을 관리하고 있었을 때, 우리는 이전에 생각하지 못했던 방식들로 브랜드 스토리를 전할 기회들을 많이 접했다. 고객 지원 부서에서 우리에게 접근해 왔던 청중들은... 흠, 뭔가 도움이 필요했기 때문에 우리 브랜드와 관계를 맺고 있던 것이었다. 고객들과의 이러한 연결 지점들이 결국 브랜드 언급과 접근으로 이어진다는 사실이 우리 부서 사람들에게는 떠오르지 않았다. 마이크로소프트에서 소셜 미디어 지원은 브랜드 마케팅 부서가 아니라, 고객 서비스 부서 아래에 있다. 부서 이기주의가 만연했던 우리의 마음속에서는, 고객들이 도움을 청하기 위해 먼저 연락을 해 올 때만 대응하는 식으로 고객들과 관계를 맺고 있었다. 그리고 영감을 주는 적극적인 콘텐츠를 청중들에게 퍼뜨리는 임무는 마케팅 부서 소관이라고 믿었다. 우리의 반응은 건조하고 다소 비사교적인 경향이 있었다. 비록 우리가 브랜드와의 비공식적인 연결이라는 기대가 깔려 있는 소셜 채널들을 통해 고객들에게 말하고 있다고 해도 말이다.

재미있는 점은, 우리의 고객들은 똑같은 사람들이었다는 사실이다...... 그들이 굉장히 감동적인 이야기에 대한 반응으로 마이크로소프트에 '말'을 할 때, 주력 제품 채널을 통해서든, 고객 지원 채널에 도움을 요청하기 위해서든, 그 참여 경험에서 동일한 '느낌'을 받기를 기대한다. 독자 중 일부는 이것이 아주 쉬운 문제가 아니냐고 말할 수도 있겠다. 물론이다. 하지만 당시에는 디지털 채널들을 효과적으로 관리한다는 개념이 너무나 불확실해서, 고객들과 연결되는 보편적인 수단으로 이야기를 사용하자는 개념만큼이나 괴로울 정도로 익숙지 않았다.

솔직히 말하자면, 디지털 시대가 야기한 혼란으로 마케터들과 커뮤니케이터들은 익숙한 영역에서 벗어나야 했다. 그리고 이러한 신기술들의 탄생 이래 우리가 해 온 일이라고는 초조하게 불확실한 상황에서 방향을 찾아 헤매며 그 과정에서 고객들이 반응하는 방식으로부터 배우고 또 배우는 것이 전부였다.

고객의 정서를 이해하는 것은 조금도 나쁜 생각일 수 없다. 당신의 브랜드가 내부 이해관계자들과 외부 이해관계자들에게서 받는 언급들에 세심한 주의를 기울이고 그것들을 또 다른 참여 기회로 여기면 좋을 것이다. 청중은 당신에 대해 이야기 하고 있고, 이런 경우들은 당신의 이야기를 통하여 그들에게 브랜드 가치관을 전달하는 가장 확실한 상황이다. 레딧Reddit과 미디엄Medium에서 고객들이 당신의 브랜드에 대해 뭐라고 말하고 있는지 확인하기 위해 이 플랫폼들을 찾아 볼 생각을 해 보았는가? 당신의 브랜드가 모든 디지털 플랫폼에서 활발히 활동하지 않을지도 모르지만, 그렇다고 당신의 고객들이나 잠재적 고객들 또한 그렇다는 의미는 아니다. 주기적으로 시간과 자원을 투자하여 부차적인 채널들에서도 당신의 브랜드의 영향력을 알아보고, 잠시 짬을 내어 참여하는 것도 일리가 있다.

언젠가 나는 트위터에서 마이크로소프트 고객 중 한 명에게 개인적으로 연락을 취하기로 마음먹었다. 그는 자신의 네트워크에서 우리 브랜드에 대해 언급했다(우리에게 직접 말한 것이 아니다). 우리는 채널들을 모니터하고 있던 참이었고 나는 그가 몇 달 전에 신청한 몹시 기대하고 있던 윈도우 10 업데이트를 아직 받지 못해서 굉장히 기분이 상했다는 사실을 알아차렸다. 이 제품은 다운로드 형태로 출시가 예정되어 있긴 했지만, 그 과정이 너무 길어서 그는 초조하고 답답한 상태였다. 나는 그가 우리 브랜드를 언급한 것이 내가 끼어들어 관계를 맺을 좋은 기회라고 생각했다. 이 고객은 우리의 신제품에 대해 기대하고 있었고, 그것을 경험하고 싶어 학수고대하고 있었다. 그는 마이크로소프트의 팬이었고 나는 비록 그에게 해결책을 제시할 수는 없겠지만(그는 그저 일정대로 제품이 출시되기를 기다리는 수밖에 없었다), 그가 역량이 강화된 기분이 들 만한 대안을 제안할 수 있었다. 그래서 나는 연락을 취했고 허심탄회하게 그를 우리의 윈도우 참가자 프로그램에 초대했다. 이 프로그램은 제품 출시 전에 사람들이 소프트웨어를 테스트할 수 있게 해 주는 마이크로소프트의 세계적인 개방형 프로그램이다. 이 고객은 마이크로소프트가 적극적으로 자신에게 연락을 해 주었다는 사실에 기뻐했을 뿐만 아니라, 그 프로그램에 초대받아 무척 신이 났으며 행복하게 초대를 수락했다.

당신의 브랜드 스토리텔링이 언드 미디어earned media와 온드 미디어owned media 모두에서 새로운 언급뿐만 아니라 고객의 접근까지 함께 급증하게 만들 것이라는 데는 의심의 여지가 없다. 당신의 청중에게서 반응을 계속 일으키기 위해 두 가지 모두를 촉발하는 것이 현명한 길이다.

반응

2007년 2월 6일, 리사라는 이름의 여성이 자신의 일터를 벗어나, 차를 몰고 미국 텍사스 주 휴스턴에서 플로리다 주 올랜도까지 약 1,500 킬로미터를 내리 달렸다.

목적지까지 가는 이동 시간을 줄이기 위해서 성인용 기저귀도 찼다. 그녀는 당장 누군가에게 가는 것이 절실했다. 그녀가 흠모하는 사람에게서 사랑을 훔쳐간, 사랑의 라이벌이라고 여긴 사람과 한판 붙어야만 했기 때문이었다.

리사 마리 노왁Lisa Marie Nowak은 미국 해군 항공 장교이자 나사의 우주 비행사였고, 사랑에 빠져 있었다.

이것은 실제 이야기다. 처음에는 좀 어리둥절할지 모르

지만, 이 가슴 아픈 개인의 감정 상태를 알고 나면 솔직히 조금 시시해진다. 우리는 모두 사랑에 빠진 사람들이 하는 기이한 행동들에 대해서 많이 들어 보았고, 흠, 정말 기상천외한 일들도 많이 들어 보았다. 어쩌면 당신도 사랑이라는 영광스러운 이름 아래 정신 나간 짓을 한두 번 해 보았을지 모른다. 전문가들은 사랑을 가장 강력한 인간의 감정이라고 평가한다. 그 뒤를 두려움과 분노가 바짝 뒤따르는데, 정신과 의사들은 그것이 생존을 위해서 인간에게 주입된 단 두 가지 감정이라고 한다.

나는 여기서 사랑을 소환하고 싶다. 사랑이야말로 감정을 촉발할 수 있는 반응의 힘에 대한 훌륭한 예시를 보여주기 때문이다.

청중이 당신의 브랜드 스토리에 보일 사랑은 속사포라기보다는 서서히 타오르는 불길에 가깝겠지만, 어떤 브랜드 스토리가 강렬한 감정들을 드러내고 뒤흔드는 데 성공하면, 청중으로부터 확실히 자동적이고 무의식적인 반응을 기대할 수 있다. 그리고 브랜딩 척도들 일부를 감정에 연관지을 수 있는 것처럼, 벤치마킹 지표들 또한 반응에 연결할수 있다. 독자들의 편의를 위해서, 나는 앞서 사용했던 것과 똑같은 표 형식을 활용하여 반응 척도들을 살펴볼 것이다. 이번에 등장하는 척도들은 참여와 전환이다(도표 11.2).

당신의 브랜드 스토리에 참여와 전환을 더 많이 유도하는 훌륭한 방법은 내부적으로 다른 부서들에 홍보하는 것이다. 그에 대해서는 이 장에서 나중에 더 이야기하고, 이제 마지막이자, 브랜드 스토리텔링의 가장 귀중한 벤치마킹 척도인 '지속적인 행동'에 대해서 논의해 보자.

도표 11.2(a) 이해관계자들을 위한 반응 척도

청중	참여
내부 이해관계자들: 소유주, 직원, 파트너, 판매처, 주주, 투자자	당신의 브랜드 스토리가 이 집단에 영향을 미치기 시작하면, 당신은 청중이 그 콘텐츠와 더 심오한 수준으로 유대를 형성하기 시작하리라 기대할 수 있다. 브랜드의 보편적 진리는 최우선 고려사항이기만 한 것이 아니라, 줄거리를 통하여 팀들, 부서들, 분야들을 통합하는 촉매가 된다. 내부 이해관계자들은 그 브랜드 스토리를 전하는 콘텐츠를 열성적으로 공유하고, 좋아하고, 언급하기 시작할 뿐만 아니라 스스로 그 콘텐츠에 대해 주인 의식을 느끼고 그 이야기들을 자신의 공간에서 사용하기 시작할 것이다. 예를 들어, 이전과 똑같은 예시를 바탕으로 만들어 보자면, 한 재무 분석가는 '소속'이라는 XYZ의 보편적 진리를 받아들이고 그것을 자신의 재무 보고에 적용하기 시작할 것이다. '이것이 바로 XYZ가 사람들이 소속감을 느끼게 하는 방식입니다.' 사업 결과들에 대한 정보를 공유할 때도 마찬가지다. 만약 이 지점까지도 직원 홍보 프로그램을 시행할지 여전히 망설이고 있다면, 지금이 시행을 고려하기에 훌륭한 시점이다. 브랜드의 핵심 메시지가 당신의 청중에게 울려 퍼지고 있으며, 그들은 그 브랜드가 무엇에 관한 것인지, 무엇을 대표하는지를 이해하고 그 브랜드에 감정적으로 연결된다. 이것이 브랜드 스토리가 추진하는 회사의 문화 변화의 시작이다.
외부 이해관계자들: 소비자, 사회, 정부	타깃 마케팅 캠페인을 벌일 때 타깃 청중들로부터 더 큰 반응을 얻으리라 가정하듯이, 외부 청중이 감정적으로 반응하면 점점 더 많이 당신의 브랜드 스토리와 콘텐츠에 참여하기 시작할 것이라 기대할 수 있다. 언급들은 '좋아요'와 '공유'로 변할 것이고, 웹사이트 트래픽 또한 당신의 콘텐츠가 체계적으로 전파되는 것만으로도 상당히 증가할 것이다. 스토리텔링에 의해서 브랜드 문화가 활성화되면, 외부 청중들은 즉시 알아차릴 것이며 심지어 회의론자들도 당신의 브랜드가 얻고 있는 관심 반응에 대해 궁금해질 것이다. 그것은 바이럴 마케팅의 이면에 깔린 것과 아주 똑같은 원리다. 이제 우리는 바이럴 마케팅의 핵심이 공감대를 형성하고 감정을 움직이는 것이어서 사람들이 그것을 공유해야 할 것 같은 느낌이 들게 하는 것이라는 점을 안다. 그 콘텐츠가 어떤 식으로든 청중들에게 말을 하기 때문이다.

청중	전환
내부 이해관계자들: 소유주, 직원, 파트너, 판매처, 주주, 투자자	이 집단의 전환은 실제 매출과는 거의 관련이 없고 (비록 이야기는 내부 청중들이 그 브랜드의 제품들을 구매하고 사용하는 것을 증가시키는 데 기여할 수 있고 기여할 테지만) 신념과 더 관련이 있다. 이 단어는 신앙에 기반을 둔 연상에서 자주 사용된다. 누군가 특정 종교 신념을 믿기로 선택하면 그 결과 그들은 그 종교로 개종한다. 유사하게, 브랜드 스토리가 이 특정 청중에게 생산적으로 영향을 주면, 이들을 수동적인 스토리텔러에서 적극적인 스토리텔러로 전환하면서, 이들에게서 신념에 찬 행동이나 '지지'를 이끌어 낸다. 쉽게 말하자면, 당신의 내부 이해관계자들이 더 이상 그 브랜드의 성공에 기여하는 부분이 아니라, 성공을 일으키는 브랜드 자체가 된다. 이 전환 행동은 문화 활성화에서 중대한 이정표이며, 그것이 참여와 관련이 깊은 것은 우연이 아니다. 내부적 전환을 직접 수량화할 수는 없을 테지만, 문화 주도로 야기된 계획에는 뚜렷한 변화가 있을 것이다. 당신의 내부 이해관계자들은 회사와 회사의 가치관에 대해 새롭게 품은 열정과 존경심을 분명히 보여 줄 것이며, 그것을 적극적으로 전파할 것이다.
외부 이해관계자들: 소비자, 사회, 정부	이전에도 언급했듯이, 당신은 리드 제너레이션이나 전환을 브랜드 스토리텔링에 정확히 연관짓지 못할 수도 있지만, 언급, 접근, 참여가 증가하면 전반적인 전환에 필연적으로 영향을 미칠 것이다. 브랜드 스토리를 시장에 내놓기 전에 현재 전환들에 대한 기준치를 알기 위해서 판매팀이나 채널 마케팅 팀 등 다른 팀과 협업하는 것이 좋다. 그러면 브랜드 스토리가 전파되기 시작한 뒤 그것이 얼마나 영향력을 발휘하고 있는지 판단할 수 있다. (이야기가 전달된 직후 매월 전환율이 꾸준히 증가했는가?) 당신은 장기적으로 스토리텔링을 하게 될 것이고 청중들로부터 즉각적인 반응을 얻게 되더라도 실제 전환은 수량화하기에 조금 더 오래 걸릴 수 있다.

지속적인 행동

감정이 얼마나 강력하게 행동을 일으킬 수 있는지에 대한 명확한 예시로 사랑이라는 엄청난 개념을 더 깊이 파고들어가 보자. 오래도록 서로를 아끼며 지속되는 낭만적인 관계에 있거나, 그런 경험이 있는 행운아들은 사랑에 빠지고 초기에 생성되는 엔도르핀과 옥시토신의 영향이 사라진 후에 사랑하는 사람과 오랫동안 유지되는 동반자 관계로 계속 유대감을 형성하고 싶은 강한 소망이 남는다는 사실을 알고 있다. 동일한 방식으로, 일단 이해관계자들이 당신의 브랜드와 '사랑에 빠지면', 본능적으로 계속 연결되고 싶어 할 것이다. 더 어린 청중들은 결국 그 브랜드와 친구가 될 것이고, 그런 다음에는 당신이 브랜드 스토리텔링으로 이루고 싶어 했던 모든 것의 정점인, 긍정적인 문화 변화와 시장 점유가 따라올 것이다.

한 조직 내에서 어떻게 문화 변화가 일어나는지에 대한 책이나 기사를 읽어 본 적이 있다면, 이미 당신은 거기에 변화가 일어나고 있다는 지표들뿐만 아니라 한 가지에서 다른 것으로 이끄는 주요 이정표들이 있다는 사실을 알 것이다. 간단한 과정은 그림 11.1과 같은 모습일 것이다.

그림 11.1 일반적인 브랜드 문화 활성화 여정

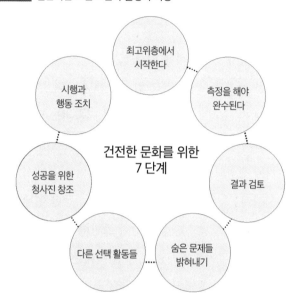

시장 점유 야망과 관련해서도 똑같다. 시장에서 리더가 되기 위해 분투하고 있는 브랜드들은 브랜드가 취해야 하는 구체적인 단계들이 있다는 사실을 잘 이해한다. 본질적으로 산업 문화를 어지럽히고 있기 때문이다. 브랜드 포지셔닝brand positioning(특정한 상표에 대한 소비자의 기억이나 인식 속에 기업이 원하는 느낌이나 인상을 남기려고 노력하는 활동)은 사업 목표를 달성하는 데 매우 중요한 기여 요소가 되었다. 우리가 계속 배우고 있는 대로, 디지털 시대에는 브랜드가 독립적인 광고들을 제작하고 알리는 대신 고객들에게 힘을 부여하면서 전통적인 브랜드 광고들을 옆으로 밀어제쳤다. 이것은 종종 시장에서 브랜드 광고보다 그 브랜드를 더욱 영향력 있게 드러냈기 때문이다.

당신이 의도한 대로 브랜드 스토리가 청중들의 마음을 사로잡은 후에 그들이 그 브랜드에 반응하고 관계를 맺고 그로 인해 전환되기까지 하면, 당신은 문화 변화와 사고의 리더십이라는 찬란한 결과를 즐기게 될 것이다(도표 11.3).

많은 면에서 브랜드 에쿼티brand equity(브랜드 이름이 제품에게 부여하는 부가적 가치)를 측정하는 것과 유사하게, 청중들이 그 브랜드와 브랜드 스토리에 감정적으로 관계를 맺고 있다는 것이 명백해질 때가 바로 브랜드 스토리가 시장에서 모든 이해관계자에게 의도한대로 효과를 내고 있음을 확실히 알려 주는 시점이다.

사업 측면에서 이것은 결국 고객들이 당신의 경쟁 상대가 아닌 당신을 선택하게 하는 결과를 낳는다. '우리의 감정이... 우리의 생각과 행동을 형성하고 영향을 미친다.'라는 사실과 잘 짜여진 이야기만큼 감정을 움직이는 데 효과적인 것은 없다는 사실을 기억하라.

이해관계자들을 위한 지속적인 행동 척도

청중	문화
내부 이해관계자: 소유주, 직원, 파트너, 판매처, 주주, 투자자	문화 전환 계획을 보면(그리고 정말로, 다른 모든 변화를 보면), 이런 유형의 핵심 사업 전환 계획들은 언제나 최고 경영진의 헌신과 커뮤니케이션에서 시작한다는 사실을 알 수 있다. 또 그래야만 한다. 스토리텔링으로 문화를 활성화하는 것의 장점은 이것이 바로 최고 경영진이 추구하는 문화에서 비롯된 커뮤니케이션이라는 것이다. 당신은 브랜드 미션의 핵심, 즉 최고 경영진이 브랜드를 위해 정의하고 확립한 바로 그 목적들을 창의적으로 포착하고 전달하는 브랜드 스토리를 디자인하기 위해서 쉴 새 없이 달려 왔다. 그리고 당신이 완전히 브랜드를 새롭게 할 이 기회를 잡지 않는다면(이 또한 경영진의 지지가 필요함), 당신이 이해관계자들과 공유하고 있는 콘텐츠는 순전히 브랜드의 핵심 가치가 이야기 형태로 되어 있는 모습에 불과하다. 어쨌든, 당신은 이해관계자들에게 브랜드 미션을 감정적으로 전달하는 데 성공했고, 그 결과 그것에 대한 이해관계자들의 반응이 지속적인 행동을 일으킬 것이라고 기대할 수 있다. 브랜드 스토리텔링으로 유도하는 문화 활성화는 이해관계자들이 자신을 그 이야기의 일부로 통합하기 시작하면 자연스럽게 일어난다. 그들은 자신들이 정말 그 브랜드의 한 부분이라는 사실을 이해했기 때문이다. 이것은 사고방식과 행동의 근본적인 변화이다. 이로 인하여 내부 이해관계자들은 브랜드 스토리가 그 브랜드를 보여 주며 브랜드는 그 안에 있는 사람들이라는 점을 인지한다. 이 청중들은 더 이상 브랜드 스토리를 외부 고객들에게 연결되기 위한 동떨어진 접근법으로 보지 않고, 내부적으로 어떻게 사업을 운영하고 소통하며 실행하는지에 대한 청사진이라고 믿게 된다. 그리고 그 결과, 문화 전환이 이루어진다.
외부 이해관계자: 소비자, 사회, 정부	문화 변화는 산업에서도 발생한다. 아이비엠IBM, 알아이엠RIM, 모토로라Motorola처럼 한때 테크 세계를 지배했던 '테크 거물들'은 그들의 시대에 맞는 기준과 행동들에 영향을 미쳤다. 오늘날 테크 업계는 신생 기업들 덕분에 완전히 다른 모습과 느낌을 띤다. 그리고 결국 로보칼립스 세상이 올 때까지, 테크 문화는 전반적으로 계속 빠르게 진화할 것이다. 브랜드의 행동 변화는 또한 외부 이해관계자들의 행동에도 변화를 야기한다. 내부 이해관계자들이 그 브랜드 스토리에 주인 의식을 가질 때, 브랜드의 보편적 진리는 단순한 마케팅 기법으로는 절대 이루지 못할 방식으로 청중들에게 스며들고 그들의 마음에 반향을 불러일으킬 것이다. 메시지가 내부 이해관계자들의 개인적인 신념으로부터 나와서 공유될 것이며, 외부 청중은 결국 그 브랜드 스토리의 일부가 되고, 그 이야기의 중심이 된다. 이것은 당신의 브랜드 스토리가 시장에서 지닐 가장 큰 유산이 될 것이다.

도표 11.3(b) 이해관계자들을 위한 지속적인 행동 척도

청중	사고의 리더십
내부 이해관계자: 소유주, 직원, 파트너, 판매처, 주주, 투자자	이 지점에서 당신의 내부 이해관계자들은 문화 전환으로 자극을 받아 그 브랜드 스토리를 따라 살고 있을 것이다. 확고한 콘텐츠 허브(4장에서 언급), 시스템, 직원 홍보 같은 프로그램들을 준비해 놓음으로써, 이 청중은 브랜드 스토리를 알고 그것을 따라 살 뿐만 아니라, 완전히 그것을 전파할 준비도 되어 있을 것이다. 이러한 이해관계자들은 또한 자신의 분야에서 전문가이며 브랜드 스토리를 자신의 개인적인 메시지의 일부로 활성화했기 때문에, 나중에 각자가 속한 특정 분야나 부서에서 권위자로 인식되기 시작할 것이다. 또한 브랜드 스토리텔링 덕분에 이들은 다른 사람들에게 영감을 주는 신뢰할 만한 정보원으로 발전할 것이며 자연히 사고의 리더로 거듭날 것이다.
외부 이해관계자: 소비자, 사회, 정부	내부 이해관계자들이 그 산업에서 사고의 리더가 되는 것과 함께, 그 브랜드 자체 또한 사고의 리더로 인식될 가능성이 크다. 많은 브랜드가 불확실한 디지털 전환 여정을 헤쳐 나가는 가운데 당신의 회사는 여전히 핵심 메시지를 함께 묶고, 내부 커뮤니케이션의 차이를 메우고, 문화 변화를 유도해 왔다. 그리고 의미 있고 통합된 이야기로 자신을 현대화하는 혁신 능력을 분명하게 보여 주었을 것이다. 이것은 회사를(그리고 당신을) 그 분야에서 전문가로 만들 것이다.

12

악당들과 적대자들: 브랜드 스토리를 손상하려는 나쁜 녀석들

- 왜 악당들과 적대자들인가?
- 나쁜 녀석의 전형
- 당신의 유일한 공격 무기

　이야기에 악당이 없으면 무슨 재미가 있을까? 스토리텔링 전문가들 대부분은 모든 영웅에게 반드시 악당이 필요한 것은 아닐지라도, 훌륭한 이야기는 반(反)영웅이나 나쁜 녀석을 포함한다고 말할 것이다. 이런 캐릭터들은 갈등을 유발하며, 거기서 비롯된 긴장감은 이야기를 더욱 흥미진진하게 만드는 경향이 있기 때문이다.

　만약 당신의 브랜드 스토리에 영웅(고객)과 조연(브랜드)이 있다면, 그 영웅이 승리하기 위해서 극복해야 하는 장애물과 난관을 생성하기 위해 분주히 움직이는 상반되거나 보완적인 캐릭터가 있는 것이 일리가 있다. 악당들이나 적대자들이 그 이야기에서 제공하는 고난은 영웅과 조연을 향한 고객들의 공감을 한층 더 두껍게 만든다. 적대적인 캐릭터들 때문에 영웅들과 조연들이 갈등을 더 많이 겪을수록, 청중은 그로 인한 결과와 스토리 결말을 예측하느라 더욱더 정신을 빼앗긴다.

브랜드 스토리 콘텐츠는 브랜드의 역사, 미션, 목적, 그리고 핵심 가치관을 포함할 수 있다. 하지만 분명 이것들에 국한되지는 않는다. 향수를 자아내기 위해서 지난 이야기들을 공유하는 것은 청중을 유도하기 위한 훌륭한 방법이며, 이야기에서 중요한 부분인 대적 캐릭터들을 소개하기 위한 기회로도 이용할 수 있다. 브랜드는 초기에 어떤 시련들을 겪었는가? 그 산업에서 어떤 경쟁자들이 등장해 시장을 점유하는 바람에 당신의 브랜드가 완전히 브랜드 이미지를 쇄신하고 제품을 확장해야 했던 적은 없는가?

그러나 악당들과 적들은 실제 줄거리에서 해를 입히는 것으로만 만족하지는 않는다. 이러한 라이벌 캐릭터들은 가장 가능성이 희박해 보이는 곳에서도 등장할 수 있으며, 등장할 것이다. 브랜드와 브랜드 스토리, 그리고 디자인을 포함하여 스토리텔링의 전 과정에 부정적인 영향을 줄 기회가 있는 곳이라면 어디든 말이다. 심지어 스토리텔러인 당신도 무의식중에 그 이야기의 반영웅이 될 수 있다. 따라서 잘 만든 이야기를 전달하는 문제와 관련하여, 당신의 브랜드와 브랜드 스토리가 지니는, 또한 존재하는 동안 계속하여 마주할지도 모르는 난관들과 상애불늘을 연구할 때, 절대로 어떤 가능성도 놓쳐서는 안 된다.

왜 악당들과 적대자들인가?

당신은 왜 내가 이 책에서 이렇게 후반부에 악당들과 나쁜 녀석들에 대한 의견을 공유하기로 했는지 궁금할지도 모르겠다. 흠, 다음과 같은 세 가지의 단순하고 명확한 이유가 있다.

- 만약 관념화 단계에서 대립하는 캐릭터가 브랜드 스토리의 핵심 부분으로 떠올랐다면, 당신은 이미 자연스럽게 그것을 포함했을 것이다.
- 이런 나쁜 녀석들을 밝혀내는 목적은 당신이 그것들을 브랜드 스토리의 일부로 포함하도록 강요하려는 것이 아니라(당신이 생각하기에 잘 맞는다면 당연히 그렇게 할 수 있지만), 당신이 세심하게 만든 이야기 구조를 허물어 버리려고 하는 현존하는 대립 요소들을 인지하게 하려 함이다.
- 만약, 이 장을 읽은 후 이러한 라이벌 중 일부를 당신의 이야기에 포함하는 것이 필수라고 생각한다면, 망설이지 말고 그렇게 하라. 이야기들을 프로토타이핑하는 것의 미덕은 그 과정에 결코 끝이 없다는 것이다.

나는 자라는 동안 텔레비전을 많이 보지 못했다. 불편하게도 다른 식구들과 번갈아 일어나며 수동으로 채널을 바꿔야만 했던 시대였기 때문이다. 골라 볼 채널이 많았다는 말도 아니다. 채널은 고작 세 개뿐이었다. 그리고 그중 겨우 두 개만 전송 신호가 좋았다. 어린이 프로그램은 어쩌다 한 번씩만 나왔고 연령에 적합한 영화들이나 오락 프로그램들도 다양하지 않았다. 하지만 가끔 지역 TV 방송 중 한 곳에서 황금 시간대(저녁 8시)에 가족 영화가 방영될 것이라는 안내가 나오면, 나는 언니, 동생과 함께 그날 밤늦게까지 자지 않고 텔레비전을 보게 해 달라고 엄마를 설득해야 했다.

내가 시청의 기쁨을 누렸던 첫 번째 영화 중 하나는『밤비』였다. 이 영화는 아기 사슴이 숲에서 일어나는 즐거움과 위험들을 탐험하며 성장해 나가는 과정을 그렸다. 이 영화를 보기 전에 다른 영화들을 몇 가지 본 적이 있었지만, 무슨 이유에서인지 이 특정 영화가 내게 준 감동은 며칠간 이어졌다. 당신이 이 영화의 줄거리를 모를까 봐 간단히 설명해 주자면, 영화는 보이지 않는 사냥꾼에 의해 아기 사슴의 어미가 갑작스레 죽으면서 시작한다. 홀로 남겨져 혼란에 빠긴 아기 사슴은 새로운 친구들과 위안을 찾아 나선다. 나는 이야기에서 그렇게 초반에 극적인 순간이 나와 충격을 받은 것이 처음이었고, 숨어 있는 악당이나 '유령' 악당을 접한 것도 처음이었다. 화면은 빠르게 바뀌어 나머지 줄거리를 전개해 나갔지만, 내 마음은 영화 내내, 아니 그 후에도 며칠 동안, 한 장면에 고정되어 있었다. 악당이 영화의 모든 과정을 너무나 일찍 바꾸어 놓았기에 나는 계속 그 비극적인 일이 일어나지 않았더라면 이야기가 어떻게 다르게 펼쳐졌을까 궁금했다.

악당들과 적대자들은 다른 어떤 캐릭터도 할 수 없는 방식으로 줄거리에 전후 사정을 형성한다. 그들은 우리가 주인공의 눈을 통해서 대립이나 악의 수준을 인식하게 만들기 때문이다. 밤비의 경우에 인간은 악당이지만, 우리는 전반적으로 인류가 모두 악하지는 않다는 사실을 잘 안다.

브랜드 스토리텔링 맥락에서 보면 악당들은 경쟁 브랜드부터, 브랜드 에쿼티 목표, 통합된 브랜드 목소리, 메시지를 방해하는 고립된 내부 시스템과 과정들까지 다양한 형태로 나타날 수 있다. 당신의 브랜드 스토리의 악당들과 적대자들을 생각할 때, 이러한 캐릭터들 각각이 주는 영향과 방해의 크기를 밝혀내는 것이 중요하다. 그래야 브랜드 내러티브에서 그 캐릭터들에게 주역을 주어야 할지, 어떤 역할이라도 주어야 할지 결정할 수 있다.

당신의 브랜드가 지금까지 오는 동안 부딪혔던 난관들

과 장애물들의 깊이에서 취약성을 공유하는 마술 지팡이를 휘두르기로 한 선택은 다른 누구도 아닌 스토리 디자이너로서 바로 당신이 내려야 하는 선택이다. 하지만 분명 어느 지점에는 이런 경쟁 캐릭터들이 당신의 브랜드 내러티브 안에서 데뷔를 해야만 하는 곳이 나타난다. 그리고 당신이 그렇게 하는 것을 고려하는 편이 더 이로울 것이다.

약간의 재미를 위해서, 나는 이러한 나쁜 녀석들을 몇 가지의 악당 전형 범주로 분류하고, 당신이 그것들에 맞서 싸우고, 약화시키는 데 도움이 될 만한 유용한 팁과 요령들('선택 무기')을 제공하려 한다. 이 목록은 또한 이야기가 시장에서 형태를 갖추고 미니 스토리들로 확장되면서, 어떤 나쁜 녀석 유형이 당신의 이야기에 가장 잘 맞는지 판단할 때도 결정적인 역할을 할 수 있다. 사실을 말하자면, 모든 대립 캐릭터들은 당신의 브랜드 내러티브에 들어맞지만, 모든 캐릭터가 청중에게도 적합하지는 않을 것이다.

기본적으로, 악당들과 적대자들 간의 독특한 차이점을 이해하는 것이 중요하다.

미리엄 웹스터 사전의 악당에 대한 정의는 다음과 같다.

이야기나 연극에서 영웅에 반대하는 캐릭터
고의적인 비열한 악당 또는 범죄자

특정한 악행이나 곤경에 책임이 있는 자

한편 적대자는 '서로 다투거나 겨루는 사람'으로 되어 있다. 많은 경우에, 적대자가 반드시 악당일 필요는 없으며, 심지어 하나의 캐릭터여야 할 필요도 없다. 그것은 주인공에게, 심지어 주인공의 내면에서, 갈등을 일으키고 반대하는 세력일 수도 있다.

그 점을 염두에 두고, 브랜드 스토리텔링의 나쁜 녀석들 목록을 살펴보자. 이것은 당신의 브랜드와 브랜드 스토리에 맞서 싸울지도 모를 캐릭터들 일부에 대한 아이디어를 주기 위한 일반적인 목록이라는 점을 유념하기 바란다. 당신의 이야기에는 분명 이보다 더 많은 악당이 생길 수도 있으니, 당신이 이 목록에 계속 덧붙일 수 있을 만큼 몹시 창의적으로 되기를 진심으로 바란다. 당신의 브랜드 스토리에 대한 논쟁거리를 더 많이 알아낼수록, 성공을 방해할지도 모르는 요인에 대해 더 깊은 혜안이 생길 것이다.

나쁜 녀석의 전형

회사

나쁜 녀석의 유형: 적대자

만약 당신 회사의 현재 문화가 스토리텔링 원칙들에 전적으로 부합하지 않거나, 아니면 아직 전략을 시행할 준비가 되어 있지 않다면, 브랜드 스토리의 적이 될 수 있다. 전체 조직이 이 관계 혁신의 중요성을 인지하더라도, 회사의 핵심 행동들은 전반적인 개념에 반대할 수 있고 브랜드 스토리를 사업 영향 전략으로 집어넣는 데 반대하는 쪽을 넌지시 선택할 수 있다.

방해 수준

높음. 기업의 문화 발전은 오늘날 변화를 원하는 브랜드들이 계속 진행 중인 싸움이다. 연로한(구세대) 내부 이해관계자들은 이 변화 유도에 답답하고 뚜렷한 저항을 일으킬 수 있다. 특히 이미 브랜드 전환으로 어느 정도 혼란이 야기된 상황에서 이야기를 프로토타이핑하고 테스트하는 것처럼 모호성을 한층 더 증가시키는 조정이라면 더더욱 그렇다.

방어 무기

일관성. 당신이 먼저 내부 이해관계자들에게 브랜드 내러티브를 개시하려고 할 때, 이해관계자들이 스토리텔링의 언제, 어디서, 무엇을, 어떻게, 왜를 설명하는 일관적인 메시지를 받는 것이 필수다. 이것은 회사 곳곳의 이해관계자들에게 스토리텔링이 실제로 그 브랜드가 회사 전체에 걸쳐 커뮤니케이션을 현대화하기 위한 노력으로 향하는 길이라는 점을 알려 줄 것이다.

재구상한 통합 마케팅 접근법(4장에서 설명함)은 신속한 현대화와 동화 전략에 도움이 될 수 있으며 브랜드 스토리텔링의 통합에 기여할 수 있다.

리더십

나쁜 녀석의 유형: 적대자

당신이 최고 경영진에게 홍보를 잘할 수 있었고 전략으로서 스토리텔링 실험을 시작하도록 그들로부터 허가와 지지를 받았기 때문에 브랜드 스토리텔링 시도들을 시작했다고 가정하면, 조직 전체의 다른 고위 간부나 중간 단계 리더들로부터는 완전한 승인을 받기가 어려울 수도 있다.

스토리텔링은 이해관계자들에게 현재 그들이 각자의 청중들과 소통하고 관계를 맺고 있는 방식에 대해서 다르게 생각하고 고민해 보도록 강요하면서 자연스럽게 문화 변화를 야기한다. 현재 확립된 커뮤니케이션 전략들은 한때 그랬던 것만큼 브랜드를 위해 더 이상 적절하지 않을 수 있다는 사실은 받아들이기 불편한 진실이고, 이것은 전혀 과장이 아니다. 그리고 이런 사실은 거부 반응을 일으킬 수 있다.

방해 수준

보통. 혼란을 일으키는 다른 모든 것처럼, 이 사업 계획 변화도 조직의 선도 주자들과 인플루언서들로부터 반대 의견에 부딪힐 수 있다. 이들은 브랜드 스토리텔링과, 전반적인 스토리텔링의 효력을 진정 이해하지 못하거나, 아니면 단순히 이러한 최첨단 참여 원칙들에 동조하고 싶지 않을지도 모른다.

방어 무기

최고 경영진. 당신의 내부 이해관계자들에게 새로운 전략을 소개하고 전파하는 데 도움을 받기 위해서 최고 경영진을 활용하라. 결국, 그들은 궁극적으로 이 노력을 진두지

휘하는 이들이다. 당신은 이 획기적인 계획을 확립하기 위해서 최고 경영진의 동의와 구두 지원이 필요할 뿐 아니라 실질적인 영향력 통합에 대한 그들의 헌신도 필요하다.

당신의 최고 스토리텔러들도 잊지 마라. 직원들 말이다! 철저히 준비한 직원 홍보 프로그램은 리더십과 함께 도움이 될 수 있다.

기능별 부서들

나쁜 녀석의 유형: 적대자이자 악당

이 현대적인 방법이 기존의 규범들을 뒤흔들기 때문에 기능별 부서들은 나름 합리적으로 브랜드 스토리텔링 접근법에 반대할지도 모를 회사나 리더들과는 다르다. 브랜드 스토리텔링을 효율적으로 사업에 포함하는 데 걸림돌이 될 수 있을 뿐만 아니라 조직의 모든 시각에서 브랜드 메시지를 통합하고자 시도할 때 직접 악인 역할도 할 수 있다.

방해 수준

상황에 따라 다름. 중간 규모에서 대규모 기업들은 다양한 부서에서 브랜드 스토리텔링 기법들을 성공적으로 시행하는 데 어려움을 더 많이 겪을 것이다. 보통, 사업 부서들 대부분은 독립 개체로 활동하며, 이런 사일로 모델은 조직 내에 메우기 어려운 틈을 자주 형성한다.

당신의 브랜드가 막 시작했거나 규모가 작다면, 사업 목표로 브랜드 스토리텔링을 시행하고 이런 부서들을 밀접하게 결합하기가 더 쉬울 것이다. 하지만 브랜드의 규모에 상관없이 이런 조직 모델들은 전통적으로 고정된 사고방식으로 운영된다는 점을 알고 있는 것이 중요하다. 그리고 이러한 고정된 사고방식은 언제나 모든 브랜드 전략과 문화 변화 활성화를 매끄럽게 시행하는 데 방해가 된다.

방어 무기

최고 경영진. '리더십'을 위한 무기와 동일하다. 이러한 부서들 각각의, 그리고 모두의 이야기를 통합하기 위해 사일로 효과를 무너뜨리는 데 있어 경영진은 최고의 공격 수단이다. 재구상한 IMC 아이디어를 사용하고 최고 경영진의 격려를 받으면서, 각 부서의 구성원들은 각자의 공간에서 개인적으로 브랜드 스토리텔링 자원들을 활용할 수 있을 것이다.

시스템과 과정

나쁜 녀석의 유형: 악당

기능별 부서들과 마찬가지로, 조직 내에 새로 도입된 시스템과 과정들뿐만 아니라 오래된 시스템과 과정들이 수행하는 복잡하고 때로는 이질적인 기능들 때문에 당신의 브랜드 스토리에서 반영웅적 역할을 맡을 수 있다. 예를 들어, 세일즈포스Salesforce 같은 마케팅, 영업 지원, 고객 관리 시스템을 생각해 보라. 영업 팀이 브랜드 스토리를 받아들이고 각자의 공간에서 개별 청중들에게 브랜드 스토리를 전할 때, 이 시스템은 동일한 고객들에게 이질적이고 모순되는 이야기를 동시에 할 수 있다.

브랜드 스토리텔링은 브랜드의 관점에서 전하는 이야기를 디자인하는 것만이 아니라, 고객들이 브랜드를 만나는 모든 곳에서 겪을 경험을 통틀어 청중에게 '말하는 것'이라는 사실을 기억하라.

만약 고객 거래(내부적 외부적 모두)를 가능하게 하는 내부 시스템과 과정들이 그 브랜드가 말하는 미션, 핵심 가치관, 행동들과 맞지 않으면, 당신의 이야기 영웅(고객)은 좌절감을 느끼고 혼란스러울 것이다.

방해 수준

보통. 직원 설문 조사를 하면 대부분 '시스템과 도구들'이 개선되어야 할 부분 목록에서 항상 높은 순위에 있는 데는 이유가 있다. 그것들은 대개 형편없기 때문이다. 그에 대해서 우리가 주로 하는 불평은 그것들이 '서로 이야기하지' 않는다는 점이다. 그렇다면 어떻게 시스템과 도구들이 조화롭게 브랜드 메시지를 고객에게 전달할 수 있을까?

브랜드 스토리를 전할 때 이러한 메커니즘이 고객에게 미칠 수 있는 영향을 인식하고 브랜드 스토리가 담고 있는 약속과 실제로 이행되는 약속 사이의 간극을 좁힐 수 있는 방법을 찾는 것이 중요하다.

방어 무기

디지털 전환. 좋은 소식은 당신의 브랜드가 아직 디지털 기술을 사업으로 통합하는 과정을 시작하지 않았다 하더라도, 곧 그렇게 할 수밖에 없다는 것이다. 이렇게 되면 사업의 전 분야에서 모든, 아니면 대부분의 시스템과 과정들이 대변신을 할 수밖에 없을 것이다. 또한 당신의 조직이 이미 디지털 전환 과정을 시작했더라도, 여전히 가야 할 길이 멀 가능성이 크다(우리 모두 그렇다). 그러므로 어느 경우든, 당신은 이러한 현대적인 메커니즘을 통해서 고객 경험을 이

끌기 위해 브랜드 스토리를 나침반으로 사용할 훌륭한 기회가 있다.

기술

나쁜 녀석의 유형: 적대자

기술은 당신의 브랜드 스토리에 훌륭한 협력자가 될 수 있지만, 잘못 사용하면 반대 세력도 될 수 있다. 브랜드 스토리를 전달하기에 적합한 기술을 신중하게 선택할 시간을 내지 않는다면, 당신이 목표로 한 이들에게 반대 효과를 일으키면서 당신의 이야기는 청중들에게 의도했던 대로 전달되지 못할 수 있다.

이 책 초반에 우리는 당신이 이야기를 전하기 위해 사용하는 이야기 형태(비디오, 팟캐스트, 몰입형)나, 기술은 프로토타이핑 단계에서 규정된다는 것을 배웠다. 이미 당신이 알고 있는 대로, 스토리텔링의 모든 요소는 그 무엇보다 당신의 맞춤형 청중에게 지속적으로 공감하며 그들을 고려해야 한다.

오늘날 빠르게 진화하는 디지털 환경에서, 기술은 몇 달 또는 몇 주 안에 쓸모없게 될 수 있으며, 만약 당신이 유연하게 인식하지 못하고 이 진보의 정상에 머무르지 못한다면, 당신의 이야기는 구식처럼 보일 것이다.

방해 수준

높음. 다음 장에서 나는 곧 닥칠 몹시 기대되는 로보칼립스(기계들, 인공지능과 자동화)가 브랜드 참여와 커뮤니케이션 시도들에 미칠 영향에 대해서 추가적인 세부 사항들을 공유할 것이다. 그러나 최소한, 당신의 브랜드는 기술 발전으로 인한 변화에 민첩하게 대응하는 쪽으로 나가는 것을 고려해야 한다.

기술을 받아들이지 않고 적절하게 다루지 않으면 고객 참여 노력들이 마비되면서, 시스템, 과정, 리더십, 회사, 브랜드 스토리 등 모두 오늘날의 디지털 혁명의 희생자가 될 수 있다.

방어 무기

공감과 융통성. 나는 마이크로소프트의 기술 발전이 내외부적으로 가져온 빠른 속도의 진화를 개인적으로 경험하는 특권을 누렸다. 그리고 하나의 브랜드로 의미 있는 상태를 유지하기 위해 공감하고 융통성 있는 자세를 계속 취해야 하는 것의 중요성을 깨달았다.

기술은 악당이 아니기 때문에 맞서 싸워야 할 필요가 없다. 기술은 개혁을 부추기는 원동력이다. 그리고 기술에 맞서는 가장 분별력 있는 방법은 기술에 적응하고, 그것의 변성력을 포용하고, 그것이 새로 내놓는 것들을 브랜드 스토리에 계속 통합하는 것이다.

경쟁자들

나쁜 녀석의 유형: 악당

만약 당신의 브랜드 스토리의 궁극적인 목적이 효율적으로 고객들과 관계를 맺고 그들의 충성심을 얻는 것이라면, 경쟁 브랜드들은 시장 점유율을 차지하기 위해 싸우고 당신의 고객들을 '훔쳐 가는' 최악의 브랜드 스토리 악당들이다.

이러한 무자비하고 비열한 자들은 당신이 세심하게 디자인하고 공유한 메시지를 음해하려 한다. 그들의 접근 방식은 인정사정없고, 가차없으며, 그들은 당신의 브랜드 영웅(고객)을 차지하려는 확실한 목표를 위해 당신과의 전쟁에 나설 것이다.

방해 수준

비상사태 수준으로 높음. 당신의 경쟁 상대는 당신의 브랜드 스토리에 치밀하게 계산된 완전히 파괴적인 공격을 가함으로써 고객들을 가로채고 가장 중요한 목적에 큰 해를 가하려고 한다.

당신이 매우 감정적이고 진실하고 심지어 취약한 방식으로 당신의 브랜드가 무엇에 관한 것인지 청중들에게 말하려고 나서면, 그 즉시 경쟁 상대는 파렴치하게도 당신의 고객뿐만 아니라 당신의 브랜드 스토리 콘텐츠까지 훔칠 것이다. 그리고 그것을 잘못 사용하거나, 위조하거나, 심지어 분해하고 맥락에서 빼내어 당신의 브랜드에 대적하는 무기로 사용하려고 할 것이다.

방어 무기

일관성. 브랜드 스토리텔링은 장기간에 걸친 교화 과정이라는 것을 알았다. 경쟁자들이 할 일을 하는 동안, 당신이 일관되게 브랜드 메시지를 반복하여 말한다면, 청중은 그것의 보편적 진리를 인식하고 받아들이기 시작할 것이다. 경쟁자의 행방과 전략들을 계속 추적해야 하는 한편, 이야기를 전하는 과정에서 신만해시지 않는 것이 중요하다. 일관성에 계속 집중하고 경쟁자의 반응보다 고객의 반응에 더 집중해라. 결국, 경쟁 상대들이 당신에게 전면 공격을 감행한다면, 당신이 고객층과 관계를 맺는 데 올바른 궤도에 있다는 사실을 증명해 주는 셈이다.

내 삶과 사업 규칙은 '네 적을 사랑하라.'이다. 만약 당신에게 적이 하나도 없다면, 뭔가 잘못된 일이다. 당신의 브랜드 스토리가 그 산업에서 반향을 일으키고 있다는 훌륭한 조짐은 당신의 경쟁 상대들이 촉각을 곤두세우는 것이다.

스토리텔러

나쁜 녀석의 유형: 적대자

9장에서 우리는 브랜드의 최고 스토리텔러들을 심도 있게 살펴보았다. 그러나 당신도 알다시피, 당신의 스토리를 공식적으로나 비공식적으로 전달하는 사람들은 훨씬 더 많이 있다. 스토리텔러들은 당신의 이야기가 가장 체계적이고 생생하게 전달되는 방법이다.

스토리텔러들은 그 이야기를 흡수하여 자신의 의견으로 다시 되풀이하는 개인이다. 스토리텔러들과 그들이 이야기에 더하는 개인적인 풍미를 통해서, 당신이 그 이야기에 부여한 기능적이고 감정적인 임무와는 별개로, 이야기가 다양한 형태와 모습으로 활기를 띠게 된다.

과학자들이 인간의 뇌가 정보를 보유하는 방식을 아직 완전히 밝혀내지는 못했지만, 우리는 정보를 받으면 그것을 흡수하기 위해서 우리가 겪어 온 삶의 경험들과 편견들을 적용한다. 따라서 우리가 받아들인 모든 정보 조각은 각자의 특정 렌즈를 통해서 흡수된다.

계획을 세워 놓지 않으면 이야기들의 이러한 인지적 흡수는 축복이자 저주가 될 수 있다.

방해 수준

낮음. 이전 장에서 나는 브랜드 언급들이 당신의 브랜드 스토리가 이해관계자들과 다른 청중들에게 반향을 일으키고 있다는 지표라고 알려 주었다. 만약 브랜드 스토리가 잘 받아들여진다면, 개인들이 분명 각자의 관점으로 그것을 흡수하고 자연스럽게 공유하리라 기대할 수 있다.

우리는 모두 훌륭한 이야기를 사랑하며 그런 훌륭한 이야기를 나누는 것을 무척 좋아한다. 당신의 브랜드 스토리가 청중들의 감정을 울리고 기억할 만하다는 사실을 아는 것은 실제로 긍정적인 일이다. 그러나 줄거리의 왜곡 가능성을 유념하는 것이 중요하다.

인간은 덧붙이거나, 왜곡하거나, 기본 정보에서 벗어나
려는 성향이 있다. 일반적으로 스토리텔러들이 당신의 브
랜드 스토리에 줄 수 있는 영향은, 점검하지 않고 내버려
두면 시간이 지나면서 이야기가 왜곡될 수 있다는 것이다.

방어 무기

일관성. 다시 한번 강조하지만, 청중들은 선천적으로 자
신만의 생각과 의견으로 브랜드 내러티브를 왜곡할 수 있
다. 이럴 때 브랜드 스토리를 온전하게 지키는 최고의 방법
은 확고하게 메시지에 일관된 자세를 취하여 당신의 브랜
드를 그 브랜드 스토리에 유일한 진실 자원으로 만드는 것
이다. 여기서 하나의 패턴을 인지하기 시작했을 것이다. 바
로 일관성은 탁월하고, 그 이야기가 온전하게 남도록 보장
하기 위해 당신의 브랜드가 지니는 가장 강력한 무기라는
것이다. 이런 까닭에 이야기를 내놓기로 결정할 때 내부와
외부 이해관계자 모두를 위해서 이야기 출시 전략을 잘 계
획하여 갖고 있어야 한다.

당신

나쁜 녀석의 유형: 적대자

스토리 디자이너로서 당신은 조연 캐릭터에서 그 브랜드 스토리의 적대자로 진화할 수 있는 최고의 사례다. 당신은 프로토타이핑하고, 테스트하고, 이야기를 다시 디자인하면서 너무나 열심히 일한 나머지, 그 이야기 중 하나가 마침내 출시되면, 그리고 출시가 잘되면, 디자인 씽킹 과정을 멈추어도 될 것 같은 기분이 들 수 있다. 이 논리는 위험할 뿐만 아니라 당신의 브랜드 내러티브에 파괴적인 영향을 미친다.

설득력 있는 이야기를 저해하는 세력들(신기술, 까다로운 청중, 진화하는 제품과 서비스)이 어찌나 많은지, 이 때문에 스토리 프로토타이핑 과정을 지속적으로 반복해야 한다는 사실을 충분히 강조할 수 없을 지경이다.

당신은 절대로 브랜드 스토리에 너무 편안한 마음을 가져서는 안 된다. 이야기는 항상 프로토타이핑 단계에 있고, 침체되지 않기 위해서 계속 수정되고 진화하고 응용될 수 있으며, 그래야만 한다는 사실을 기억하는 것이 몹시 중요하다.

방해 수준

낮음. 스토리텔링에 적용된 사용자 경험과 디자인 씽킹 원칙들을 배움으로써 이야기를 의미 있게 유지하는 '안목'과 디자인 씽킹 과정을 계속 반복하는 습관을 개발했기를 바란다. 절대 자신의 디자인에 만족하지 않는 광적인 UX 디자이너이자 내 친구 그레고리처럼, 스토리텔러인 당신에게 내가 바라는 점은 당신의 제품에 백 퍼센트 만족하지 않고 브랜드 스토리를 계속 반복하여 발전시키는 것이다.

방어 무기

프로토타이핑. 주기적으로 벤치마킹 척도들 및 전반적인 산업과 기술 트렌드를 기반으로 하여 계속 다양한 반복 가능성들을 염두에 두고 줄거리를 응용해 보라. 이것은 브랜드 스토리의 온전함에 최소한의 영향만 미치도록 보장할 것이다.

사회

나쁜 녀석의 유형: 적대자

간접적인 이해관계자로서 사회도 브랜드 스토리의 성공

에 한 부분을 담당한다는 사실을 배웠다. 5장에서는 주로 사회적 행동들로 인해 마케팅 트렌드들을 일으키는 불분명한 트렌드 아이디어들을 공유했다.

다른 악당들, 적대자들과 마찬가지로, 모든 행동이 어떻게 브랜드 스토리를 받아들이는 데 영향을 줄 수 있는지를 인지해야 한다. 그리고 이야기를 시장에 내놓을 때 확장된 청중들로부터 얻을 수 있는 가능한 모든 적대적인 반응들을 방지할 계획을 세워 두는 것이 필수다. 이런 작업을 등한시하면 이야기에 부정적인 영향을 줄 수 있다.

방해 수준

상황에 따라 다름. 사회적 행동들은 진심으로 예측 불가능하다. 당신이 브랜드 스토리를 출시하기로 결정하는 시기에 어떤 일도 일어날 수 있다. 당신이 계획한 노력들과 별개로, 어떤 움직임(예를 들어, 사회 정의)이 일어날 수 있고, 이야기는 이러한 메시지들 안에서 뒤얽힐 수 있다. 그리고 이야기의 본질을 해체하면서 브랜드 스토리 콘텐츠에 오해가 발생할 가능성이 있다.

방어 무기

소셜 리스닝Social listening(소셜 네트워크나 온라인 사이트

등을 통해 고객의 속내를 파악하고 그들의 마음을 얻기 위한 전략을 설계하는 일련의 과정). 10장에서 배웠듯이, 당신의 브랜드 스토리를 출시하는 일은 사실 그것을 테스트하는 것이다. 사회적 행동들이 브랜드 스토리에 줄 수 있는 영향 가능성을 줄이기 위해서, 사회 구성원들이 현재 특정 주제들에 대해 지닌 입장을 파악해야 한다. 또한 특정한 시기에 출시되면 브랜드 스토리가 어떻게 해석될 수 있는지에 대한 단서를 잡기 위해, 계속해서 듣기를 권한다. 비록 당신의 의도는 맞춤형 청중에게 도달하는 것일지라도, 사회는 시장에서 브랜드 포지셔닝의 전반적인 효율성에 영향을 줄 수 있기 때문에, 콘텐츠를 마케팅할 때 사회 역시 이해관계자의 연장선으로 고려해야 한다.

당신의 공격 무기

대체로 모든 이야기에서, 악당이나 적대자는 딱 상대만큼 강력할 수 있다. 그렇지 않으면 그것들을 경쟁 세력으로 볼 수 없다. 이러한 나쁜 녀석들 각각에 대한 그들의 공격 가능성에 맞서 싸우기 위해 당신이 사용할 수 있는 구체적인 방어 무기들을 공유했다. 그러나 가장 강력한 방식으로 당신의 브랜드 스토리를 지키면서 이러한 캐릭터들에게 확실히 선제공격할 수 있는 강력한 공격 무기가 당신에게 있다는 사실을 알고 있는가?

이 무기는 다름 아닌 훈련이다.

나의 '디자인 원칙들로 스토리텔링 하기' 모델이 마이크로소프트에서 다른 동료들에게 반향을 일으키기 시작했을 때, 나는 전 세계에 흩어져 있는 팀들로부터 그들의 특정 그룹을 훈련해 달라는 요청을 수십 번씩 받기 시작했다. 마이크로소프트의 수석 스토리텔러 스티브 클레이튼과 그의 팀은 배우고자 하는 모든 사람들을 위해 연례 스토리텔러 회담을 본사에서 주최했다. 그리고 마이크로소프트 스토리 덱 템플릿들을 공유하면서, 가이드라인, 자산, 온라인 교육 과정들의 중심 허브를 창조하고 전략적으로 마이크로소프트 이야기를 상의하달식으로 통합하기 시작했다. 한 기업으로서 마이크로소프트가 스토리텔링 시도에서 이미 선두를 달리고 있었더라도, 자신을 스토리텔러로 생각하지 않는 이들(나머지 직원 전체와 내부 이해관계자들)을 놀라운 자원들에 주인 의식을 갖고 각자의 자리에서 적용하게 만드는 일은 여전히 어려웠다. 더욱이, 이용 가능한 정보가 너무나 많다 보니 이런 이해관계자들은 어디서부터 시작해야 할지 몰랐다.

자원들을 아주 많이 생성해 놓으면 분명 사람들이 알아서 자연스럽게 독학하고, 스토리텔러처럼 느끼고, 나가서 그 이야기를 전할 것 같다. 그러나 지금쯤 당신은 스토리텔링이 단지 이야기를 전하는 것이 아니라는 사실을 안다. 그것은 유대감, 사업 거래, 커뮤니케이션과 관련하여 모든 것을 망라하는 접근법이다. 그러므로 스토리텔링 훈련은 기본적인 가르침을 훨씬 넘어선다. 그것은 당신의 이해관계자들이 브랜드 스토리에 대해 소유권을 느끼고 또한 자신을 그것의 일부로 여기는 방식으로 브랜드 스토리를 전달하는 행위다.

지금까지는 4장의 재구상한 통합 마케팅 계획에서 당신의 브랜드가 제공해야 하는 자원들의 일부로, 그리고 6장에서 직원들이 이야기를 할 때 취약성 근육을 기르기 위한 방편으로 훈련을 가볍게 다루었다. 하지만 당신의 이해관계자들이 역량이 강화된 기분으로 브랜드 스토리에 주인의식을 갖고, 이야기를 훼손하고 싶어 하는 악의 세력에 맞서 공격 무기로 브랜드 스토리를 선택하여 전할 수 있도록, 이해관계자들을 어떻게 가장 잘 훈련할 수 있을지를 깊이 파고들기 위해서 나는 이 장을 기다려 왔다.

미국의 작가, 세일즈맨이자, 동기 부여 연설가인 지그 지글러Zig Ziglar는 '직원들을 교육하고 잃는 것보다 더 나쁜 것이 있는데, 바로 직원들을 교육하지 않고 데리고 있는 것이다.'라고 지적했다.

스토리텔러로서 지구를 몇 바퀴 돌고 스토리텔링 훈련 시간을 수백 번 갖고 난 후에 나는 훌륭한 스토리텔링 훈련이 발휘할 수 있는 굉장한 힘을 증명할 수 있게 되었다. 수년에 걸쳐 트레이너 석에 앉아서 청중들에게 반향을 일으키는 것과 일으키지 않는 것에 대해 많이 배웠고, 그 배움에서 얻은 실용적인 지혜를 전달하고 싶다. 가장 효율적인 방식으로 스토리텔러 부대를 형성하고, 바라건대 적대감과 악랄한 공격들을 약화시킬 수 있도록 말이다.

공격 모드: 내부 이해관계자들 훈련하기

내가 당신의 공격 부대를 그냥 직원들이라 부르지 않고, 내부 이해관계자들이라고 부르는 것이 의도적이라는 점에 주목하라. 그 브랜드와 함께 또는 그 브랜드를 위해 가까이에서 일하고 어느 정도 조직에 헌신하는 모든 사람은 그 브랜드 내러티브의 온전함을 열성적으로 지킬 막강한 군대의 일부로 고려되어야 한다. 일단 그들을 일련의 자원들과 브랜드 스토리 자산들로 무장하고 나면, 훈련이 시작된다. 기본적인 능력 훈련에 관한 최고 관행들은 당신이 이미 알고 있을 테니 제외하고, 이 미션을 성공적으로 완수하는 데 활용할 수 있는 지혜로운 훈련 규칙들 세 가지를 다음과 같이 제시한다.

훈련 규칙 1. 이야기만이 아니라, '방법들'을 가르쳐라

많은 훈련 시간이 오래 지속되는 결과를 낳지 못하는 이유는, 일반적인 관례로 그리고 자원들을 최대화하기 위해서, 회사들이 훈련생들을 정보로 포화시키는 경향이 있기 때문이다. 통계 자료에 따르면 '사람들은 한 시간이 지나면 제공 받은 정보의 절반 이하밖에 기억하지 못하며, 하루 뒤에는 훈련 시간에 배운 내용의 70퍼센트 이상을 잊어버린다.'

누군가를 가르치는 가장 좋은 방법은 실습을 하는 것이다. 시간을 내어 당신의 청중에게 브랜드 스토리를 프로토타이핑하는 기술을 찬찬히 안내하라. 그들에게 이야기가 무엇인지 말해 주는 대신, 원자재(브랜드 미션, 핵심 가치관, 보편적 진리)를 주고 공감하는 것이 무슨 의미인지 빨리 알려 줘야 한다. 그리고 현장에서 그들 자신이 스토리 캐릭터들을 규정하고, 관념화하고, 이야기를 프로토타이핑하고,

나중에 그 방에서 똑같은 청중들을 대상으로 그것을 '테스트'하도록 안내하라.

나는 한 시간 정도의 짧은 시간 안에도 청중들을 디자인 씽킹 단계들로 실제 훈련을 시킬 수 있었다. 나는 정말로 그것을 아주 많이 연습했다. 하지만 스토리 디자이너이자 스토리텔러 달인인 당신은 이미 디자인 씽킹 과정들에 친숙해졌을 것이다. 이 숙달을 활용하여 다른 이들을 가르쳐라. 직접 하든 비디오를 통해서 하든, 고도로 몰입하고 창의적인 시간에 사용되는 단계들은 다음과 같이 동일하다.

- 브랜드 스토리와 스토리 미션을 당신의 청중에게 소개하고 공유하라.
- 만약 훈련이 직접 만나서 이루어진다면 인쇄물을 나누어 주어서 훈련생들이 뚜렷한 방식으로 그 이야기를 검토하고 메모할 수 있도록 하기를 강력히 추천한다.

브랜드 스토리는 많은 방식으로 전달될 수 있지만, 이 훈련 시간을 위한 가장 효과적인 방법은 이야기뿐만 아니라 동세와 이성표들까지 주가 콘텐츠로 제공하는 '회사 소개' 프레젠테이션 설명 구조이다.

1. 스토리텔링에 적용되는 디자인 씽킹 원칙들을 소개하고 설명한 뒤(2장) 각 단계를 파헤쳐라.

2. 공감하라. 소프트 스킬로 공감력을 기르는 것의 중요성을 설명하라.

3. 규정하라. 그들에게 각자의 청중을 규정하게 하고(그들은 이 이야기를 누구에게 전할 것인가?), 그다음 5분을 주어 재료들을 다시 점검하고 그 이야기에서 가능한 한 많은 캐릭터를 찾아내게 하라. 마지막으로, 서로 비교할 수 있도록 이야기에서 고안된 캐릭터들의 목록을 공유하라.

4. 관념화하라. 지원자 한 명을 정해서 그 재료들을 가지고 브랜드와 관련된 자신만의 경험을 중심 이야기에 넣어서 그 이야기를 각자의 것(예를 들어, 나의 브랜드 스토리)으로 만들게 하라.(만약 훈련을 비디오로 한다면, 실제 단계들을 설명하기 위해 다른 트레이너들이나 동료들의 도움을 받아서 동일한 지원자 장면을 연출할 수 있다.)

5. 프로토타이핑. 또 다른 지원자 한 명을 구해서 그 브랜드가 창조한 자산들을 이용하여 특정 청중에게 어떻게 이야기를 전달할 것인지 공유하게 하라.

6. 테스트하기. 그들이 각자의 청중을 규정하고 당신이 제공한 자원들을 이용하여 브랜드 내러티브를 관념

화하고 프로토타이핑한 후에는, 마지막 지원자 한 명을 받아서 청중에게 최종 프로토타입을 보여 주도록 하라.

이것은 매우 재미있고 역동적인 스토리텔링 훈련 시간이 될 것이다. 청중에게 이야기가 무엇인지 대신 이야기를 프로토타입으로 만드는 방법을 가르쳐 주면 그들은 스토리텔러가 되어 가는 과정에서 매우 귀중한 기술들을 얻을 것이다.

훈련 규칙 2. 설명하라. 자원들을 그냥 이용 가능하게 하지 마라

당신이 훌륭한 스토리텔링 자산들과 자원들을 창조했다고 해서 청중이 그 자원들을 가장 잘 사용할 수 있는 시간과 방법을 안다는 뜻은 아니다. 시간을 내어 당신의 이해관계자들에게 이용 가능한 자산들을 전부 안내해 주어라. 그것들이 무엇인지, 어떻게 사용될 수 있는지, 그리고 가장 중요하게, 각자의 공간에서 어떤 것을 가장 잘 활용할 수 있을지를 설명하라. 내부 이해관계자들이 그 이야기를 이해하고 각자의 청중을 밝혀낼 수 있고 이야기에 주인 의식을 갖는 것뿐만 아니라 전략적으로 각자의 청중에게 가장 적합한 이야기 요소들을 선택할 수 있을 때, 브랜드 스토리텔링의 힘은 어마어마하게 증가한다. 이것은 그 이야기를 조직 내부의 모든 면에 들어맞는 생동감 있는 콘텐츠 자원으로 변화시킨다. 전후 사정 없이 정보의 중심에 콘텐츠와 자원들을 쏟아붓는 것은 당신과 이해관계자들에게 시간 낭비일 뿐이다. 스토리를 전할 때 협상 가능한 것들과 협상 불가한 것들을 설명하는 스토리텔링 가이드라인을 창조하라. 제안 목록은 다음과 같다.

○ 협상 불가한 것들(아무도 이것들에서 벗어날 수 없음)
- 나의 스토리 덱
- 스토리 미션과 보편적 진리
- 스토리텔링 요소들

○ 협상 가능한 것들(스토리텔러들은 각자의 특정한 청중들의 요구를 기반으로, 이런 것들을 이용할 것인지 어떻게 이용할 것인지 선택할 수 있다)
- 스토리텔링 기법들, 이야기 전달 방식들
- 브레인스토밍 시간 자원들

훈련 규칙 3. 계속, 계속, 계속 훈련하라

이 규칙을 설명하는 데 시간을 더 들여야 할까? (웃음) 이 규칙은 간단하다. 이야기가 진화할 때마다, 당신의 이해관계자들은 훈련을 받아야 할 것이다.

나의 바람은 당신과 브랜드 스토리가 앞으로 가장 현실성 없는 듯한 환경에서 크게 번성하고, 악의 세력들이 청중들 앞에서 음해하려고 시도하는 모든 악행을 뛰어넘는 것이다. 당신의 브랜드 스토리는 뛰어난 예술 작품이며, 악당들과 적대자들과 다른 모든 공격적인 나쁜 녀석들을 이겨낼 수 있어야 한다......

하지만, 기계들과 겨루어도 살아남을 수 있을까?

13

브랜드 스토리텔링의 미래: 인공지능, 머신러닝, 자동화가 완벽한 이야기를 들려주지 못하는 이유

- 기계의 등장
- 기계와의 경쟁
- 인공지능AI 기술 트렌드

브랜드 스토리텔링 안내서의 마지막이 가까워지면서, 내게 디지털 시대를 위한 브랜드 스토리텔링에 관한 책을 쓰는 아이디어를 촉발한 것을 이야기하지 않을 수가 없다. 바로 '기술, 그리고 기술의 빠른 발전'이다.

나는 많은 면에서 나 자신이 얼마나 운이 좋다고 여기는지를 한두 번 언급했었다. 그건 단지 오늘까지 단 한 번도 경유 비행기 편을 놓친 적이 없었기 때문이 아니다. 부정타지 않길!

나는 남미에서 가장 눈부시게 아름답고 문화적으로 풍부한 국가 중 한 곳, 베네수엘라에서 태어난 것에 감사하다. 나처럼 시작이 미천한 이들조차 끈기를 가지고 열심히 노력하면 새로운 기회와 혁신을 일으킬 수 있는 기회의 땅 미국에 이민을 와서 삶을 꾸릴 기회를 가진 것도 감사하다. 가장 중요한 점은, 인복을 넘치도록 가득 받았다는 사실이다. 나의 네트워크에 있는 사람들. 내 가족들. 새로 가족이 된 사람들. 그러한 사람들은 오늘날 나의 모습을 형성했고, 어떤 면에서는 이 책의 전부에, 그게 아니라면 최소한 일부에라도 영향을 주었다. 물론 어떤 이들은 더 큰 영향을 주었다.

2015년이었다. 나는 마이크로소프트의 학습 시리즈로 '최고 엔지니어Distinguished Engineer'가(실제 직함이다) 스토리텔링에 대한 혜안을 공유하는 생방송 웹캐스트를 시청할 기회가 있었다. 강연 제목('스토리텔링의 예술')만으로도 나의 관심을 사로잡기 충분했지만 내가 두 번이나 본 이유는 그 과정을 가르친 이가 엔지니어였다는 사실이다. 아무리 명장이라 할지라도 말이다. 자, 당신은 아마도 엔지니어들에 대해서 잘 모를 것이다. 하지만 만약 우리와 같은 마케팅 담당자들이 스토리를 창조하는 것과 전달하는 데 어려움을 겪는다고 생각한다면, 이러한 컴퓨터 전문가들은 인스타그램에 이야기 하나를 포스팅할 수 있다는 것만으로 당신을 디지털 커뮤니케이션의 대가로 여긴다는 생각에서 조금 위안을 받을 수 있을지 모르겠다. 왜 이 스토리텔링 강연이 실제 강연과 온라인 강연 모두에서 대박을 쳤는지가 명확해졌다. 그것은 엔지니어가 엔지니어들을 위해 만든 강연이었기 때문이었다.

나는 그 영상을 보기 전에 구글에서 제임스 휘태커Dr James Whittaker 박사를 검색해 볼 시간이 거의 없었다. 그래서 별다른 지식 없이 아무것도 기대하지 않고 시청했다. 그 후 45분 동안 화면을 통해서 내게 다가온 내용은 전혀 예상치 못하게 매혹적이었다. 그리고 내가 이야기의 힘이라고 줄곧 당신에게 말해 오고 있는 바로 그것, 행동에 나서고 싶다는 충동적인 갈망을 내게 남겼다. 하지만 어떻게? 처음 떠오른 생각은 이 이야기 기술의 놀라운 대가에게 너무나 명료하고 반짝이는 강연을 들려주어 고맙다고 간단히 감사의 마음을 전하는 상냥하고 짧은 이메일을 보내는 것이었다. 하지만 그다음에 든 생각들은 다음과 같다.

뻔하고 결과가 없다.
분명 모두가 지금 이 순간 이미 그렇게 하고 있을 것이다.
그는 응답하지 않을 것이다.
그가 응답하기를 바라는가? 당연하지, 나는 그가 응답하기를 원한다!
하지만 왜 그가 응답하기를 바라는가, 무엇을 위해서? 그건 그렇고 이 사람은 대체 누구인가?

바로 구글에 검색해 보았다 .

하지만 검색해 보지 말았어야 했다. 검색으로 인해 내가 정확히 어떻게 행동해야 하며, 왜 그래야 하는지에 대해 더욱 주눅 들고 혼란스러워졌다. 하지만 이 자료 분석가에서 연설의 대가로 전향한 사람과 그의 이야기들은 너무나 매력적이어서 나는 뭐든, 어떤 일이든, 해야만 했다.

내 동료들 역시 무대 장악력을 지니는 것의 중요성과 비법들, 그리고 더 깊은 영향력을 발휘하기 위해 이야기를 공유할 때 다른 스토리텔링 주문들 사이에서 목소리를 변화시키는 요령에 대해서 들어야 한다는 생각이 떠올랐다. 나는 지체하지 않고 그에게 연락했다. 그리고 다음 몇 달 안에, 아마도 그해 가을 언젠가, 플로리다에 와서 동료들을 위해 강연을 해 달라고 요청했다. 참고로 말하자면, 미국에서는 절대로 그 누구도 선샤인 스테이트라는 애칭을 지닌 플로리다 출장을 거절하는 법이 없다. 내 말은, 절대로 그럴 리 없다는 뜻이다. 특히나 시애틀에서 오는 거라면 더더욱 그렇다.

예상대로 그는 초대를 수락했고, 세상만사가 다 잘 풀렸다. 몇 달 후까지는 그랬다. 학수고대하고 있던 그 행사를 불과 몇 주 앞두고, 굉장히 실망스럽게도, 제임스는 일정이 겹쳐서 이 출장을 취소하기로 했다.

환상이 깨졌지만 포기하지 않고, 나는 우리의 두 번째

연락(그의 취소 통보)을 나중에 강연하도록 부탁하는 또 다른 초대장으로 활용했다. 이번에는 보다 친밀한 청중들을 위한 시간일 것이었다(시애틀에서 진행되는 한 행사 기간에 나의 직속 부서 팀들을 위한 강연이었다). 나는 또한 천연덕스럽게 나의 스토리텔링 멘토가 되어 달라고 청했다. 그는 첫 번째 요청은 수락했고, 후자는 단칼에 거절했다. '멘티들은 너무 많고 시간은 너무 부족합니다.' 그는 건조하게 대답했다. 그러나 나는 살아오면서 '아니오'는 협상의 시작이라는 사실을 배웠다. 따라서 조금 더 세게 압박했다. '제가 그냥 가끔 이메일로 연락을 드리고 주기적으로 필요하면 특정한 주제에 대해서 질문을 드리는 것은 괜찮으실까요?'

그렇게 해서 우리의 아름다운 멘토 관계가 시작되었다.

몇 년도 안 되어, 제임스 박사는 내게 헤아릴 수 없을 정도로 많은 스토리텔링 지혜를 가르쳐 주었다. 내가 현재 연단에 설 수 있게 된 많은 부분은 그의 참을성 있는 헌신과 가르침 덕분이다. 그가 전해 준 가장 중요한 가르침 중 하나는 그가 개인적으로 그리고 굉장히 성공적으로 뇌의 좌반구와 우반구 사이의 차이를 메워 올 수 있었던 방식이었다. 그는 데이터, 클라우드 컴퓨팅, 사물 인터넷에 대한 황홀한 이야기들을 전달하기 위해서 통찰력 넘치고 창의적인 사고와 논리적이고 분석적인 사고를 경이롭게 결합했다.

그리고 그의 동료들과 전 세계의 다른 고도의 기술력을 갖춘 청중들뿐만 아니라, 반대편에서 우리처럼 마케팅과 커뮤니케이션을 담당하는 이들에게도 이야기의 지배력은 그것을 진심으로 원하는 모든 이들에게 무료로 얻을 수 있는 선물과 같다는 점을 증명해 보였다.

동시에, 그는 내게 코딩을 배우는 것(곧 배우겠다고 약속했다)의 중요성과 기술이 우리가 상상할 수 있는 것보다 훨씬 훌륭한, 그리고 아마도 우리가 상상하는 것보다 훨씬 더 무서운 무언가로 어떻게 계속 진화할 것인지를 더 깊이 이해하는 일의 중요성을 가르쳐 주었다. 그것이 결국 오늘날 비즈니스에서 스토리텔링을 훨씬 더 지배적인 아이디어로 만드는 것이기 때문이다.

기계의 등장

내가 기술 산업에서 일한 지 꽤 됐으니 기술에 대해 잘 안다고 말한다면 거짓말일 것이다. 처음부터 나는 컴퓨터 과학의 기본과 거대 테크 기업들이 다루고 계속 발전시키고 있는 제품들을 이해할 수는 있었다. 하지만 내가 실제로 기술에 '관여하게' 되는 기회를 갖게 된 것은 마이크로소프트의 기술 부서에서 스토리텔러가 되고 난 뒤였다. 내 직속 그룹에는 스토리텔러가 총 세 명 있었고, 우리는 각각 회사의 기능 분야들, 또는 사업 축 두 가지씩을 맡았다. 내가 맡은 분야에는 인공지능과 데이터가 포함되어 있었다 (운이 좋다고 하지 않았던가?). 따라서 내 임무는 조직 내의 모든 곳에서 이런 기술들이 적용되는 의미 있고 신나는 이야기들을 찾는 것이었다. 이것은 흥미진진했다. 디자인 씽킹 원칙들에 뿌리를 둔 첫 번째 이야기를 성공적으로 마친 후, 나는 새로 얻은 자신감으로 무장한 채, 마음에 닿는 방식으로 전 세계에 공유되기를 기다리고 있던 놀라운 테크 이야기들을 계속 발굴해 나갔다. 내가 이론상으로 알고 있던 컨테이너리제이션containerization, 인텔리전트 클라우드 intelligent cloud, 인텔리전트 에지intelligent edge 등의 단어, 두 문자어, 아이디어들은 내가 대화하고 있던 '실제' 사람들이 만들거나 기여하고 있는 유형적 모델들이 되었다. 나는 스마트폰 크기의 사물 인터넷 기기를 손에 쥐고 있을 기회가 있었다. 그것은 중앙 컴퓨터보다 더 강력했다. 나는 복도를 돌아다니던 아주 친근한 로봇과 교류를 했는데, 이 로봇은 내가 회의실로 가는 길을 잃어버려서 찾는 중이라는 것을 알자 친절하게 올바른 방향을 가리켰다. 기계들은 더 이상 이야기 속이나 미래의 판타지가 아니었다. 그것들은 나와 함께 살아가는 진짜 물체들이었고, 이십여 년 전 우리 집 거실을 침략했던 투박한 금속 불청객과는 확연히 다른 모습이었다.

'그게 응답을 해요?'

물론이다. 하지만 질문 자체가 틀렸다.

제임스 박사의 저서『제임스 휘태커의 미래에 관한 작은 책James Whittaker's Little Book of The Future』에 따르면, 오늘날의 질문은 기계가 응답할지 말지가 아니라, 그 기계가 뭐라고 말할 것인가? 이다.

제임스 박사는 사물 인터넷의 우월성과 머신러닝ML(인간의 학습 능력과 같은 기능을 컴퓨터에서 실현하고자 하는 기술), 인공지능의 능력으로 힘을 얻은 데이터가 어떻게 연결된 '사물들을' 보다 똑똑하게 만드는지에 대해 암시했다. 그리고 그리 머지 않은 미래에는 인간과 기계의 관계가 양방향으로 전환되고, 정보도 양쪽에서 공유되며, 기계들은 기록적인 시간 내에...... 보다 개인화된 고객 경험을 제공하기 위한 노력으로 인간의 행동 양식을 배우는 것을 절대 멈추지 않을 것이라고 말했다.

다음의 발췌문 일부를 소개한다.

예를 들어, 만약 회의실이 말을 할 수 있다면 뭐라고 말할까?

이것을 유도 질문으로 삼고, 브레인스토밍할 시간이다.

먼저, 회의실은 그 방의 스케줄을 이해할 것이고 회의마다 누가 참석하는지를 알 것이다. 꽤 단순해 보인다. 그렇지 않은가? 그런 데이터는 결국 직원 달력 앱에서 쉽게 이용 가능하다.

빌딩의 모든 회의실은 공동으로 서로의 스케줄을 알고 있으므로 어느 직원이든 빈 회의실을 찾고 있다면 그들의 모임 규모, 목적, 시간 요건에 맞는 빈 회의실을 안내할 것이다.

한 회의실에 이렇게 물어볼 수 있다. '모두 오셨나요?' 회의 초대 명단을 기반으로 그리고 그 방에 있는 사람들의 얼굴을 인식하여 쉽게 답을 찾을 수 있다. 더 나아가서, 불참한 사람의 위치를, 그들의 휴대폰을 이용하여 알 수 있고 (그 회사의 직원이므로) 예상 도착 시간도 밝혀질 것이다.

인간과 미래 기술 간의 밀접한 통합에 대한 예측들은

아주 많다. 2017년 『MIT 테크놀로지 리뷰MIT Technology Review』의 한 기사는 다음 40년 동안에 모든 산업이 경험하기 시작할 영향들을 밝혔다. 다음 몇 년 동안, 인텔리전트 머신들은 다음의 작업들을 수행할 수 있을 것이다.

- 고등학교 논술 답안 작성(2026년)
- 트럭 운전(2027년)
- 소매업에서 근무(2031년)
- 외과의사로 근무(2053년)
- 베스트셀러 책 집필(2049년)

잠깐, 책을 쓴다고? 그 말은.... 이야기를 한다고?

정말로, 그럴 것이다.

확률 과정(확률의 수학적 이론)을 통하여, 그리고 바로 지금 이 순간에도 기계들은 인간의 뇌가 작용하는 방식(AI)뿐만 아니라 인간이 배우는 방식도 모방할 수 있도록 알고리즘을 생성하기 위해서 핵심 데이터 통찰력을 수집하는 방법을 배우고 있다.

AI의 역량은 이미 자리를 잘 잡아서 머지않아 중요한 많은 부분에서 우리를 능가할 것이다. 인간과 다르게 기계들은 매일 24시간 동안 깨어 있고 이러한 방법을 찾는 일을 계속하기 때문이다. 그들은 멈추어 쉴 필요도, 식사할 필요도, 시기가 좋지 못한 이별에 대응할 필요도 없다. 또한 몸을 건강히 유지하기 위해 체육관에 간다든지 머리를 식히기 위해 영화관에 가는 등 다른 '인간의' 일들을 하느라 시간을 쓰지 않는다. 기계들의 임무는 창조된 목적이 무엇이든 전적으로 그것을 하는 데 더욱 똑똑해지고 발전하는 것이다. 그리고 그들은 분명 더 똑똑해지고 향상될 것이다.

하지만 나는 그러한 민첩하고 항상 일하는 유비쿼터스 Ubiquitous(사용자가 네트워크나 컴퓨터를 의식하지 않고 장소에 상관없이 자유롭게 네트워크에 접속할 수 있는 정보 통신 환경)의 초월적 존재들을 더 작고, 배고프고, 피곤하고, 힘든 우리 인간들보다 얼마나 물리적으로 더 강한지를 비교하지 않는다. 그리고 이야기를 전하는 문제와 관련하여 인간이라는 종의 우월성에서 진짜 결정적인 요소를 지적하고 싶다. 그것은 어떤 로봇도 우리를 능가하거나 더 잘하거나 더 빛날 수 없는 영역이다. 자율적인 인간의 감정들이 싸우고 화해하고 좋든 싫든 대부분의 시간에 우리를 지휘하는, 야생의 길들여지지 않은 환경, 바로 인간의 마음이다.

흠, 기계들이 들려줄 수 있는 이야기들은 아마도 이론적으로는 훌륭할 것이다. 그 이야기들은 분명 완벽하게 창조되고, 문법적으로 정확할 것이며, 단어, 문장 부호, 견지까지도 최고로 선정되어 시장을 점유하기 위한 흠잡을 데 없는 원고를 산출할 알고리즘도 내재하고 있을 수 있다. 또한, 로봇은 인기 있는 소설책을 쓰는 데 필요한 기법들과 공식들을 재빨리 배우고 이해한 후에 솜씨 좋게 '생각들'이나 데이터 모음을 합하여 베스트셀러 로맨스 소설을 생산할 수도 있을 것이다.

하지만 로봇이 인간 독자들에게 지혜를 전하고 공감하며 감동적으로 말할 수 있을까? 과거의 고통스러운 비통함에 뿌리를 두었을지도 모를 개인적인 경험들로 이루어진 샘물에서 영감을 얻을 수 있을까? 그 이야기의 영감이 되었고 이야기의 특정 캐릭터와 꼭 빼닮은 특별한 사람과의 사적이고 은밀한 순간들을 생각하며, 이야기를 하는 동안 로봇의 눈이 눈물로 그렁그렁해질까?

기계들은 곧 놀라운 이야기의 세계에서 캐릭터, 줄거리, 결말이 있는 멋진 이야기들을 쓸 수 있을 것이며 심지어 훌륭한 이야기가 지시하는 감정적인 전달 인자를 기계적으로 모방하여 만드는 법까지 배울 것이다. 하지만 단지 그렇게 하라고 명령을 받았기 때문이지, 그들의 영혼의 갈망과 휴식의 결과로 이야기들이 필연적으로 생성되거나 즉흥적으로 빛나는 상상력에서 탄생한 것이 아니다. 그들은 이러한 능력이 전혀 없으며, 또한 결코 지니지 못할 것이다.

기계와의 경쟁

한동안 나는 '공감: 기계와의 경쟁'이라는 제목으로 인기 있는 스토리텔링 기조 강연을 했다. 이 강연에서 나는 처음 몇 분 동안 곧 닥칠 로보칼립스에 대해 청중들에게 소개했다. 그리고 나중에 이러한 무정한 사이보그들은 진실하고 감정적인 이야기를 전하는 데 필수적인 공감, 취약성, 윤리를 결코 갖지 못할 것이라는 개인적인 결론을 내어 청중들의 마음을 편하게 해 주었다. 사실 이 강연은 원래 격변하는 디지털 시대 종말에 확실히 기여하고 있는 엔지니어들을 위한 것이었다. 그리고 매일 그들에게 공감 소프트 기술을 연마하는 중요성을 가슴 저미게 상기시켜 주기 위한 것이었다. 의도적으로 연민을 이러한 똑똑한 기계들의 발상지로 만들지 않는다면, 사이보그들의 '창조자'로서 그들에게 미래는 소름끼치도록 끔찍하게 보일 것이기 때문이었다. 나중에 그 강연은 '스토리텔링 2.0'이라는 개념으로 진화했다. 이것은 내가 마추픽추에서 영적인 의미를 느끼며 선물처럼 깨달은 개념으로 이야기에서뿐만 아니라 디지털 시대에 인간이 살아남기 위해 연결되는 모든 활동에서 공감이 변하지 않는 요소로 떠오르는 것을 말한다.

아이러니하게도, 공감은 한때 인류 존재의 적이었다. 전문가들은 인간이 지니는 감정의 최종 개수에는 동의하지 않을 수 있지만, 우리의 원시 조상들이 거의 분노와 공포심에 의존해 행동하여 살아남을 수 있었다는 사실에는 동의한다. 그렇지 않으면, 그들은 신체적으로 또는 정신적으로 힘이 더 약하고 자원이 부족한 이웃에게 마음이 쓰이고 그들을 도우러 애쓰다가 뒤처졌을 것이다.

그러나 시대가 변했다. 그리고 공감은 우리 인간의 생존뿐만 아니라 사업의 생존에도 마찬가지로 점점 더 중요한 요소가 되고 있다. 우리를 위협하는 시시각각 변하는 요소들에 성공적으로 적응하기 위해서 우리의 감정과 느낌을 이용할 수 있다니, 얼마나 행운인가?

'브랜드를 인간화하기', '고객과 인간적인 수준에서 연결되기', 'H2H(인간 대 인간) 비즈니스'는 모두 최근 몇 년 동안 당신이 들어 보았을 법한 슬로건들이다. 인간은 진실하게 '마음'으로 계속 서로 관계 맺고 싶은 뿌리 깊은 욕구를 가지고 있다는 사실을 활용하여 디지털 전환 여정을 따라 계속 발전해 나가고 있는 기업들로 인해 로보칼립스 시대를 직면한 지금 이 슬로건들은 앞으로 더더욱 많이 듣게 될 것이다

그것을 시리Siri나 알렉사Alexa에게 설명해 보아라.

이것이 바로 완벽하게 창조된 이야기에 우리가 그렇게

크게 관심을 보이지 않는 이유다. 대신 우리는 결점이 있고 상처받은 사람들의 이야기에 귀를 기울인다. 조금 결함이 더해진 이야기들, 그래서 인간으로서 우리가 그러한 캐릭터들과... 심지어 그 이야기 뒤에 있는 스토리텔러와 스토리 디자이너에게도 친밀하게 연관될 수 있는 이야기들 말이다.

하지만, 떠오르는 고도로 지능적인 안드로이드 커뮤니티가 우리의 브랜드 스토리에 가치를 가져다 주지 못한다는 말은 아니다. 오히려 그 반대다! 이전 장에서 내가 기술을 브랜드 스토리의 적대자 중 하나로 나열했다는 사실을 안다. 그러나 또한 인간의 공감과 짝을 이루어, 기술은 실제로 그 이야기에 강력한 촉매제 역할도 할 수 있다고 말했다. 그리고 틀림없이 그래야만 한다.

만약 우리가 잘한다면, 기계들은 스토리 디자인 과정의 속도를 올리고, 우리가 창의적으로 더 많은 아이디어를 떠올릴 수 있게 도우며, 의도한 청중들에게 더 빨리 도달할 수 있게 해 줄 것이다.

안드로이드에 관한 예언들 대부분은 결국 기계들이 틀에 박힌 운영상의 자질구레한 일들을 떠맡으면서 우리의 삶을 더 낫게, 덜 산만하게, 덜 바쁘게 만들기 위해 존재할 것이라는 의견 쪽으로 기운다. 현재 우리 집은 결코 '스마트 홈'이라고 할 수 없지만, 나는 바닥과 카펫 자동 청소 같은 성가신 집안일들과 불빛을 어둡게 낮추어 주거나 음성 명령으로 피자를 주문하는 등의 소소한 업무들을 쉽게 해 주는 몇몇의 AI 친구들과 함께 산다. 당신도 분명 비슷할 것이다. 명백히 기계들은 우리의 집과 사무실에 들어왔고 우리는 천천히 하지만 확실히 편리한 존재들을 환영하고 적응해 왔다.

이러한 AI 친구들이 우리의 일상생활 속으로 서서히 침투하여 현대적인 생활과 업무를 위한 실용적이고 새로운 혜택들을 가져왔다. 그리고 기계들은 이미 마케팅과 커뮤니케이션 산업을 뒤흔들어 더 빠르게 타깃을 맞춘 스토리텔링 접근법을 가능하게 했다. 따라서 세계가 이전에 결코 보지 못했던 브랜드 스토리를 만들기 위해서 기계들을 열성적으로 그리고 의도적으로 우리 인간 고유의 능력에 결합하지 않는 것은 근시안적인 생각일 것이다.

AI 기술의 트렌드

인공지능AI, 머신러닝ML, 자동화와 관련된 트렌드들이 새로운 사업 전략들과 경쟁 우위들을 규정하고 있다. 『2019 기업 기술 동향 보고서Enterprise Technology Trend report』는 현재 IT 업계에서 기업과 소비자간 거래와 기업 간 전자 상거래B2B 모델을 이끄는 10가지 주요 동향을 발표했다.

비록 이러한 트렌드들이 특히 기술 제안에 초점을 맞추고 있긴 하지만, 우리는 이미 기업들이 융통성을 발휘하여 신기술을 받아들이고 공감할 때 혁신과 스토리텔링이 낼 수 있는 아름다운 시너지 효과를 보았다. 기술 발전은 이야기의 사용을 촉발하고, 이야기는 기술의 사용으로 강화되며, 그렇게 계속 반복된다.

이러한 이유로, 나는 이런 최신 트렌드들을 빨리 살펴보고, 디자인 씽킹 원칙들, 마술 기법들, 마술 지팡이, 윤리와 함께 당신의 브랜드 스토리를 당신과 AI 스토리텔러가 그토록 바라왔던 곳으로 데려가 줄 마지막 설명을 하고 싶다.

트렌드 1. 최첨단 고객 경험은 필수 사항이다

아직 시작하지 않았다면, 당신의 회사는 곧 경쟁력 있는 고객 경험을 제공하기 위해서 클라우드 기반 혁신에 의존도를 높이며 시스템과 기술들을 업데이트하기 시작할 것이다. 지금은 고객들에게 도달하는 또 다른 혁신적인 접근법으로 스토리텔링을 홍보할 시간이다. 그것은 본질적으로 새로운 기술이다. 이러한 계기를 이용하여 디지털 전환 노력의 일환으로 스토리텔링 계획을 제안하라.

트렌드 2. 직원 경험에 투자 증가

기업들은 인재 보유와 직원 만족에 집중하고 더 많은 자원을 들이고 있다. 재구상한 통합 마케팅 계획뿐만 아니라 직원 홍보 활동의 시행을 제안하면서 이 부상하는 경향을 기회로 활용하라.

트렌드 3. 개발자 지원 개선

서버리스 컴퓨팅serverless computing(클라우드 컴퓨팅 실행 모델의 하나로 클라우드 서비스 공급자가 서버를 관리, 실행하며, 요청이 있을 때 클라우드의 서버를 이용하거나 서비스할 애플리케이션을 동작시킴)이 계속 부상하고 있는 한편, 로우 코드Low-code(최소한의 프로그래밍으로 소프트웨어를 개발하는 것)나 노 코드No-code(프로그램 코딩 없이 소프트웨어를 개발하는 것) 도구들이 기업에 도입되고 있다. 이것은 브랜드 스토리가 조직 전체의 내·외부 고객 만족 전략의 일부로 빠르게 결합되는 것이 아니라 어떻게 더욱 내재될 수 있는지에 대한 대화에 당신과 스토리텔링 팀이 참여할 기회를 제공한다. 그리고 그것은 회사 개발자들의 삶이 조금이나마 편해질 것이라는 뜻이다.

트렌드 4. 모바일 업무 환경

'노동 인구의 63퍼센트가 사적인 용무만큼이나 업무를 위해서도 모바일 장비를 사용한다.' 이것은 '당신의 브랜드 스토리가 직원들에게 전달되는 데 기여하도록 어떻게 직원 기동성 활용할 수 있을까?'라는 질문을 낳는다.

트렌드 5. 연결된 시스템

조직들에게 연결된 경험은 여전히 숭고한 목표이다. 브랜드들은 특히 고객 관계 관리customer relationship management, CRM(고객과 관련된 기업의 내외부 자료를 분석, 통합하여 고객 특성에 기초한 마케팅 활동을 계획하고, 지원하며, 평가하는 과정) 시스템들을 통합하기 위해 혼신의 힘을 다하고 있다. 다시 한번 말하지만, 시스템 통합은 브랜드 스토리텔링 플랫폼에서 이 과정을 이끄는 팀들과 협력하고 시스템이 브랜드 스토리를 잘 전달하고 있는지 확인할 수 있는 좋은 기회다.

트렌드 6. AI 채택과 확장

나는 이 트렌드에 8장 전체를 할애했다. 계속 성장하는 이 트렌드를 당신이 진짜 활용할 수 있기를 바란다.

트렌드 7. 고객 참여를 위한 음성 기술

AI로 인해 음성 중심과 문자 중심의 고객 경험이 가능해지면서, 이 'AI 스토리텔러'의 말이 어떻게 들릴지 그리고 당신의 브랜드 스토리 속성들에 맞게 어떻게 맞출지에 대한 가능성들을 브레인스토밍하기 시작하라.

---

13 브랜드 스토리텔링의 미래: 인공지능, 머신러닝, 자동화가 완벽한 이야기를 들려주지 못하는 이유

트렌드 8. IT 직원의 기술 다양화

이것은 몹시 중요하다. 엔지니어들이 협업, 공동 작업, 그리고... 스토리텔링처럼 반드시 필요한 기술들을 연마하도록 돕기 위해 모든 산업의 기업들이 투자를 늘리고 있다는 사실을 내가 증명할 수 있다. 이것은 스스로를 이용 가능하게 만들고 스토리를 창조하는 것과 관련해 IT 직원들을 훈련할 수 있는 절호의 기회이다. 당신의 재료들을 준비하라. 이 기회는 당신이 생각하는 것보다 더 빨리 다가오고 있다.

트렌드 9. 블록체인*Blockchain* 채택

아직 초기 단계지만, IT 리더들은 이 새로운 유형의 인터넷 기술이 가까운 미래에 회사와 산업에서 중요한 역할을 하리라 생각한다. 이것의 전반적인 영향은 앞으로 두고 봐야겠지만, 더욱 안전한 디지털 거래라는 아이디어는 이미 이 기록 보관 기술의 매력적인 속성이다. 스토리텔링의 관점에서는, 그것이 일단 시행되면 분명히 브랜드 내러티브에도 변화를 가져올 것이다. 따라서 이 혁신이 어떻게 고객 경험과 거래에 혼란을 야기할지 계속 지켜보는 것이 중요하다.

트렌드 10. 보안 기능 강화

현재 기업들의 최우선 과제는 고객들이 연결되고 거래할 수 있는 믿을 만한 안전한 디지털 환경을 제공하는 것이다. 그렇기 때문에 거의 모든 분야에서 조직의 57퍼센트는 IT 보안 전담팀이 있다. 이 트렌드는, 그리고 당신의 브랜드가 이 트렌드에 보이는 관심은, 브랜드 스토리에 신뢰를 한층 더 두텁게 할 훌륭한 기회다. 당신의 브랜드에 보안과 신뢰가 얼마나 중요한지에 대한 증거를 스토리의 일부로 포함하면서, 고객들의 걱정을 줄이고 신뢰를 형성하는 데 능동적으로 기여할 수 있다.

새로운 기술들이 등장하면서 인간으로서 우리 자신과 우리의 행동과 독창성을 발전시키는 놀랍고 흥미진진한 새로운 기회들을 가져왔다. 오늘날 우리는 컴퓨터들에 '말하게' 된 것만이 아니라, 그것들과 대화를 나누고, 놀고, 함께 살 수 있게 되었다. 많은 기계가 존재하는 시대다. 그러나 이 기계들은 사업에서 효율적인 마케팅과 커뮤니케이션에 대해 우리가 알고 있던 모든 것을 방해하려고 이 자리에 있는 것은 아닐 것이다.

아마도 기계들은 우리가 혁신을 하는 동안 마케팅과 커뮤니케이션에서 지루하고, 기계적이고, 반복적인 부분들을 떠맡기 위해 여기에 있을 것이다. 로봇들이 로봇이 되게 하자. 그래서 로봇들이 우리가 실제로 좋아하지 않는 재미없고 기계적인 일들을 지치지 않고 하게 하자. 그리고 우리는 눈 깜짝할 새 지나가 버리는 나날들에서 귀중한 몇 시간을 되돌려 받아, 상상력과 독창성 및 공감을 더 깊은 수준으로 열고 개발해 그 시간을 우리 자신과 지역 사회 그리고 우리의 유산에 투자하자.

몇 년 후에 구글에서 '스토리텔링'을 검색했을 때, 테크 시대에 조직과 자신을 위해 이야기의 예술과 과학을 결합하려고 미지의 새로운 길들을 개척하는 모험을 떠났던 훌륭한 탐험가들 사이에서 당신과, 당신의 보조 스토리텔러들의 이름이 나열된 것을 볼 수 있기를 바란다.

그리고 분명히 말하자면, 그 길들은 도로가 아니다. 영화 『백 투 더 퓨처』에서 브라운 박사가 예측한 대로, '우리가 가는 곳에는 길이 필요 없기' 때문이다.

나는 80년대에 자랐다. 얼마나 행운인지.

14

브랜드 스토리에 영감을 주어라: 세계 최고 스토리텔러들과의 인터뷰

여기 마지막 장에서는 내 친구이자 사회 각계각층에서 그리고 산업들에서 가장 재능 있고 뛰어난 이야기 작가들 일부를 초대하여, 브랜드 스토리텔링에 대한 그들의 혜안과 매혹적인 이야기들을 공유하려고 한다. 이것은 정말로 나에게 큰 영광이자 기쁨이다. 그들의 반짝이는 지혜와 재치 넘치는 유머 그리고 취약하고 사적인 이야기들을 즐기기 바라며, 나아가서 당신이 이야기를 전할 때 이 인터뷰들이 당신의 브랜드 스토리에 영감을 주기를 바란다.

* 에이브포인트AvePoint 최고 마케팅 경영자CMO, 덕스 레이몬드 사이Dux Raymond Sy와의 인터뷰

- 덕스씨 안녕하세요. 오늘 이야기를 나누게 되어 굉장히 기쁩니다. 우리 독자들에게 본인 소개를 해 주시고 독자들이 당신에 대해 궁금해하고 매혹적으로 느낄 만한 점을 이야기해 주시겠어요?

미리씨, 안녕하세요. 먼저 제 이야기를 나누게 해 주신 배려에 무척 감사드립니다. 절실하게 필요한 브랜드 스토리텔링 가이드에 저를 포함해 주신 것에도 감사드립니다.

저는 필리핀 마닐라에서 아주 멋진 다문화 가정에서 태어나고 자랐습니다. 저녁 식사 시간이면 부모님과 다섯 명의 형제자매들과 시끄럽게 대화를 나누던 즐거운 기억이 있습니다. 다양한 언어를 배우고 어린 동생들의 넋을 빼놓는 이야기들이 오갔지요. 그리고 대가족 안에서 자라면서 저는 도전과 기회를 마주하는 순간에 쉽게 적응하고 변화하는 법을 배웠습니다.

현재 저는 에이브포인트에서 최고 마케팅 경영자로 일하고 있습니다. 전 세계에서 1만 6000명이 넘는 고객들과 6백만 명의 클라우드 사용자들이 마이크로소프트 클라우드, 온프레미스On-premise(소프트웨어를 서버에 직접 설치해 쓰는 방식), 그리고 혼합 환경들에서, 데이터를 옮기고 관리하고 지키기 위해 에이브포인트 소프트웨어를 신뢰하며 사용합니다.

20년 이상의 사업과 기술 경험을 바탕으로 저는 전 세계의 민간 조직, 교육 조직, 정부 조직들의 디지털 전환 계획들을 지원해 왔습니다. 그동안 『프로젝트 관리를 위한 셰어포인트SharePoint for Project Management』라는 책을 집필할 기회가 있었고, 마이크로소프트의 지역 책임자와 MVP로 선정되기도 했으며, 전 세계의 선도적인 업계 행사들에서 상호작용 프레젠테이션을 진행했습니다. 저는 현재 미국 워싱턴 DC에서 근사한 아내와 두 명의 자녀들과 살고 있습니다. 여가에는 자주 포토맥 강변을 따라 뛰고 접할 수 있는 가장 이국적인 음식들을 맛봅니다. (전갈구이 드실 분?)

이미 추측하셨겠지만 저는 기술자입니다. 실제로 통신 공학 학사 학위가 있습니다. 개발자로 거리어를 시작했고, 테크 컨설턴트로 일했다가, 최고 기술 경영자까지 되었습니다. 2016년에는 최고 마케팅 경영자 임무를 맡았습니다. 공식적인 마케팅 경력이 없었지만, 결코 놓치고 싶지 않은 평생에 한 번 올까 말까 한 기회였거든요.

1996년에 미국으로 이주한 이래 저는 변화를 받아들이는 법을 배웠습니다. 변화는 피할 수도 없을뿐더러 개인적인 발달을 독려하기 때문이지요. 이 때문에 저는 언젠가 어셈블러assembler(어셈블리 언어로 쓰인 프로그램에서 기계어 프로그램을 만들어 내기 위한 번역 프로그램)로 코딩을 할 수도 있고, 정부 고객에게 소프트웨어 해결책을 홍보할 수도 있고, 눈 깜짝할 새에 다가오는 몇 년 후에는 1만 2천 명의 사람들 앞에서 바람잡이 역할을 하며 기술 콘퍼런스 무대에 오를 수도 있다고 생각합니다.

이런 경험들이 인생을 풍요롭게 만들고 제가 전할 수 있는 이야기들을 폭넓게 만듭니다.

- 오늘날 현대적인 최고 마케팅 경영자들은 브랜드 스

토리텔러를 포함하여 많은 역할을 담당하고 있습니다. 일상의 업무 속에서 그리고 사업을 추진하는 데 있어 어떻게 스토리텔링을 통합하는지에 대해서 지혜를 나눠 주시겠습니까?

미리씨, 남극 대륙에 가 보신 적 있으세요? 그건 사실 제 버킷리스트 중 하나입니다. 저는 일곱 개 대륙에 가봤고, 이 자랑스러운 사실 외에도 저는 정말로 스콧 기지에 방문해 보고 싶습니다. 스콧 기지는 뉴질랜드의 유일한 남극 과학 기지로, 로스 섬Ross Island 남쪽 끝에 프램 포인트Pram Point라고 불리는 낮은 화산 곶에 자리 잡고 있습니다.

그게 말이에요, 스콧 기지에서는 놀라운 연구 활동을 굉장히 많이 하는데, 어느 날 우리에게 그들의 문제를 해결해 줄 훌륭한 기회가 생겼습니다. 우리는 저대역폭 데이터 복제 솔루션을 제공하여 그들이 빠르게 뉴질랜드 크라이스트처치Christchurch에 기반을 둔 정보에 접근할 수 있게 해 주었습니다. 그쪽 지역에서는 데이터 연결 상태가 좋지 못해서 과거에는 효율적으로 할 수 없었던 일이었지요.

이런 유의 이야기들이 저를 매일 흥분시킵니다. 우리 고객들의 사업 발전 과정 전반에 걸쳐 우리가 어떻게 영향을 주는지에 관한 이야기들 말입니다. 우리의 소프트웨어가 분명 도움이 되겠지만, 제가 동료들에게 부여하는 도전은 이겁니다. '이러한 고객 성공 사례들을 어떻게 효과적으로 드러내어 매력적인 이야기로 바꿀 수 있을까?'

우리는 브랜드 스토리텔링을 사업에 통합시키기 위한 세 가지 핵심 구성 요소들을 도출했습니다.

1. 우리가 하는 모든 일에 우리의 핵심 가치관을 집어넣는 것이 필수입니다. 우리가 어떻게 브랜드를 홍보하는지부터, 제품들을 어떻게 판매하는지, 고객 만족을 어떻게 보장하는지까지 말이죠. 우리는 정말 진실하게 민첩함, 열정, 팀 워크를 입증해야 합니다.

이 세 가지 핵심 가치관을 나침반으로 삼고 일을 진행함으로써, 우리는 공통의 가치관과 이상을 지닐 수 있었습니다. 그리고 에이브포인트가 존재하는 이유에 집중하게끔 했습니다. 에이브포인트의 존재 이유는 우리의 제품들이 아니라, 우리가 함께 일하는 사람들과 우리가 지원하는 고객들이 전부입니다.

2. 우리의 비즈니스 목표들을 기반으로 브랜드 스토리텔링 계획들을 정합니다. 오늘날 마케팅 조직들은 전체 회사의 우선 사항들에 완전히 발을 맞추는 것이 몹시 중요합

니다. 예를 들어, 우리의 소프트웨어는 고객들이 마이크로소프트 클라우드, 온프레미스, 혼합 환경에서 데이터를 옮기고 관리하고 지키는 것을 돕습니다. 하지만 그게 무슨 의미죠? 우리는 어떻게 이것을 설득력 있는 브랜드 스토리로 바꿀 수 있을까요?

우리의 소프트웨어가 고객들을 돕는 방법을 분석하자 우리는 사람들이 마이크로소프트에 투자하여 '올바른 일을 쉽게 하도록 만든다.'라는 결론에 이르렀습니다. 분명하고 간단하죠. 그 결과, 우리의 블로그, 마케팅 자료, 고객 사례 연구들에서 강조하는 모든 이야기는 그 생각을 중심으로 돌아갑니다.

3. 우리는 브랜드 스토리를 전할 때 다중 채널 접근법을 택합니다. 그리고 우리 자신을 블로그, 전자책, 웨비나, 동영상 등의 형태로 우리가 생산하는 적절한 콘텐츠를 보유한 산업 전문가라고 여깁니다. 우리는 소셜 미디어 플랫폼을 통하여 고객들과 업계 동료들과 관계를 맺으며 정기적으로 세계적인 산업 행사들에 참여합니다. 이것은 빠르게 돌아가는 산업에서 우리의 브랜드를 최우선 사항이자 의미 있는 것으로 유지하도록 합니다.

- 브랜드 마케팅과 커뮤니케이션 전략의 일부로 스토리

텔링을 시행해야 하는 중요성에 대하여 *CMO*들을(그리고 최고 경영진을) 설득해야 하는 신입 브랜드 스토리텔러들에게 어떤 조언을 해 주실 수 있을까요?

사업 경쟁이 굉장히 치열하고 광고와 소셜 미디어 피드가 끊임없이 등장하는 시대에, 사람들은 정보 과다로 시달리고 있으며 그 속에서 아주 소수의 메시지만이 살아남을 수 있습니다. 브랜드들은 흥미를 유발하고, 청중을 참여시키고, 그들이 행동에 나서도록 설득하기 위해서 소음을 차단할 더 좋은 방법들을 찾아내야 합니다. 바로 이 부분에서 스토리텔링이 필수입니다.

스토리텔링은 고객들에게 왜 당신의 제품과 서비스가 최고인지를 주장하는 것이 아닙니다. 그것은 기존의 마케팅 계획들을 보완하고 '그림을 완성'합니다. 이야기는 사람들을 감동시킬 수 있습니다. 그리고 브랜드를 인간화하고 정보를 주고 영감을 일으킬 수 있습니다. 진실한 이야기를 전하는 것은 고객이 당신의 브랜드를 선택할지 경쟁 상대의 브랜드를 선택할지를 가르는 차이가 될 수 있습니다.

스토리텔링이 효과를 내는 증거를 힘들게 찾을 필요가 없습니다. 마이크로소프트, 디즈니, 리츠칼튼Ritz Carlton 같은 최고 기업들이 사업을 성장시키기 위한 핵심 전략으로 이미 스토리텔링의 힘을 활용하고 있으니까요.

- 정말 바쁘실 텐데요. 이야기와 콘텐츠를 디자인할 때 어떻게 계속 창의적인 사고를 유지하십니까?(당신의 창의력은 어떻게 나옵니까?)

먼저, 산업 트렌드와 고객 욕구를 면밀하게 파악하고 있는 것이 필수입니다. 제가 속한 산업에 대한 철저한 이해 없이는 효율적인 스토리텔러가 될 수 없습니다. 저는 인물 정보에 밝으며, 조직이 직면한 가장 최신의 혁신과 도전 과제들을 훤히 꿰뚫고 있습니다. 예를 들어, 만약 당신이 혼다 자동차의 영업 사원이라면, 엘론 머스크Elon Musk, BMW의 최신 자동차 모델들, 그리고 아마도 자율주행차 개발에 관한 내용 전부를 꿰뚫고 있는 것이 필수이지 않겠습니까? 이것이 당신의 잠재적 구매자가 어디에서 오는지 이해하게 해 주고 당신의 이야기를 공감대가 형성되고 잘 통하는 것으로 만들어 줄 테니까요.

다음으로, 저는 이야기들을 보편적인 틀을 바탕으로 디자인합니다. 당신의 도전, 우리가 도울 방법, 행동 조치 같은 것들 말입니다. 그것을 단순하고 정확하게 유지함으로써, 청중들이 겪고 있는 상황을 제가 잘 알고 있다는 것을 진심으로 느끼게 하는 이야기의 틀을 잡을 수 있습니다. 그리고 효과가 있는 해결책을 제시하고 청중들이 즉시 그에 대해 무언가 행동에 나서도록 이끌 수 있습니다. 그건 그렇고, 저는 보통 조깅을 하면서 이런 생각을 합니다.

마지막으로, 동료들과 함께 A/B 테스트(디지털 마케팅에서 두 가지 이상의 시안 중 최적안을 선정하기 위해 테스트하는 방법)를 진행하여 어떤 이야기가 우리 청중들에게 진짜 반향을 불러일으키는지 알아봅니다. 우리는 보통 블로그나 소셜 미디어처럼 시간이 적게 들고 더 빨리 시장에 출시할 수 있는 미디어에서 새로운 이야기들을 테스트합니다. 그리고 가장 효과가 좋은 이야기들을 전자책, 대화형 매체, 웨비나 같은 더 긴 형태의 콘텐츠로 제작합니다. 이렇게 함으로써 우리는 더욱 창의적으로 놀라운 발견을 할 수 있으며, 노력의 결과도 극대화됩니다. 제가 무대에 서서 수백 명의 사람 앞에서 이야기를 말할 때쯤이면, 대개 여러 가지 다양한 유형의 청중들 앞에서 이미 테스트를 한 후입니다.

- 이 업계의 제가 아는 최고의 브랜드 스토리텔러 중 한 분으로서, 우리 독자들도 브랜드 스토리를 성공적으로 전할 수 있도록 알려 주실 팁은 무엇이 있을까요?

저는 브랜드 스토리를 전할 때 필수적인 것 세 가지를 배웠습니다.

1. 진정성을 보장하십시오. 당신이 전하는 모든 이야기가 마케팅이나 판매 홍보가 되지 않도록 확실히 하십시오. 설령 어떤 경우에는 당신이나 당신의 조직에 득이 되지 않는 것처럼 보일지라도, 이야기는 언제나 당신의 청중들에게 최고로 흥미를 유발해야 합니다. 진실하고 투명하고 취약성을 드러내는 것은 당신의 이야기를 인간적으로 만들며, 끊임없이 당신이나 당신의 제품이 얼마나 훌륭한지에 대해 큰소리치는 것보다 훨씬 더 강한 공감대를 형성합니다. 예를 들어, 제가 속한 산업에서 저는 제 퍼스널 브랜드, 에이브포인트 브랜드, 그리고 마이크로소프트 브랜드를 대표합니다. 저는 이 세 가지의 공통부분, 즉 서로 떨어져 있지만 연결된 제 삶의 이 세 가지 측면들이 저의 청중들에게 가치를 전달하기 위해서 어떻게 조화를 이룰 수 있을지에 대해 늘 생각합니다.

2. 탁월함을 발휘하십시오. 당신의 이야기를 관념화하는 단계부터 테스팅, 그리고 홍보까지 전 과정에서 언제나 최고가 되려는 목표를 지니십시오. 만약 더욱 효율적으로 이야기를 전하기 위해서 파워포인트 슬라이드를 비니오 형식에 맞게 다시 만들어야 한다면, 그렇게 하십시오! 당신의 이야기를 디자인하고 전달할 때 모든 세부 사항이 중요합니다. 모두가 이야기하고 있을 때, 당신의 이야기가 기억에 남게 하려면 탁월할 수밖에 없습니다.

3. 뛰어난 대중 강연 기술을 개발하십시오. 효율적인 스토리텔러가 되기 위해서 먼저 취해야 하는 단계 중 하나는 당신의 대중 연설 그리고 프레젠테이션 능력을 개발하는 것입니다. 그 후에는 당신이 무리에서 확실히 두드러지도록 노력하십시오.

저는 십 년에 걸쳐 이러한 교훈들을 어렵게 배웠습니다. 하지만 제가 의식적으로 더 나은 커뮤니케이터가 되려고 노력하자, 스토리텔링 기량이 엄청나게 향상되었습니다. 그리고 제 이야기가 기억에 남기를 바라지만 저급하지는 않기를 바랐습니다. 사람들의 집중력은 그 어느 때보다 더 부족합니다. 저는 프레젠테이션을 할 때마다 매번 '재미있게 가르치려고' 노력합니다. 교육을 하면서 동시에 재미를 줄 때 오래 지속되는 강한 인상을 남길 수 있습니다.

* 에미상 2회 수상자이자 TV 아침 방송 『데스피에르타 아메리카Despierta America』의 책임 프로듀서, 루즈 마리아 도리아Luz Maria Doria와의 인터뷰

  - 루즈마씨, 안녕하세요! 제 청중들에게 당신이 어떤 사람인지 소개를 하며 시작해 주시겠어요?

저는 콜롬비아 이민자로 지금은 항상 꿈꿔 오던 삶을 살고 있습니다. 어렸을 때, 저는 무섭고 불안했지만 저널리스트가 되고 싶었습니다. 하지만 저널리스트들은 저처럼 생기지 않았다는 것을 깨달았죠. 열세 살 때 저는 크리스티나 사랄레기Cristina Saralegui라는 저널리스트를 알게 되었습니다. 그녀는 당시에 『코스모폴리탄Cosmopolitan』 잡지의 편집장이었는데 그 잡지를 통해서 여성으로서 제게 도움이 되고 힘이 되었던 이야기들을 많이 들려주었습니다. 저는 열여섯 살에 고등학교를 졸업하고 플로리다 주 마이애미로 이주해서 저널리즘을 공부할 것을 결심했습니다. 배리 대학교Barry University를 졸업한 직후에 사랄레기를 알던 제 친구를 통해서 저는 사랄레기에게 인터뷰를 요청했습니다. 그리고 그녀는 제가 항상 일하고 싶어 했던 잡지사에서 제가 어렸을 때 읽은 잡지의 편집자로 제게 첫 일자리를 주었습니다. 크리스티나는 제 멘토가 되었고 그녀가 토크쇼를 진행하기 위해 텔레비전으로 자리를 옮겼을 때(결국 '라틴 오프라'가 되었죠), 저는 그 잡지에서 편집장을 맡는 영광을 얻었습니다. 그리고 그다음 십여 년간 그녀와 함께 계속 일했습니다. 나중에 저 역시 텔레비전으로 건너갔고, 책임 프로듀서가 되었습니다. 저는 18년 동안 유니비전 텔레비전 방송 네트워크Univision television network에 몸담고 있으며, 그중 8년을 미국에서 가장 인기 있는 스페인어 아침 토크쇼『데스피에르타 아메리카』의 책임 프로듀서로 일했습니다. 쉰 살이 되었을 때 저는 제가 언제나 꿈꿔 오던 여성으로 사는 것에 대해 신과 삶에 감사할 것을 결심했고, 그래서 첫 책『내가 꿈꿔 온 여성The Woman of My Dreams』을 집필했습니다. 이 책을 집필한 것이 제 인생을 바꾸었습니다. 책 집필은 그동안 카메라 뒤에 있던 저를 중앙 강단으로 이끌어서 다른 이들에게 제 이야기들을 들려주게 했지요. 이후 곧, 저는 영감을 받아 두 번째 책『당신의 최고의 순간Your Starring Moment』을 썼고, 가슴이 바라는 것은 무엇이든 정말로 성취할 수 있다는 것을, 그저 용기 내어 추구하기만 하면 된다는 사실을 저와 다른 사람들에게 증명하며 전 세계를 돌아다니고 있습니다.

- 저널리즘, 저술, 잡지 칼럼니스트, TV 프로듀서 등 당신의 놀라운 배경과 경력을 보면, 당신은 분명 특별한 스토리텔링 기술을 갖고 계신 것 같습니다. 이런 기술들이 무엇인지, 어떻게 그런 기술들을 갖게 되었으며, 화려한 커리어를 이어오는 동안 부딪혔던 가장 큰 난관은 무엇이었는지 말씀해 주시겠습니까?

저는 언제나 이야기들에 매료되었습니다. 어렸을 때는 누군가가 이야기를 해 주지 않으면 먹는 것도 거부할 정도였죠. 우리 할머니는 할머니의 가족에 관한 이야기를 들려주셨습니다. 저는 더 커서 학교에 버스를 타고 다녔는데 친구들에게 이야기를 상상하여 들려주곤 했습니다. 그리고 누군가 제 시선을 사로잡을 때마다 잠시 멈추고 호기심 가득하게 그들의 삶은 어떤 모습일까 상상했습니다. 저널리즘에서 제가 항상 가장 좋아했던 부분은 사람들의 개인적인 이야기들과 그들이 삶의 여정 내내 사용해 왔고 잘 통했던 '인생의 공식'이나 방법들을 알아내는 기술이었습니다.

좋은 이야기를 전하기 위해서는 호기심이 강해야 합니다. 훌륭한 이야기들을 하려면 훌륭한 조사가 필수이기 때문이죠. 하지만, 이야기기 가장 신실한 방식으로 포착되도록 그 과정에서 인간의 마음을 구성하는 요소들을 건드리는 데 아주 조심하면서 세심하게 조사하는 것이 중요합니다. 이렇게 하기 위해서는 반드시 존경심을 갖추고, 끈기 있고, 근면해야 합니다(계속 배우고 아주 많이 읽으십시오). 더 어렸을 때, 저는 제 가장 큰 핸디캡이 두려움이라는 것을 알았습니다. 두려움은 저를 소심한 사람으로 만들었죠. 두려움이 컸기 때문에 저는 배움을 통해서 그 두려움들을 물리치고자 결심했습니다. 더 많이 배울수록, 당신은 더 겁이 없고 대담한 사람이 됩니다.

- 우리 독자들이 스토리텔링의 힘을 이해하는 것이 중요한데요. 당신을 처음 만났을 때, 당신은 정말로 제 마음에 닿는 말씀을 해 주셨습니다. 모든 사람이 각자의 개인적인 인생에 관한 이야기를 책으로 써야 한다는 말씀이셨는데요. 이렇게 확신하게 된 이유가 있으십니까?

저는 우리 모두 스토리텔러가 될 수 있으며, 다들 전할 이야기가 있다고 생각합니다. 하지만 자신의 인생과 우주가 보내는 신호들이나, 내 앞에 닫혀 있던 문들이나, 자신이 겪었던 우연의 일치들을 평가하는 데 시간을 들이는 사람은 그리 많지 않습니다. 그들은 삶의 여정에서 맛볼 수 있는 기쁨을 놓치고 이야기를 전할 수 있는 감수성을 잃습니다. 저는 언제나 제가 만나는 모든 사람으로부터 무언가를 배웁니다. 가끔 우리는 스스로 이야기들을 망쳐 놓습니다. 우리는 이야기들의 중요성을 줄이고 배운 교훈들 대신 부정적인 부분들, 잘못된 것들에만 집중합니다. 모든 사람이 각자 놀라운 지혜를 얻을 수 있었던 자신의 인생 공식들을 다른 사람들과 공유한다고 상상해 보세요. 세상은 분명 더 나은 곳이 되겠죠!

- 우리 독자들에게 자신의 인생에 관한 이야기를 쓰라고 격려하는 것 외에, 사업을 발전시키기 위해서 브랜드 스토리를 디자인하기 시작한 스토리텔러들에게 해 주실 다른 조언이 있으신가요?

브랜드 스토리는 반드시 청중에게서 수요를 창출해야 합니다. 그리고 브랜드를 위한 뚜렷한 목표가 있어야 합니다. 시장에서 당신의 브랜드를 차별화하는 요소는 무엇입니까? 당신의 브랜드의 진짜 미션은 무엇입니까? 당신의 이해관계자들에게 브랜드의 인지도를 높이기 위해서 무엇을 하겠습니까? 그들에게 당신의 제품에 대해 뭐라고 말하겠습니까? 당신이 그 이야기를 하는 것을 도와줄 사람들은 누구입니까? 오늘날 우리는 인터넷이라고 불리는 훌륭한 도구가 있습니다. 소셜 미디어는 청중들이 이야기를 접하는 최고의 플랫폼 중 하나입니다. 개인적인 인스타그램 계정이 없었다면 제 책들은 그렇게 성공하지 못했을 겁니다. 소셜 미디어를 활용하세요!

　- 끝으로 당신이 절대 어기지 않는, 그리고 청중과 공유하고 싶은 개인적인 스토리텔링 규칙이 있으신가요?

저는 항상 세 가지 요소들을 이야기에 결합합니다.

1. 진짜 정보와 데이터. 이것은 심도 있는 조사가 필요합니다.
2. 감정적인 시각. 이야기들은 당신을 울고, 웃고, 생각하게 만들어야 합니다. 이야기는 당신이 정하지만, 반드시 청중의 마음에 닿아야 하고 그 안에 머물러야 합니다.

3. 반드시 매력적이어야 합니다. 지루함은 금물이지요.

이 세 가지 규칙을 바탕으로 이야기를 만들 수 있습니다. 나눌 만한 훌륭한 메시지가 있는데 그것을 공유하기로 택한 방법이 마음을 끌지 않는다면 아무런 소용이 없습니다. 메시지를 전하는 방식도 메시지만큼이나 중요합니다.

* 작가, 소셜 미디어 전문가, 청소년 문화 트렌드 권위자, 데렉 베어드Derek E Baird**와의 인터뷰**

- 데렉씨, 안녕하세요! 제 독자들에게 혜안을 공유해 주신다니 정말 흥분됩니다. 시작에 앞서, 먼저 본인 소개 좀 해 주시겠어요?

미리씨, 초대해 주셔서 감사합니다. 오늘 이야기를 나누게 되어 정말 기쁩니다.

저는 세계에서 가장 큰 키드테크, 교육, 엔터테인먼트 브랜드들이 어린이 문화에 초점을 맞추어 이야기를 전달하고, 제품을 만들고, 경험을 형성하고, 어린 청중들에게 신뢰감을 쌓는 일을 돕고 있습니다. 어린이들과 10대 청소년 영역 외에도, 페퍼다인 대학교Pepperdine University 교육

심리학 대학원에서 겸임교수를 맡고 있으며, 조기 교육 기술과 키드테크 벤처기업 관련 조언을 합니다. 또 어린이들의 신뢰, 안전, 어린이 온라인 사생활 보호법Childrens Online Privacy Protection Act, COPPA에 관한 특허를 보유하고 있으며, 디즈니 발명가 상 수상자이기도 합니다.

- 대단하시네요! 당신도 브랜드 스토리텔러이자 최근에는『Z세대 주파수The Gen Z Frequency』라는 책을 공동 집필하셨죠. 이 책을 쓰는 데 영감을 준 것은 무엇이며, 그 책에서 독자들이 브랜드 스토리텔링에 적용할 수 있는 통찰력이나 핵심 내용을 공유해 주시겠습니까?

『Z세대 주파수The Gen Z Frequency』를 쓴 동기는 기업들, 교육자들을 포함해 청소년들과 함께 일하는 모든 이들 사이에 세대 간 다리를 놓고자 하는 소망에 뿌리를 두고 있습니다. 노인 세대와 젊은 세대들 사이에는 언제나 문화적 긴장감이 있었지만, 오늘날은 그 차이가 어느 때보다 더 커진 것 같습니다. 우리의 바람은 세대 간 대화가 이루어지도록 길을 제공하는 것입니다. 그 책에서 우리는 모든 조직이 Z세대의 독특한 문화 선호도를 이해하고 조화를 이루며 신뢰감을 형성하는 데 도움이 될 핵심적인 통찰력, 전략들,

전술들을 공유합니다. 우리는 Z세대 아이들, 10대 청소년들 수백 명을 인터뷰했고 우리가 알아낸 것들을 청소년 문화 전술로 탄생시켰습니다.

Z세대(1997-2010년 출생)와 바로 그 뒤를 잇는 알파 세대(2010-2025 출생)는 디지털 콘텐츠를 굉장히 많이 소비하기 때문에, 브랜드들이 그들에게 도달하기가 점점 더 어려워지고 있습니다. 이 때문에 Z세대에 대한 편견이 생기고 그것은 곧장 브랜드 스토리텔링으로 다시 연결됩니다. 저는 이 편견을 떨쳐 내고 싶었습니다.

노인들이 젊은 사람들의 집중력은 '꼭 금붕어 집중력 같다.'라고 하는 소리를 자주 들어 보셨을 겁니다. 이 생각이 꼭 맞는 것은 아닙니다. 매일 젊은 사람들은 트위터, 뉴스 알림, 틱톡, 문자, 동영상 시청 등에서 어마어마한 양의 정보를 얻고 그것을 처리하고 있습니다. 그 결과, 그들은 자신의 화면을 채우는 디지털 콘텐츠들을 빠르게 걸러내는 데 도가 텄습니다. 이것은 종종 '짧은 집중력' 탓으로 돌아갑니다.

그리고 이것이 바로 제가 스토리텔링으로 다시 연결할 부분입니다. 만약 당신이 Z세대와 알파 세대의 마음에 닿고 싶다면, 그들의 관심을 사로잡고 그들이 스크롤하는 것을 멈추게 만드는 이야기들을 들려주어야 합니다. 나노 초

만에 이들의 관심을 사로잡아야 한다는 사실이 브랜드들로서는 무시무시할 겁니다. 그렇지 않으면 그들은 엄지손가락을 까딱하여 당신의 브랜드를 관심 밖으로 튕겨 보내 버릴 테니까요.

- 스토리텔러가 이야기를 구성할 때 고려해야 하는 가장 중요한 점이 무엇이라고 생각하십니까? 그리고 왜 그렇게 생각하십니까?

이야기를 구성하고 콘텐츠를 창조할 때 명심해야 할 몇 가지 규칙들은 다음과 같습니다.

규칙 1: 진정성. 청중이 당신을 신뢰하지 않으면, 그들은 당신의 브랜드를 '유령'처럼 취급할 겁니다. 그러므로 청중들에게 신뢰감을 형성하기 위해서 마음을 울리는 콘텐츠와 이야기들을 창조하는 것이 몹시 중요합니다. 신뢰는 진정성의 중심입니다. 당신의 이야기들과 콘텐츠들이 청중의 문화와 조화를 이루도록 보장하는 가장 좋은 방법은 그 이야기를 창조하는 과정에 청중들을 포함하는 겁니다.

규칙 2: 페르소나와 목소리. 똑같은 목소리, 어조, 페르소나를 규정하고 일관되게 적용함으로써 당신의 청중에게 반향을 일으키는 이야기들을 창조하십시오. 이야기의 어조가 목적에 맞도록 보장하는 가장 효율적인 방법은 당신의 타깃층이 그 창의적인 과정에 참여하고 함께 창조하도록 만드는 것입니다.

규칙 3: 플랫폼. 콘텐츠를 창조하고 생산하는 데 자원을 들이면 그 노력의 결과를 보고 싶을 겁니다. 매력적인 이야기들을 창조하고 전달하는 데 도움이 될 올바른 플랫폼을 선택하고 원래 플랫폼의 특징들을 수용하는 것이 몹시 중요합니다. 예를 들어, 당신의 목표가 10대 초반에게 도달하는 것이라면, 콘텐츠를 페이스북에 올리는 것은 당신의 핵심 성과 지표를 달성하는 데 도움이 되지 않을 겁니다. 왜냐고요? 10대 아이들은 페이스북이 원래 전혀 쿨하지 않다고 생각하기 때문입니다. 10대 초반에게 접근하기 위해서는 스냅챗, 틱톡, 인스타그램 같은 곳에 콘텐츠가 존재해야 합니다. 반대로 만약 40대 엄마들에게 접근하려고 한다면, 틱톡처럼 젊은 층이 지배적인 플랫폼을 이용하지는 않겠지요. 아마 페이스북이나 핀터레스트를 이용하는 편이 현명할 겁니다.

규칙 4: 창의력을 발휘하십시오. 당신의 콘텐츠와 메시지는 반드시 청중들의 상상력을 자극하고 그들을 당신의 브랜드 주파수에 맞추게 해야 합니다. 당신의 콘텐츠는 밈, GIF, 또는 인스타그램 스토리처럼 짧고 단순하거나, 아니면 여러 에피소드로 이루어진 비디오 시리즈로 발전할 수도 있습니다. 하지만 중요한 순간에 주제들, 포맷들, 플랫폼들을 통하여 의미 있는 메시지들을 제시해야 합니다. 마케팅은 당신이 무엇을 만드느냐에 관한 것뿐만 아니라, 당신이 전하는 이야기들에 관한 것입니다.

- 독자들이 이런 도전에 직면할 때 고려해야 하는 또 다른 스토리텔링의 '필수 요소'가 있습니까?

이야기들은 반드시 포괄적이고 다채로워야 합니다. 누군가 어떤 이야기를 접하면 그들은 거기서 자신의 모습을 반영하는 무언가를 보아야 합니다. 만약 당신의 이야기에서 그들이 자신과 닮은 부분을 발견하지 못한다면, 당신의 브랜드는 그들의 이야기의 일부가 되지 않을 겁니다. 표현이 중요합니다.

다양성은 언행일치를 의미합니다. 다양성은 성 소수자 인권의 달인 6월 한 달 동안만이 아니라, 2월의 어느 마케팅 캠페인에서도 성 소수자 커플들을 보여 줍니다. 소수 집단들을 알아내고 손을 내밀어 그들과 관계를 형성하십시오. 그리고 그들의 열정을 연결해 주는 콘텐츠와 경험들을 개발하십시오. 다양성은 시크교도가 터번을 두르는 모습을 보여 줍니다. 그리고 휠체어를 탄 사람들, 모든 사회 계층이나 민족에 속한 사람들을 포함합니다.

이야기는 감정을 바탕으로 만들어집니다. 이런 인간적인 연결은 진정한 문화 지지를 형성하는 데 도움이 되며, 이것은 소비자들에게 닿기 위한 가장 효과적인 전략으로 이어집니다.

- 우리 독자들에게 전하실 마지막 조언이 있으신가요?

증강 현실 같은 새로운 기술들에 관심을 가지고, 틱톡 또는 팝잼PopJam처럼 새로운 소셜 콘텐츠 플랫폼들을 스토리텔링으로 실험해 볼 공간들로 살피십시오. 한계를 넘어서면 예상치 못한 결과를 낳을 수 있습니다.

다른 사람들의 이야기를 가져다 쓰려 했다가는 엉망진창이 될 수 있습니다. 그 이야기들을 창조 과정에서 포함했다고 해도, 일이 꼬일 수 있습니다. 혹여나 당신이 이야기를 망쳐 버리거나 분위기를 제대로 파악하지 못했다면, 사과하십시오.

그리고 다시 들으십시오.

* 청소년 마케팅 전문가이자 대중 연설가, 그렉 위트 Gregg L Witt와의 인터뷰

- 그렉! 전에 워싱턴 DC에 있는 내셔널 지오그래픽 National Geographic 본사에서 이야기를 전달하며 만난 적이 있지요. 저는 그때 당신의 배경에 엄청난 감명을 받았습니다. 우리 독자들에게 그 이야기 좀 들려주시겠어요?

당신을 만나 회포를 풀고 '이야기들'을 교환할 날을 기다려 왔습니다! 모두를 위해 소개하자면, 저는 인게이지 유스 컴퍼니Engage Youth Co.의 공동 설립자이자 최고 전략 책임자입니다. 회사에서 저는 젊은 청중들을 대상으로 하는 기업들에 브랜드 전략과 고객 참여 프로그램을 지도하는 일을 합니다. 현재 가장 성공적인 청년 중심 브랜드들을 세우고 유지하는 데 기여하는 건 정말 제 일의 특권이라 생각합니다. 2016년에는 영광스럽게도 『잉크Inc.』지가 선정한 주목해야 할 최고 청소년 마케터로 뽑혔습니다. 그리고 2017년에는 『포브스Forbes』가 발표한 선도적인 Z세대 전문가 목록에 이름을 올렸습니다.

이 일과 관련해서 저는 '백문이 불여일견' 방식을 절대로 놓치 않습니다. 저는 언제나 현재 청소년 문화에 내재한 지혜와 진정성을 골몰히 검사하는 쪽을 선호합니다. 그리고 다른 사람들이 이 강력한 집단을 똑같이 존중하고 이 집단에 호기심을 갖도록 독려합니다.

개인적으로, 저는 10대 아이들 네 명의 아버지이며, 과거에 프로 스케이트보드 선수였습니다. 그리고 의사들의 권고를 무시한 채 여전히 급격한 경사로와 야외 경기장에서 열심히 스케이트보드를 타고 있습니다. 또한 기업의 오래된 가족 역사에서 정말 큰 영감을 받습니다.

─ 이 책에서 저는 의도하는 청중에게 효율적으로 연결되기 위해서 공감과 진정성이 얼마나 중요한지에 관해 이야기합니다. 청소년 마케터로서 당신도 똑같이 하고 계시겠지만 더 어린 집단에 맞는 특별한 통찰력에 초점을 맞추고 계시겠지요. 그러한 통찰력들을 공유해 주시겠습니까?

물론이죠! 공감과 진정성은 모든 청중과 당신의 관계를 이해하고 규정하기 위한 근본적이고 무시할 수 없는 시작점입니다. 여기서 핵심 단어는 관계입니다. 그들은 정체불명의 대상이 아닙니다. 청중은 당신이 친밀감을 느끼는 사람들로 이루어진 집단이어야 합니다. Z세대와 떠오르는 알파 세대를 이야기하자면, 이들은 특히 필요성보다 유대감에 더 마음이 기울며, 이해받고 싶어 하고 자신의 이야기를 들어주기를 바랍니다.

난관은 우리가 하기에 달려 있습니다. 청중에 대한 우리의 내부 시각이 정확한지 스스로 물어봐야 하며, 편견이나 예상을 초월하는 법을 배워야 합니다. 그래야 우리의 제품이나 서비스가 그러한 청중들에게 어떻게 받아들여질 수 있는지에 대한 현실을 파악할 수 있습니다. 우리 자신이 스스로 방해하지 않아야 젊은 사람들이 원하는 것과 필요한 것을 보다 분명하게 알 수 있습니다. 이렇게 하기 위해서는 세상에 대한 그들의 인식에 영향을 주는 것이 무엇인지를 알아야 합니다. 일단 무엇이 청소년들의 의견과 선호도에 영향을 주는지를 이해하면, 우리는 그들에게 동기를 부여하는 것을 더 잘 알 수 있습니다. 그들의 관심을 바란다면, 그들의 관점에서 그들에게 호소하는 법을 알아내야 합니다. 이것이 바로 작은 사무실과 회의실에서만이 아니라, 현실에서도 효과가 있는 브랜드 스토리를 전하는 방법입니다.

더 어린 청중들에게 공감하고 진정성에 초점을 맞추기 위해서 브랜드들은 다음의 의견을 안내 도구로 활용할 수 있을 것입니다. 청소년 청중들은:

- 분명하고 구체적으로 공감대를 형성하는 브랜드 스토리와 콘텐츠가 없는 기업들을 거부하는 경향이 있다.
- 브랜드들이 자신의 의견을 들어주고 존중해 주기를 바라며 그들이 선택한 브랜드들을 신뢰할 수 있기를 바란다.
- 깨어 있으며 프라이버시 보호를 요구한다.
- 그들의 열정과 관심사를 이해하고 그들의 삶에 기여하거나 그들의 노력을 지원하는 브랜드들을 원한다.
- 그들이 계속 앞으로 나아가도록 격려하고, 꿈을 이루기 위해 더 멀리 도달하도록 도와주며, 그들에게 힘을 부여하는 새롭고 독특한 해결책을 찾도록 영감을 주는 브랜드들을 더 많이 원한다.
- 소속감을 느끼는 공간을 제공하고, 그들이 일부가 되어 무언가를 창조하는 경험을 제공하는 브랜드들을 원한다.

- 스토리텔링과 관련하여 마케터들과 커뮤니케이터들이 현재 직면한 가장 큰 도전 과제 중 하나는 무엇이라고 생각하십니까? 그리고 어떻게 그것을 극복할 수 있을까요?

브랜드들이 직면한 가장 큰 도전 과제 중 하나는 그들의 브랜드와 가장 잘 맞는 고유의 문화들을 알아내고 발견하며, 진실하게 관계를 맺기 위한 방법들을 찾는 것입니다. 안타깝게도, 너무 많은 브랜드가 인구 통계학 데이터를 기본으로 의지하는데, 이는 날조된 스토리텔링과 형편없는 청중과의 연결이라는 결과로 이어집니다. 브랜드들은 고도로 복잡한 소셜 표적 도구들과 디지털 표적 도구들로 이 문제를 해결했다고 자주 생각합니다. 하지만 연령별 그룹들이나 지역의 정확도와 정밀도는, 효율적인 스토리텔링을 이끌어 내는 문화적 뉘앙스 가까이로 우리를 데려가 주지 못합니다. 브랜드들과 조직들이 그들의 이야기를 청소년 문화에 맞추고 기여할 때, 마술이 벌어집니다.

성공적인 의류 브랜드인 칼하트 워크 인 프로그레스 Carhartt Work In Progress, Carhartt WIP는 문화 관련성과 상업적 실행 가능성 사이에서 균형을 유지한 훌륭한 본보기입니다. 그들의 스토리텔링 접근법에서 스토리 아크는 끊임없이 진행 중이며 독특하고 다소 이례적입니다. WIP 가족의 일원인 청소년 문화 내부자들은 그들의 이야기들을 다양한 협업과 행사 경험들 그리고 제품들로 엮으며 기록하고 공유합니다. 따라서 청중은 그 이야기들을 그냥 듣는 것이 아니라 그 이야기의 일부로 적절히 섞여 들어갑니다. 이 유기적인 스토리텔링 스타일을 유지하기 위해 이들은 음악과 스포츠 분야에서 영감을 주고 도발적이며 알려지지 않은 새로운 인물들과 끈끈한 관계를 구축했습니다. 그 결과 힙합부터 스케이트, 그래피티, 사이클링까지 아우르는 문화 세계에서 상징적이고 존경받는 브랜드가 되었습니다. 그뿐만 아니라 아페쎄APC, 네이버후드Neighborhood, 파타Patta, 반스Vans, 준야 와타나베Junya Watanabe와 같은 브랜드들을 포함하여 많은 브랜드와 함께 작업하고 있습니다. 투박함, 협업, 생존, 우정이라는 뿌리에 충실한 채, 칼하트 WIP는 몇 년 전 처음 설립되었을 때와 똑같이 지금까지도 강력한 팬층을 보유하고 있습니다. 현재 이 브랜드는 의류를 넘어서 음악 상표, 스위스 바젤에서 열린 유럽 스케이트보드 챔피언십, 칼하트 스케이트 팀 등을 포함하는 브랜드로 성장했습니다. 그리고 모두 칼하트 WIP가 대표하는 문화들에 기여하며 하나의 브랜드에 연결된 채 각각의 자리에서 성공할 수 있었습니다.

- 그렇게 성공을 거두려면 엄청난 창의력이 필요했겠군요. 창의성은 우리가 기술로 개발할 수 있는 특성인데요. 우리의 독자들에게 더욱 창의적으로 되는 방법에 대한 조언과 요령을 알려 주시겠습니까?

물론이지요!

- 다른 분야와 장르에서 무슨 일이 벌어지고 있는지 탐구하십시오. 당신의 뇌가 습관과 고정된 사고방식에서 벗어나는 데 도움이 될 겁니다. 친구들과 동료들로 이루어진 작은 집단 안팎에서 관련 자원들을 이용해 끊임없이 영감을 얻으십시오.
- 노는 것이 창의성의 핵심입니다. 그게 바로 모두가 가장 효율적으로 배우는 방식입니다. 실수하고 실험하는 것을 즐기는 스트레스 없고 대수롭지 않은 시간을 당신의 뇌에 허락하십시오.
- 당신의 삶이나 일과 관련하여 진짜든 상상한 것이든 사건들과 일들을 노래로 불러보십시오. 음악과 말을 섞을 때 당신의 마음이 어디로 흘러가는지 아마 깜짝 놀랄 겁니다. 그리고 이것은 당신을 생각의 틀에서 벗어나게 해 줄 겁니다. 게다가, 재미있고 진짜 웃기기

도 합니다.

- 무언가를 창조할 때 약간 배짱을 가지십시오. 가끔은 그저 대범하고 용감해질 필요가 있습니다. 당신을 비웃는 사람들을 무시하는 법을 배우고, 당신이 보여 줄 것에 자신감을 가지십시오. 그것이 무언가로 이끌거나 이끌지 않아도 상관없습니다. 현 상황에 의문을 제기하고 필요하면 책임지고 규칙을 깨뜨릴 길을 찾으십시오.
- 당신이 언제 가장 창의적으로 생각하게 되는지를 알고 그 시간을 확보하십시오. 또한 그 창의적인 과정에 익숙해질 시간을 더 마련하십시오.

- 그 외에 우리 독자들이 고려해야 할 것이 있을까요?

브랜드 스토리는 브랜드와 청중 간의 관계에 관한 겁니다. 브랜드의 정체성은 반드시 청중과 관련이 있어야 하며, 관계가 발전하면서 지속적으로 청중과 연결되어야 합니다. 그 정체성을 찾기 위해서, 당신은 서비스, 제품, 포장을 뛰어넘어, 정말로 당신이 누구이고 무엇을 대표하는지를 판단해야 합니다. 그것이 바로 막강한 청중들을 보유하고 저력이 입증된 성공한 브랜드들과 자신의 길을 찾기 위해서 전전긍긍하는 브랜드들 사이의 차별화 요소입니다. 청중들이 원하는 정체성을 확립할 수 있다면, 당신은 '브랜드-청중 일치'라는 더 큰 목표를 향해 중요한 첫걸음을 뗄 것입니다.

두 번째로, 청중을 이야기에서 활발한 부분으로 만들기 위한 적합한 방법을 찾으십시오. 함께 만든 것이 혼자 만든 것보다 더 매력적이고 진실할 겁니다.

* 베스트셀러 작가이자 마이크로소프트 스토리텔러, 신디 콜로마Cindy Coloma와의 질의응답

- 신디, 비평가들로부터 극찬을 받은 소설과 비소설 책을 스물다섯 권 이상 집필한 수상 작가이고 그 책 중 일부는 여덟 개의 언어로 번역되었죠. 스토리텔링에서 당신이 적용하는 최고의 비법은 무엇인가요?

스토리를 사냥하세요.

당신이 어디에 있든 무슨 일을 하고 있든, 항상 이야기에 귀를 열어 두세요. 질문을 하세요. 누군가가 질문을 하면 정말로 들으세요. 이야기들이 공유될 테니까요. 이것은 제게 항상 쉽지만은 않습니다. 많은 작가들처럼 저도 내성적인 성향이라 때로는 편안한 구역을 벗어나 모르는 사람과 이야기를 나누거나 끝까지 이야기를 듣고 아이디어를 얻는 것이 힘듭니다. 하지만 그렇게 할 때는 결코 실망하는 법이 없습니다. 이야기들은 모든 곳에 있거든요. 시장에서 당신을 둘러싼 사람들, 길 건너편의 연세가 지긋한 노신사, 당신의 동료들, 그리고 또 우리가 안다고 생각했던 오래된 친구들과 가족들도 우리가 예상했던 것보다 훨씬 복잡한 인간이라는 사실을 자주 깨닫게 되곤 하지요.

무엇이 훌륭한 스토리를 만드는지 생각하세요.

무엇이 당신을 한 이야기에 빠져들게 만드나요? 왜 다른 사람들은 특정 이야기에 사로잡힐까요? 그 이야기가 테드 강연에서 나왔든, 아카데미상 수상 영화에서 나왔든 말이죠. 그들을 사로잡는 부분은 무엇이고 그 이야기들은 어떻게 시작, 중간, 끝의 구조로 짜일까요? 당신이 가장 좋아하는 이야기들이 무엇인지 써 보세요. 그런 다음 가장 어려운 부분인 좋아하는 이유를 쓰세요. 다음으로 실습하고, 검토하고, 반복하고, 다시 실행하세요. 분명 당신의 스토리텔링 기술들이 발전하고 성장하는 것을 알아차리게 될 겁니다.

- 그럼, 스토리텔링을 위한 당신의 최고의 비법은 스토리텔링을 실습하는 것이군요. 좋아요. 제가 드디어 이야기 하나를 찾았다고 합시다. 그다음에는 뭘 해야 할까요?

구체적으로 세부 사항을 더하세요.

훌륭한 이야기들을 발견하고 그것들을 어떻게 구성할지, 무엇이 그것들을 매력적으로 만드는지 알게 된 후에는, 세부 사항을 더해 이야기가 훨씬 더 활기를 띠도록 만드세요. 다양한 방법으로 세부 사항을 얻을 수 있습니다.

• 박물관, 지역 사학자, 목격자 인터뷰, 전기와 회고록, 역사 조사나 지역 연구
• 인터뷰는 이야기의 세부 사항을 얻을 수 있는 훌륭한 방법입니다. 당신이 몰입하여 경청하는 동안 중요한 세부 사항들을 놓치지 않기 위해서 가능하다면 인터뷰를 녹음하세요(두개의 장비로). 그리고 메모하세요. 하지만 경청하는 사람이 그래야 하듯 진짜 집중하고 눈을 맞추면서 조심스럽게 메모를 하세요.

- 편안한 곳에서 인터뷰하세요. 상황이 곤란해질 경우를 대비해 소품들을 챙겨 가세요. 언젠가 한 번 저는 2차 세계대전 참전 군인들을 인터뷰한 적이 있었는데, 이분들은 자신의 경험을 이야기하는 동안 많은 감정을 마주했습니다. 저는 전쟁 당시의 유럽 지도책을 가져갔었고 그분들이 혼란스러워 보일 때, 그 지도를 제시하여 큰 도움을 받았습니다. 지도는 방향을 안내해 주었고 저는 지도를 볼 때 그분들의 표정이 변하고 더욱 집중해서 기억해 낸다는 것을 알아차릴 수 있었습니다. 지도, 오래된 사진, 문서, 책 등과 같은 소품들은 특정한 장소나 시간에 중요한 역할을 할 수 있습니다. 그것은 또한 세부 사항도 이끌어 냅니다.

- 친구 한 명을 데리고 가세요. 그 이야기에 다양한 시각을 지니는 것은 또한 유용합니다. 그것이 인터뷰든, 지역이나 박물관 탐험이든 사건 조사든 상관없습니다. 다른 사람은 또 다른 뉘앙스를 포착하거나 당신이 놓치는 무언가를 발견할 수 있습니다.

- 당신이 할 수 있는 것보다 질문 목록을 더 길게 준비하세요. 그리고 반드시 답을 얻어야 하는 최고로 중요한 질문들 3~5가지를 포함하세요. 나머지는 예비 질문을 위한 것입니다. 그러나 대답을 들을 때 오감에

연결된 세부적인 질문들을 던질 준비를 하세요. 당신의 본능을 따르고 구체적으로 질문하세요. '그 냄새가 어땠나요?' '그게 어떤 느낌이었나요?' '그게 어떤 냄새였을지 제가 상상이나 할 수 있을까요?'

- 세부 사항을 모을 때는 항상 오감을 고려하세요. 이야기는 사람들이 진짜 거기에 있는 것처럼 느낄 때 활기를 띱니다.

- 메모장을 가지고 다니세요. 항상. 언제 당신이 쓰고 싶은 이야기나 세부 사항들을 만날지 절대로 모르니까요.

작은 주의 사항을 알려 주자면, 세부 사항을 너무 많이 더해서 이야기가 질질 끌게 되어서는 안 됩니다. 이야기 제작을 즐기세요. 그리고 스토리텔링이 어떻게 그 이야기를 듣는 사람들뿐만 아니라, 무엇보다도 당신을 가장 많이 바꿀지 지켜보세요.

* 광고업계 베테랑이자 비즈니스 오브 스토리^{Business of Story} 대표, 파크 하월^{Park Howell}과의 질의응답

- 파크씨, 광고 에이전시를 20년 동안 운영하신 일을 포함해서 30년 이상 광고업계에서 승승장구하시다가, 전업 브랜드 스토리텔러가 되셨는데요. 그에 대해 조금 더 이야기해 주세요.

흠, 미리씨, 저는 2006년쯤에 브랜드 마케팅 세계가 더는 우리가 알던 방식으로 굴러가지 않을 것이라는 사실을 알았습니다. 브랜드들은 대중 매체(TV 채널들, 라디오, 인쇄물)의 힘을 지니고 있었지만, 기술과 인터넷의 발달로 일반 대중에게 그 힘이 완전히 넘어갔습니다. 이제는 일반 대중이 미디어 자체가 되었지요. 그 사람들, 바로 우리 모두는 이제 브랜드 스토리들의 일부를 지배합니다. 그래서 저는 기업 측면에서 리더들과 커뮤니케이터들이 사업 성장을 위해 이 변화를 활용하고 브랜드 스토리텔링의 힘을 이용하도록 안내하기 시작했습니다.

- '이야기를 찾는 것을 멈추고, 장면들을 찾기 시작해라.' 라는 말씀을 하셨습니다. 그게 무슨 뜻인가요?

미리씨, 잘 아시겠지만, 요즘은 모두가 스토리텔링에 대해 이야기합니다. 그리고 경쟁하기 위해서 굉장한 '전할 이야기'가 있어야 한다고 생각합니다. 하지만 저는 그 반대로 말합니다. 대단한 이야기를 찾는 것을 멈추고, 대신 다시 돌아가서 그 이야기가 시작한 작은 순간들을 찾으라고 하지요. 그런 순간들을 함께 결합하면, 그다음에는 이야기가 저절로 당신에게 옵니다. 당신이 브랜드 스토리를 전하든 개인적인 이야기를 하든, 정말로 사람들을 연결하는 것은 원래 그런 이야기들입니다. 사람들은 당신을 한 인간으로 생각하기 때문입니다.

- 우리 독자들을 위해 마지막 한 가지를 조언해 주세요.

당신의 호기심에 불을 지피십시오! 어린아이였을 때나 10대였을 때로 생각을 되돌려 호기심이 당신을 사로잡아 환상의 세계로 빠져들게 하고 매료되게 만들었던 순간을 떠올려 보십시오. 아마도 당신을 놀라게 하고 당신이 무언가를 이해하는 데 완전히 다른 영역이나 세상으로 데려갔을 겁니다. 그 호기심이 지금도 아직 똑같은 수준으로 살아 있는지 보십시오... 그리고 만약 그렇지 않다면, 그 호기심을 깨우십시오!

* 마케팅 홍보 대행사 대표 캔디 라즈민 레이노^{Candy} Rasmijn-Reino와의 질의응답

- 안녕하세요? 당신은 마케팅 업계에 18년간 몸담고 계셨고 현재 아루바Aruba에서 전 세계의 브랜드들을 대변하는 굉장히 성공적인 홍보 대행사를 이끌고 계시죠. 브랜드 스토리를 전달하기 위해 홍보 활동에서 스토리텔링이라는 수단을 어떻게 사용하고 있나요?

글쎄요, 미리씨, 먼저 디지털 시대로 인해 이제 '전통적인' 홍보와 마케팅 전략이라고 부르는 것들부터 시작하여 많은 것이 바뀌었다는 사실은 잘 알고 계시겠지요. 과거에는 커뮤니케이션과 마케팅 방법을 계획하고 메시지들을 전파하기 위해서 텔레비전이나 신문에 그것을 홍보했었죠. 하지만 캠페인이 성공적인지, 또는 그 콘텐츠가 정말 타깃으로 정한 청중에게 잘 도달했는지를 측정할 정확한 길이 없었습니다. 오늘날, 디지털 채널들은 청중들의 반응을 즉각적으로 확인할 수 있게 해 주는 플랫폼을 제공합니다. 그래서 필요하면 청중들의 반응을 토대로 우리가 향하는 방향을 빨리 바꿀 수 있습니다. 둘째로, 브랜드들은 이제 자신만의 이야기를 창조하고 있고 홍보는 새로운 브랜드 마케팅 트렌드에 점점 더 통합되는 모습을 보입니다. 타깃 청중들을 노린 인플루언서 마케팅 같은 것처럼 말이죠. 따라서 당신의 이야기를 시장에 내놓는 데 효과적으로 기여할 적합한 인플루언서를 찾는 데 시간을 들이세요.

- 제가 만약 브랜드 스토리를 맨 처음부터 창조하고 그것을 인플루언서들을 모집하기 위한 홍보 수단으로 사용한다면, 어떤 조언을 해 주시겠습니까?

진짜 이야기를 전하세요. 브랜드를 구성하는 모든 측면을 고려하고 브랜드 유래에 관한 내용을 그 이야기의 한 부분으로 집어넣으세요. 어떻게 그 브랜드가 여기까지 왔습니까? 그 과정에서 브랜드가 겪었던 일과 배운 점은 무엇이 있습니까? 그러한 작은 세부 사항들이 이야기를 인간적으로 만들고 우리를 그 이야기에 연결합니다.

* 작가, 패션 디자이너, 엔지니어, 마이크로소프트 윈도우 인사이더 프로그램 수석 책임자, 도나 사카르 Dona Sarkar와의 질의응답

- 처음 만났을 때 저는 당신이 어떻게 동시에 그렇게 많은 일을 할 수 있는지 정말 궁금했습니다. 게다가 그 많은 일을 척척 잘 해내시지요! 제 마음속에서 당신은 진정 스토리텔러 대가란 무엇인지를 보여 줍니다. 저는 최고의 스토리텔러는 '팔방미인'이라고 믿기 때문이지요. 대체 어떻게 균형을 유지하시나요?

사실 잘하진 못합니다. 저는 정말로 실패를 잘합니다. 그래서 실패로부터 배우고 다음번에는 더 잘하려고 노력하지요. 저는 또한 자신을 틀에 가두지 않아요. 저는 사람들이 모두 다양한 분야를 할 수 있다는 사실을 깨닫는 것이 중요하다고 생각합니다. 어렸을 때 우리는 그림을 그리고, 색칠하고, 글을 쓰고, 놀고, 이야기합니다. 하지만 어른이 되면 우리는 스스로를 틀에 집어넣어요. 나는 수학자다, 나는 컴퓨터 과학자다, 같이요. 그러나 실제로 우리는 본질적으로 여전히 다양한 것을 할 수 있습니다. 그러니 재미있어 보이는 일을 하세요. 그리고 무엇을 할 수 있을지를 찾으세요. 그렇지 않으면 당신은 자신에게 또는 이야기에 진실하지 않은 겁니다.

- 소설과 비소설 책을 여덟 권이나 성공적으로 출판하셨습니다. 좋은 이야기를 전달하는 비법은 무엇인가요? 사람들이 그것을 이해하고 받아들이기 시작하는 데 얼마나 오래 걸리나요?

어떤 형태와 유형의 콘텐츠가 당신의 틈새 청중에게 최고로 잘 맞는지를 알아내세요. 만약 당신의 청중이 시각 자료를 중시한다면, 당신의 이야기에 시각 요소들을 집어넣는 데 시간을 더 들이세요. 주제를 정하고 그것을 고수하세요. 당신의 브랜드가 무엇으로 알려지기를 바라는지 결정하세요. 임의로 아무거나 정하지 마세요. 사람들은 자동으로 그 주제를 당신의 브랜드에 연결 짓기 시작할 겁니다. 그건 단 3개월 안에 벌어질 만큼 정말로 빨리 일어납니다! 제 퍼스널 브랜드에서 실제로 3개월 만에 그렇게 되었습니다. 저는 혼합 현실과 홀로그램에 대해서 거의 아는 것이 없는 상태로 관련 팀에서 업무를 시작했지요. 그리고 3개월 동안 일을 하면서 자연스럽게 매일 혼합 현실과 홀로그램에 관한 이야기를 했습니다. 그러다 어느 날 갑자기 제가

'혼합 현실 부분 세계 최고 인플루언서 50인' 목록에 포함되어 있다는 것을 알게 되었습니다. 저는 제가 왜 그 목록에 있는지 의아했습니다. 그건 바로 3개월 동안 지속적으로 그 이야기를 했기 때문이었지요.

- 마지막으로 지혜 하나 전해 주세요.

당신의 브랜드 스토리는 계속 발전할 겁니다. 그러니 당신의 브랜드가 다음에 어떤 모습이 되기를 바라는지 미리 생각하세요.

감사의 말

이 책에 어떤 방식으로든 영향을 주고 지지해 주고 영감을 준 모든 사람을 향한 감사의 마음을 말로는 결코 다 표현할 수 없을 것이다. 이 책이 탄생할 수 있었던 건 글을 쓰는 데 들인 시간뿐만이 아니다. 경탄스러울 만큼 똑똑한 업계 전문가들과 의견을 공유하고, 방향을 제시해 준 뛰어난 멘토들로부터 지혜를 얻고, 전 과정 내내 나를 지켜 준 친구들 및 가족들과 작은 성과들을 축하하고, 더 해 나갈 수 없을 것처럼 좌절했던 날들에 남편과 아들들과 친밀하게 기도를 올리면서 보낸 셀 수 없이 많은 시간 덕분이다.

가장 먼저 내게 건강, 인내심, 능력 그리고 내 경험과 지식을 전 세계의 청중들과 공유할 수 있는 플랫폼을 주신 예수 그리스도, 나의 주님, 나의 구세주께 감사드리고 싶다. 내가 인간 중심 커뮤니케이터이자 타인을 섬기는 사람이 되도록 공감 기술을 강화해 주시고, 최선의 방향을 제시해 주시며, 내 앞에 상을 차려 주시는 분이 바로 주님이시다.

또한 나의 영원한 지원군이자 반쪽인 내 남편 루이스에게 감사한다. 원할 때마다 뜨거운 장미 차와 캐모마일 차를 준비해 주고, 새벽녘 시간에 아주 특별한 원두로 커피를 만들어 주고 언제나 내가 정신적으로 그리고 신체적으로 괜찮은지 보살펴 주는 사람이다. 우리 가족 로드리게스 팀이 계속 번창하게 지켜 주고 내가 끊임없이 랩톱 컴퓨터 앞에 앉아 있는 동안 우리 집과 아들들을 잘 챙겨 주어서 고맙다. 당신은 우리 가족의 기둥이에요. 사랑해요.

우리 아들 알렉스와 이사야에게도 특별한 감사의 마음을 전한다. 엄마가 한동안 '떨어져 있어도' 잘 참고 견뎌 주었고, 이 프로젝트에 협력해 주어서 고맙다. 알렉스, 시간을 내어 몇 가지 콘셉트들을 분명하게 설명해 주어서 고맙다. 너는 천재 예술가야. 이사야, 항상 내가 너의 아이디어들을 쓰게 허락해 주고 통찰력 있는 관점을 제시해 주어서 고맙다. 너는 훌륭한 스토리텔러야. 무엇보다도 너희 둘 다 매일 내가 더 나은 이야기들을 찾고 말하도록 영감을 주어서 고맙구나.

똑같은 크기의 감사의 마음을 나의 언니, 엘리Eli에게도 전한다. 언니는 수많은 시간을 들여 내가 그날 받은 부담을 덜어 내게 해 주고, 내 불평과 불면증에 대한 걱정을 들어 주느라 애썼다. 우리의 페이스타임 시간과 언니의 기도들이 나를 구했어.

엄마와 아버지에게도, 나를 믿어 주시고, 우리를 미국으로 데리고 오셔서 우리가 이렇게 꿈을 현실로 만들 수 있도록 해 주신 것에 대해 감사를 드리고 싶다. 부모님의 희생에 감사드려요. 자랑스러우시면 좋겠어요.

내 소중한 친인척들, 친구들, 멘토들, 당신들은 내가 하는 모든 일의 동역자다. 이들은 의심의 여지 없이 내게 도전 의식을 북돋워 주고 나를 채워 주고 사랑해 주고 오늘날의 나를 만들어 주었다. 이만큼의 세월이 흐르는 동안 날 위해 곁에 있어 주어서 감사하다. 이들이 없었다면 나는 이 자리에 있지 못했을 것이다. 부르고 싶은 이름은 많지만, 그러지 않아도 이미 모두 잘 알 것이라 믿는다.

마이크로소프트에도 큰 은혜를 입었다. 수년 전, 이 회사에 합류할 것을 결정했을 때 나는 정말이지 역량을 강화하고 성취하는 것이 어떻게 내게 적용될지 전혀 몰랐다. 내가 열정을 좇도록 독려해 주었을 뿐만 아니라 많은 자리에 나를 세워 주고 기회를 준 직속 상사를 포함하여 경영진에게도 감사의 마음을 전한다. 다양한 분야에 속해 있는 내 동료들에게도 나의 말에 귀 기울여 주고, 나를 가르쳐 주고, 나와 함께 살아가 줘서 감사하다. 당신들은 내게 가족과 같다.

멋진 추천사를 써 준 신디 콜로마와, 매우 바쁜 일정 속에서도 열정적으로 협력하고 뛰어들어 준 모두에게 감사하다.

마지막으로, 출판사 팀에 특별히 감사의 뜻을 전한다. 특히 이 책을 기획해 준 커미셔닝 편집자 래천 험프리스Lachean Humphreys와 샬럿 오웬Charlotte Owen에게 이 프로젝트와 나를 믿어 주고 끝까지 지원해 주어서 고맙다고 말하고 싶다. 샬럿, 내게 다가와 이 제안을 해 주어서 고마워요. 당신 덕분에 모든 것이 시작됐어요.

기고자 목록

캔디 라즈민 레이노Candy Rasmijn-Reino
마케팅 홍보 대행사 대표

신디 콜로마Cindy Coloma
베스트셀러 작가이자 마이크로소프트 스토리텔러

데렉 베어드Derek E Baird
『Z세대 주파수The Gen Z Frequency』 저자

도나 사카르Dona Sarkar
작가, 패션 디자이너, 엔지니어, 마이크로소프트 윈도우 인사이더 프로그램 수석 책임자

덕스 레이몬드 사이Dux Raymond Sy
에이브포인트AvePoint 최고 마케팅 경영자

그렉 위트Gregg Witt
『Z세대 주파수The Gen Z Frequency』 저자

호세 카마초Jose Camacho
어도비Adobe 소셜 미디어 및 직원 홍보 프로그램 매니저

루즈 마리아 도리아Luz Maria Doria
에미상 2회 수상자이자 TV 아침 방송 『데스피에르타 아메리카Despierta America』의
책임 프로듀서

파크 하월Park Howell
광고업계 베테랑이자 비즈니스 오브 스토리Business of Story 대표

브랜드 스토리텔링 바이블

공감을 부르는 브랜드 스토리 디자인

초판 발행 2021년 3월 30일 | 1판 1쇄 2021년 4월 5일
발행처 유엑스리뷰 | **발행인** 현명기 | **지은이** 미리 로드리게스 | **옮긴이** 박수성 | **편집** 박수현 | **디자인** 김민정
주소 서울시 마포구 월드컵로1길 14 딜라이트스퀘어 114호 | **팩스** 070.8224.4322
등록번호 제333-2015-000017호 | **이메일** uxreviewkorea@gmail.com

ISBN 979-11-88314-56-0

Brand Storytelling
by Miri Rodriguez